• 经济管理学术文库 •

企业家社会资本对新创企业绩效的影响研究

Research on the Impact of Entrepreneur's Social Capital to Startup's Performance

耿 新 / 著

经济管理出版社
ECONOMY & MANAGEMENT PUBLISHING HOUSE

图书在版编目（CIP）数据

企业家社会资本对新创企业绩效的影响研究/耿新著. —北京：经济管理出版社，2010.10

ISBN 978-7-5096-1116-6

Ⅰ. ①企… Ⅱ. ①耿… Ⅲ. ①企业管理—研究—中国 Ⅳ. ①F279.23

中国版本图书馆 CIP 数据核字（2010）第 192718 号

出版发行：经济管理出版社

北京市海淀区北蜂窝 8 号中雅大厦 11 层

电话:(010)51915602　　邮编:100038

印刷: 北京银祥印刷厂　　经销: 新华书店

组稿编辑：张永美　　责任编辑：张永美

技术编辑：杨国强　　责任校对：超　凡

720mm×1000mm/16　　14.5 印张　　263 千字

2010 年 10 月第 1 版　　2010 年 10 月第 1 次印刷

定价：38.00 元

书号：ISBN 978-7-5096-1116-6

益相关者的关系。

全书共分七章。第一章，导论。简要介绍作者的写作动机、研究方法及研究思路，并对书中的主要研究概念进行界定。第二章，文献综述。分别对创业研究领域中与本书相关的理论、社会资本理论以及基于社会资本视角的创业研究成果进行了回顾和简要评述。第三章，企业家社会资本构成分析。着力解答了企业家社会资本“是什么”的问题。在对西方企业家社会网络研究分析借鉴的基础上，结合我国学者有关企业家与利益相关者关系的分析传统，明确了“网络+资源”的企业家社会资本中观层次定义，并确定了企业家社会资本的两大维度构成——结构维度与关系资源维度。前者借用西方学术界常用的“核心讨论网”的规模、异质性和密度作为其衡量指标；后者则通过文献检索和小范围问卷调查方式将其划分为商业性关系资源、制度性关系资源和其他关系资源三个方面。第四章，企业家社会资本来源影响因素分析。着力解答了企业家社会资本“来自哪里”的问题。以中西方人际关系的观念差异为依据，分析了中西方个体社会资本构建的不同基础，进而将中国企业家社会资本的获取途径归结为先赋性关系和获致性关系两大类。在以上两种社会关系的基础上，提出了一个企业家社会资本获取模型，分析了对企业家社会资本来源可能产生影响的几个主要因素，并提出了相应假设。第五章，企业家社会资本的效用分析。着力解答了企业家社会资本的“效用发挥”问题。在明确创业绩效衡量层面的基础上，以一个三位评价框架对新创企业绩效进行了界定。随后，以新创企业绩效的两个维度——经营成长绩效和创新绩效——为因变量，借鉴前人的研究成果以及社会学、经济学中的相关理论，就企业家社会资本结构维度和关系资源维度可能产生的影响作用进行了探讨，并提出了相应假设。本书的第六章，企业家社会资本来源及影响的实证研究。目的在于对第四章、第五章所提出的假设进行经验性验证。在对本书的量表设计、变量测量方法、数据收集过程等进行简要说明后，对所收集的研究样本运用因子分析、多元层级回归等方法进行了统计分析，以验证社会资本来源影响因素、企业家社会资本以及新创企业绩效三者之间的假设关系。进一步地，依样本中所包含的两种企业类型——科技型新创企业和传统新创企业，进行了独立样本T检验和回归分析，以比较变量间的关系在两类样本中的不同分布。第七章，研究结论与展望。对本书的主要研究成果进行总结，指出了本书的局限性，并对后续研究方向提出了建议。

在方法选择上，本书采用了定性与定量分析相结合的方法，除对所研究的三大核心问题进行了系统的文献梳理与理论分析论证之外，还运用了个人访谈、小范围调查问卷和大规模样本统计处理等来进行实证研究，力求研究

前 言

改革开放以来，以民营企业为代表的新创企业在我国保持着高速增长势，根据全球创业观察（GEM）的调查，2005年我国全员创业指数（TE已超越美国，位列GEM 35个参与国的第5位。而所有这一切都是在“非好状况”的创业环境下取得的。也就是说，在外部创业环境制约多、规制构相对落后及内部资源匮乏的条件下，我国的创业活动和新创企业依然取了长足发展。小型民营企业的高创生率在传统理论框架下很难得到解释。而，一个显著特点是：对我国的小型新创企业而言，其创建和成长往往离开企业家与外部主体所建立的社会网络。因此，源自企业家社会网络嵌入的企业家社会资本可能是支撑新企业大量出现并快速发展的一个重要因素。

遗憾的是，尽管部分国内学者已开始关注企业家的社会资本和社会网问题，但相对国外“创业研究网络方法”的兴起，国内学术界尚缺乏有关企业家个体社会资本效用问题的实证研究。进一步地，以往学者们在谈及企业家的社会网络或社会资本时，往往更多地讨论了它的“果”，即企业家社会资本对其创业行为的影响；而较少述及它的“因”，即何种因素会影响到创业过程中企业家对其社会资本的动员和运用。

基于理论和实践的考虑，本书关注我国企业家在新企业经营运作过程中的社会资本问题，研究企业家如何积累和运用作为重要创业资源禀赋的社会资本，以促成其与外部主体建立良好关系，并最终实现新创企业优异的经营绩效表现。研究内容紧紧围绕着三个核心问题展开：①企业家的社会资本是什么？其包含哪些构成维度？②企业家社会资本来自哪里？哪些因素会影响到企业家在新企业经营过程中的社会资本存量？③企业家的社会资本对新创企业绩效究竟有何种影响？其维度构成促进了新创企业的何种绩效？概括而言，本书的目的即在于回答企业家社会资本“是什么”、“为什么”及“怎么样”的问题。只有解决了这些问题，学术界才能够解释创业过程中我国企业家为何以及如何动用了自身的社会资本；企业家也能够清楚其社会资本可通过何种方式去积累，以及在新企业创建和经营过程中应注意维持好与哪些利结果的合理和实用。通过实证检验，本书获得的主要研究结论是：

第一，社会资本来源各影响因素确实可对企业家社会网络结构产生一定的影响作用。其中，企业家创业前的相关行业经验、社会胜任力水平和网络构建努力都会对其网络结构产生影响，而标识企业家身份地位的亲属职务、学历水平和创业前职位对其网络结构则无显著影响。这表明企业家核心社会网络更可能是其创业前长期职业生涯中人际交往的产物，企业家过去与相关人员的长期商业性交往互动才是决定核心讨论网络结构更为重要的因素。

第二，社会资本来源各影响因素确实可对企业家社会资本关系资源维度产生一定的影响作用。其中，就商业性关系资源而言，研究所列的所有影响因素都有着一定的影响作用；就制度性关系资源而言，企业家亲缘关系状况、学历水平、创业前职务和网络构建努力都会产生影响作用，意味着企业家与政府部门人员的交往更多地取决于相互社会身份地位的相符性以及其他一些因素；就企业家的其他关系资源而言，与网络结构类似，企业家创业前的相关行业经验、人际交往技能及网络构建努力都是其显著影响因素，说明企业家与资金提供者、行业技术专家以及同行业其他经理人的私人关系同样是其长期职业生涯中商业性交往的产物。

第三，就西方"网络成功假设"在我国的验证而言，企业家"核心讨论网"的规模和异质性对新创企业的经营成长绩效和创新绩效都有显著的促进作用，该结论与多数西方学者的研究发现相符。而企业家社会网络的密度则对新企业创新绩效有着不太显著的正向影响，尽管与本书的假设不符，但该结论在一定程度上却支持了有关经理人高密度人际网络会促进创新绩效产出的观点。

第四，就社会资本关系资源对新创企业绩效的影响而言，企业家商业性关系资源、制度性关系资源和其他关系资源对新创企业的经营成长绩效均具有明显的推动作用；企业家商业性关系资源和其他关系资源对新企业创新绩效具有明显的促进作用。

以上结论验证了各利益相关者在向新企业提供信息、资源和支持等方面所具有的特殊意义。但是，制度性关系资源与新企业创新绩效之间的关系并未得到验证。

相对企业家社会资本问题的其他研究成果，本书的创新和发展主要体现在：其一，在对中国创业企业家的社会网络结构特性与资源特性进行全方位考察的基础上，采用双向视角阐述了中国创业企业家社会资本的两个构成维度，并阐发了中国创业企业家社会资本的两种主要获取途径，继而通过实际数据验证了企业家社会资本来源各影响因素的具体作用方向。其二，在获取第一手调研数据的基础上，就社会资本结构维度、关系资源维度对两项创业绩效指标所产生的影响作用进行了经验性检验，用国内尚欠缺的实证研究结果揭示了创业企业家社会资本影响其创业活动的作用机理。其三，从企业家的“社会嵌入性”入手，系统构造了企业家社会资本来源的影响因素、企业家社会资本构成维度与新创企业绩效之间的关系框架，提高了企业家社会资本理论研究的预测力和解释力，并进一步丰富了社会资本研究的已有成果。

作　者

2010 年 8 月

目录

第一章　导　论

创业活动无论是在发达国家还是在发展中国家，都与经济产出、劳动就业等息息相关，对创业问题的研究将有助于提高企业家个人、新创企业和社会所期望的产出（Busenitz et al.，2003）。因此，创业现象以及小企业问题开始引起了学者和政策制定者们的广泛兴趣（Ulhøi，2005）。就我国而言，以民营企业为主体的创业活动是改革开放以后的事情，但经过短短 20 多年的发展，我国的创业活动指数已进入了世界的前 5 位（高建等，2006）。理论界在对促成我国民营企业高发展、高成长因素的研究探讨中，企业家社会资本的解释视角逐渐被认可和接受，认为企业家利用自身社会关系网络获取资源和学习知识是新创企业成功的关键之一。然而，相关研究中对企业家个体社会资本如何形成以及对新创企业绩效有何影响却缺乏深入检验。因此，从理论和实证两个方面探析新创企业企业家社会资本来源和作用机理具有一定的理论和现实意义。

第一节　本书的研究背景与意义

一、本书的研究背景

（一）创业时代的到来

Drucker 早在 1985 年就提出了“创业型经济”的概念，他对 1965~1984 年美国就业结构进行分析后发现，创业机会都是中小企业创造的，并且全都是创业型和创新型企业创造的。由此他认为，“过去 10~15 年出现在美国境内的创业型经济形态，是近代经济与社会史上所发生的最重要、最有希望的事件”。

据统计，20世纪50年代，美国每年大约产生93000个新企业，而到了80年代，新企业的产生速度上升到每周约12000个。70年代美国向信息经济时代转变，而这一转变也开创了美国的创业盛世。新创企业由每年20多万个发展到50多万个，直至近年的100多万个，即平均每250家美国公司就有一个新公司（顾桥，2003）。20世纪80年代以来，美国每年新创企业数量占同期全国企业总数的比重始终维持在22%左右，其中美国硅谷的高科技创业取得了极大的成功，已成为各国学习和效仿的对象（Suzuki et al., 2002）。曾任美国百森商学院企业家研究中心主任的Bygrave（1998）在《企业战略评论》杂志上著文称："在美国，5%~8%的家庭里，至少有一位家庭成员不是想而是正在着手创建新的企业，他们正在采取创业的行动，如向律师咨询、与银行家探讨贷款事宜、与土地所有者讨论厂址。在这些新企业的创办者中，1/4的人表示想把他们创办的企业发展成为高速成长的企业。不低于40%的美国家庭中至少有一位家庭成员在职业生涯的某个阶段创建或经营过小企业……24%的家庭中至少有一位家庭成员正在参与企业创建或拥有自己的企业，或是出于创建阶段企业的'天使投资人'……小企业在美国经济中占据了十分重要的地位，雇员少于7人的企业占到企业总数的80%，其提供了50%的就业机会……创造了美国1/3强的国内生产总值。如果将小企业比作一个国家的话，它所创造的GDP将名列全球第三，仅次于美国经济的剩余部分和日本，总量比德国、英国、法国和意大利的经济总和还要多"。

与美国近年来创业活动的如火如荼相对应，中国的创业活动也在大力开发。从我国目前的情况看，随着经济的发展与科技的进步，创新与企业家精神在中国的转轨经济与市场经济的发展中发挥着日益重要的作用。创业活动作为两者的集中体现，在当今的中国越来越成为经济发展中的强劲推动力。据2004年的统计资料显示，我国经工商行政部门注册的中小企业超过360万家，中小企业创造的最终产品和服务的价值占国内生产总值的55.6%，工业新增产值占74.4%，出口额占62.3%。目前，我国65%的专利由中小企业发明，75%以上的技术创新由中小企业完成，且80%以上的新产品由中小企业完成。而且，中小企业提供了我国75%以上的就业岗位，已成为吸纳就业的主渠道。如果我们将改革开放后30多年的历史看做是中国人的一部创业史诗的话，那么这部史诗可以包括三大板块：①以地域为特征、以农民为主体的乡镇企业异军突起。乡镇企业在中国经济发展中，三分天下有其一，贡献了1/5的国家财政收入，解决了1.3亿人的就业问题，目前已成为我国经济发展新的增长点和改革开放的重要推动力量。②科技型企业的创建如火如荼。民营科技型企业围绕高新技术开展创业活动，顺应了知识经济发展的需

要，成为中国高新技术产业发展的主力军。在全国诸多高新技术产业开发区中，民营科技企业一般都占到了60%以上，有的甚至达到80%~90%。③私营企业是继乡镇企业之后突起的又一支创业力量。私营企业以其产权关系明晰、经营机制健全、运行机制灵活的特点，适应了激烈多变的市场竞争，表现出顽强的生命力，从而为中国的经济发展贡献了巨大的力量。正如亚洲开发银行（2003）所评价的："在很大程度上，在中国壮观的经济发展背后的驱动力是一个充满活力的私营经济的重新崛起。"

然而，在我们肯定中小企业创业对各国经济做出巨大贡献的同时，也必须正视这样一个现实，即新创企业由于初创规模小、资金匮乏、管理水平不高、市场竞争激烈等因素，往往表现出很高的失败率。据美国小企业管理局（SBA）统计，在美国每年新开办的数十万家企业中，有近23.7%的小企业在开业后的两年内消失；由于经营失败、倒闭或转产，有近52.7%的小企业在4年内退出市场（许晓明、高健，2003）。具体到我国的创业实践而言，新创企业的阵亡率则更为严重。在我国20%~30%的创业公司的巨大成功却是以70%~80%的企业失败率为代价的，而服务行业的开店创业者5年内的创业失败率更是高达95%（雷家骥、冯婉玲，2001）。我国中小企业的平均寿命只有5~7年，80%的中小企业生命周期不超过5年（黄江圳、董俊武，2002）。GEM（2003）也指出，中国创业企业的关闭率为8.04%，远高于4.5%的GEM平均水平。中小企业的创业现实，迫切要求理论界对创业现象的背景、内容及其过程进行深入的讨论和进一步的研究，揭示其中的规律性，以能够向创业企业家提供预测性的理论指导。然而，目前我国对创业问题的研究却大多面向宏观制度层面，着眼于创业环境的分析，尤其集中于向中小企业提供创业支持的金融制度环境和区域政策环境，对创业者的创业行为、具体创业过程及其机理的微观研究，尤其是实证研究则比较少见。

事实上，企业家作为创业活动的发起者和实施者，在整个创业活动中具有举足轻重的地位（陈震红，2004）。同时，创业活动并不是在"真空"中进行的，其必然要与企业家所处的外部环境发生各种交换和互动，是一个企业家在其所处环境中发现机会、筹措资源、开发机会并使创业企业成长壮大的过程。因此，聚焦于企业家的微观创业行为，研究企业家与环境发生各种互动，无论对理论界探讨创业"黑箱"，还是为实业界提供创业理论支持指导，都具有重要的意义。

（二）社会资本研究的兴起

社会资本理论是近年来新经济社会学研究中兴起的理论，其产生建立在社会网络研究的基础上，并为越来越多的社会学家、政治学家、经济学家和组织管理研究者所引用，以寻求各自学科领域中所面临研究命题的答案。

20 世纪 70 年代初，美国学者 Granovetter（1973）和华裔学者林南（Lin，1978）提出并发展了个人的社会网络与其拥有的社会资源之间关系的理论，可以说开创了“社会资本”理论研究的先河。80 年代，法国社会学家 Bourdieu（1985）率先对社会资本的定义、运作条件、积累与维护，以及社会资本与经济资本、文化资本之间的关系等问题进行了系统的分析和研究。而使社会资本概念引起英美国家广泛讨论的，则首推美国社会学家 Coleman（1988，1990），其在 1988 年发表的《社会资本在人力资本创造中的作用》（Social Capital in the Creation of Human Capital）一文中，对社会资本作了初步阐述，后在巨著《社会理论的基础》（The Foundation of Social Theory）中，Coleman 将 Granovetter、林南以及 Bourdieu 等人的研究成果纳入自己的理论框架，对社会资本的定义、特征、功效以及表现形式等问题进行了系统分析，提出了社会资本理论。后来经过 Burt（1992，1997a，1997b，2000）、Putnam（1993，1995）、Portes（1998）等学者的研究，社会资本理论和分析方法得到了进一步完善。

90 年代以来，社会资本及其载体——社会网络已引起了国内外学者的高度关注，成为许多学科关注的热门概念和分析的重要起点。不同学科的学者从各自的研究领域和研究对象出发，对社会资本给予了广泛探讨。该概念已被引入到家庭、青少年行为、学校教育、公共卫生、社会生活、民主与管理、经济发展以及集体行动的一般问题研究之中，并取得了一些研究成果。社会资本理论在国外的升温，也引起了诸多出版刊物的特别关注，许多学术期刊都出版特刊对社会资本研究进行专题报道，如 American Behavioral Scientist 1997 年 6 月和 1998 年 1 月的特刊，Housing Policy Debate 1998 年 1 月的特刊，Administrative Theory and Praxis 1999 年 1 月的特刊，以及 National Civic Review 1999 年 2 月的特刊等。世界银行更是在国际互联网上建立了社会资本的网站，并创立了“Let's talk social capital”讨论群。

尽管从传统意义上讲，社会资本理论的研究焦点在于从社会学角度探求网络带给个人的影响（Burt，1992，1998；Podolony & Baron，1997），但从近年所发表的研究来看，组织管理领域中从社会资本角度进行的研究同样流行。在组织管理研究学者所关注的诸多方面，社会资本对行为者成功的原因都具有重要的解释力。Adler 和 Kwon（2002）曾对这些研究进行了简单的总结，其结果如下：

● 社会资本对职业生涯的成功有影响（Burt，1992；Gabbay &

Zuckerman，1998；Podolny & Baron，1997），并提供一种报酬机制（Belliveau，O'Reilly & Wade，1996；Burt，1997a）。

● 社会资本帮助人们寻找工作（Granovetter，1973，1995；Lin & Dumin，1996；Lin，Ensel & Vaughn，1981），并为企业提供了更为丰富的潜在招募群体（Fernandez，Castilla & Moore，2000）。

● 社会资本有利于内部资源交换和创新的产生（Gabbay & Zuckerman，1998；Hansen，1998；Tsai & Ghoshal，1998）、智力资本的创造（Hargadon & Sutton，1997；Nahapiet & Ghoshal，1999）以及跨功能团队的效率（Rosenthal，1996）。

● 社会资本延长了组织的生命周期（Krackhardt & Hanson，1993），降低了组织分解的可能性（Pennings，Lee & Van Witteloostuijn，1998），有助于创业（Chong & Gibbons，1997）及创业企业的形成（Walker，Kogut & Shan，1997）。

● 社会资本增强了与供应商网络（Asanuma，1985；Baker，1990；Dore，1983；Gerlach，1992；Helper，1990；Smitka，1991；Uzzi，1997）和当地生产网络（Romo & Schwartz，1995）的关系，提高了组织内部学习的能力（Kraatz，1998；也可见 Strategic Management Journal 2000 年 3 月的特刊）。

与国外的社会资本研究热潮相比，国内的研究虽然起步较晚，但并不妨碍我国学者们的研究热情。事实上，中国的社会状态与社会资本范式存在着不谋而合之处。中国文化强调社会的优先地位，个人对家庭、群体利益的服从，社会关系在资源配置中也发挥着重要作用，这些特征使社会资本在中国能够轻易地找到理论的原型和证明的依据。“这也是西方一些学者用社会资本概念分析东亚和中国经济发展的原因时得心应手的主要原因。把中国经济增长的主要原因归结为人际关系而非正式制度几乎成了许多研究中国的学者的共识”（杨雪冬，2000）。从目前的文献情况来看，我国的社会资本研究已涉及多个学科种类，而其中，企业社会资本命题的研究也呈逐渐增长趋势。根据对中国知识资源总库（CNKI）中文期刊全文数据库的篇名（篇名为“社会资本”）检索，1999~2007 年文史哲、政治军事与法律、教育与社会科学综合以及经济与管理等专辑，共收录 1144 篇关于社会资本的文章，各年发表的文章数量如图 1-1 所示。在 1144 篇有关社会资本的文章中，涉及企业社会资本（篇名为“社会资本”，主题词为“企业社会资本”）的共 98 篇，各年发表的文章数量同样见图 1-1。[①] 从图 1-1 中可看出，有关社会资本的讨

① 文献检索的截止日期为 2007 年 9 月 1 日，故 2007 年的数据并非该年全年数据。

论正在或已经成为当前我国各社会学科学者的关注热点，这也印证了有关社会资本（网络）理论“在当今社会学与管理学界俱为显学”的观点（罗家德，2005）。

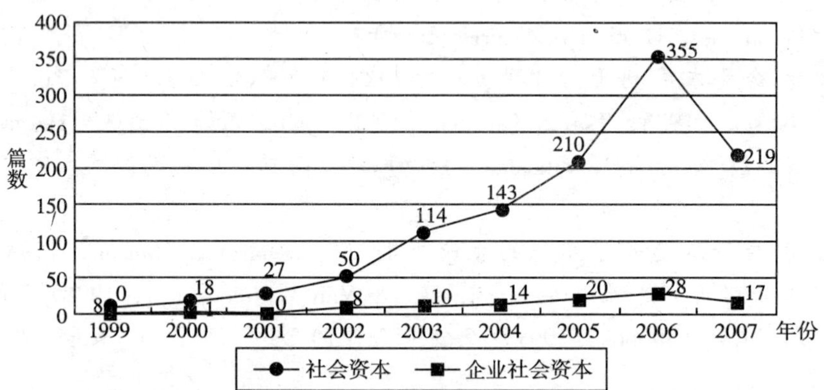

图 1–1　中文期刊全文数据库中有关社会资本和企业社会资本研究论文历年发表情况

资料来源：笔者根据相关资料统计得出。

然而，遗憾的是，当笔者使用“企业家社会资本”作为主题词在数据库中进行检索时（使用主题词进行检索，相当于放宽了检索条件），却发现1999~2007年仅有39篇文献涉及这一问题。其中同时涉及创业问题的仅为6篇（主题词为“企业家社会资本”和“创业”），且并未发现有关企业家社会资本与创业绩效之间关系的实证分析。与以上文献检索方法相类似，Almbjerg和Vendelø（2005）通过对过去25年中10类顶级创业研究专门期刊和14类顶级管理学期刊的检索，却发现了90篇严格意义上从社会资本角度研究创业问题的文章，[①] 而且这些文献大多是近年来发表的实证性研究。考虑到期刊质量和研究水平，尽管Almbjerg和Vendelø的文献检索时间范围放宽到了过去25年，但仍然不妨碍我们感觉到国外研究者们对企业家社会资本与创业之间关系的关注。事实上，西方学术界具有很长的关于社会资本（网络）影响新创企业成功的研究传统（Birley，1985；Aldrich & Zimmer，1986；Johannisson，1988；Witt，2004），该类研究已经被界定为“创业研究的网络方法”（Aldrich & Zimmer，1986）。

---

① 这里之所以强调“严格意义上”，是因为Almbjerg和Vendelø（2005）的文献检索条件要比笔者更为严格。他们除使用关键词进行检索之外，还对文献的摘要以及讨论与结论部分进行了检阅，以确定这些文章确实是从社会资本的视角讨论了创业问题。同时，他们还排除了摘要中包含孵化企业、风险资本、公司创业、IPO以及家族企业等问题的文章。

考虑到国外社会资本视角创业研究的兴盛（Witt，2004），考虑到企业家在新创企业中所具有的异乎寻常的重要性（石军伟，2003；杨其静，2005），同时也考虑到中国经济转轨时期，民营企业采取基于关系网络的成长战略对企业最为有利（Peng & Heath，1996），民营企业的经营者比其他性质企业的经营者更重视关系网络建设（Xin & Pearce，1996），笔者认为从实证角度分析企业家社会资本对新创企业绩效所产生的影响作用将具有重要的理论意义和实践意义。

二、本书的研究意义

（一）理论意义

第一，提高理论的普适性。以往企业家社会资本或社会网络视角的创业研究多集中于美国和西方经济高度发达的国家，其研究方法、研究结论等在发展中国家的适用性成为一个现实问题（Kristiansen，2004）。通过在中国这一"关系网络"色彩浓郁而又处于经济转轨阶段的独特市场环境进行研究，将可以检验那些在西方国家被验证过的相关理论：一方面看西方国家发展出的社会资本视角创业研究，其方法和结论是否适用于中国情境；另一方面也为此种视角的创业研究提供更多的证据，使理论更具一般化和本土化。

第二，丰富了企业家社会资本视角的创业研究。社会资本是一个综合性很强的概念框架，其蕴涵着多个分析层面和研究视角。具体到组织管理领域而言，其既包括组织间的关系，也包括不同组织中个体间的联结，同时还包括组织内部的个体互动。目前，国内管理学界对社会资本的研究大多从组织之间关系的层面展开，对个体层面则少有涉及。考虑到中国情境下，企业家在企业尤其是创业企业中所占据的特殊地位，其个体社会资本的积累和运用将对企业绩效产生重要的影响作用。因此，对企业家社会资本作用于新创企业绩效的影响机理进行系统性、实证性研究，可以丰富我国的创业研究理论。

第三，拓展了企业家个体层面的社会资本研究。国外现有的个体社会资本研究，一方面多从结构主义的视角展开，讨论个体社会网络结构特性对社会关系资源工具性使用的影响；另一方面，该类研究主要论述的是个体社会资本构成及功能，而个体社会资本的来源语焉不详或争议颇大。本书对企业家社会资本的分析，在关注个体社会资本结构主义视角的同时，也强调了社会关系角色内容所具有的经济性利益。此外，本书也将企业家社会资本的来源引入了分析框架，从而完整地解答了企业家社会资本"是什么"、"为什么"和"怎么样"的问题，拓展了企业家个体层面的社会资本研究。

(二) 实践意义

第一，我国是一个创业活动比较活跃的国家，但同时我国又是一个创业失败率较高的国家。这种高失败率一方面源于新创企业资源的匮乏，另一方面也是由于我国处于“非良好状态”的创业环境（高健等，2006）。而企业家社会资本作为突破环境限制壁垒获取创业资源的主要通道之一，是为新创企业创造不可模仿资源的重要来源（Gulati，1999；Gulati，Nohria & Zaheer，2000）。本书对企业家社会资本来源及其作用机理的揭示，将为中国企业家的创业实践提供一些有意义的理论指导，使企业家们清楚他们的社会资本可通过何种方式去积累，以及在新企业创建和经营过程应注意维持好与哪些利益相关者的关系，以便使这些社会关系成功地转化为社会资本。

第二，相对西方社会而言，中国制度转轨以及社会转型的特征决定了社会资本在个体地位获得过程当中发挥了更为重要的作用。在制度真空、制度缺失甚至制度失信背景下，企业家在创业过程中极力动员其社会资本也是不得已而为之，因为此时的社会资本作为一种非正式资源获取途径，其作用的发挥是对正式制度的补充。本书对企业家社会资本作用于新创企业绩效的研究，既可揭示社会资本在创业过程中发挥作用的作用机理，也是政府透视微观创业过程，了解制度供给不足之处的一个入手点，应该能为政府制定个体创业的扶持性政策提供一些有益的参考。

第二节　本书的研究视角与范畴

一、本书的研究视角

本书所涉及的两个理论基础——创业理论和社会资本理论——均具多个研究层面或多种研究视角。为使研究视角更为明晰，研究对象更加确定，同时也为了使本书能够更好地与其他研究进行对话，在研究的主体部分展开之前，笔者认为有必要对研究层面或研究视角进行界定。

(一) 本书涉及的创业研究视角

创业研究视角的不同源自于研究对象的差异。尽管早期创业研究仅关注企业家个人，探求其心理、性格等特质因素（Gartner，1990），但随着创业

理论的发展和研究的深入，20 世纪 80 年代末以来，创业理论的触角开始突破单一维度研究的限制，延伸到更多研究对象上来。Sharma 和 Chrisman（1999）曾将创业研究概念体系框架归纳为如图 1-2 所示。

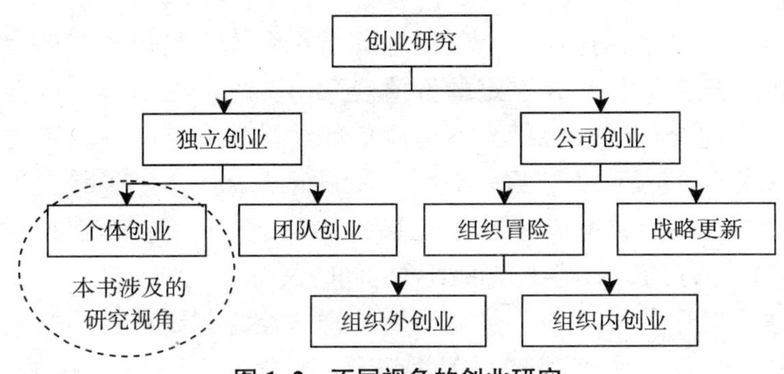

图 1-2 不同视角的创业研究

资料来源：Sharma & Chrisman（1999）。

由图 1-2 可知，创业研究的视角总体上来看可一分为二，即独立创业（independent entrepreneurship）和公司创业（corporate entrepreneurship）。所谓独立创业，即个人或群体在独立于任何现存公司的情况下，创造一个全新的组织。从独立创业的主体来看，其又包括个体创业（individual entrepreneurship）和团队创业（team entrepreneurship）两种形式。对个体创业的研究与传统创业研究一脉相承，关注企业家个体特征、心理、行为及创业活动的过程；团队创业则聚焦于创业过程中企业家团队的构成、运作和互动对创业结果的影响。而公司创业则是个人或群体在与现存公司有关联的情况下，创造一个新组织，或对原有组织进行更新或创新。公司创业又可以进一步被分为战略更新（strategic renewal）和公司冒险（corporate venturing），而后者又包括了组织外及组织内的创业（external & internal venturing）两种类型。[①] 具体到本书而言，则主要关注独立创业当中有关个体创业的研究。尽管笔者承认团队创业在创业实践中普遍存在，但一方面考虑到理论的简洁性，另一方面考虑到创业团队中领袖企业家的重要作用，本书决定选取个体创业研究领域中的相

① “战略更新”，指公司在整体上（法律上或经济意义上）改变资源配置方式，以达到更好的和持续的公司绩效的过程（Stopford & Baden-Fuller，1994）。“组织冒险”则是指公司通过建立分离（独立）的实体试图进入不同的市场，或开发与现有基本业务有明显差异的产品（Montagno，1993）。“组织外创业”系指公司的创业活动是半独立或独立于现存公司所能掌控之外的情况，它们与母公司分离的程度可能不同，但它们共同的特点是不在母公司的完全掌握之下。而“组织内创业”是在现存公司的控制之下进行的。

关成果作为理论支持。

(二) 本书涉及的社会资本理论层面

社会资本理论是新经济社会学的基本理论之一，其对经济体系中行动者(actor)[①] 的研究建立在这样一个假设基础上：个体不是原子式的存在，其生活在一定的文化中，生活在一定的价值观念中，生活在具体的社会制度和社会网络中，因此个体的经济行为不可避免地要受外在结构性因素的限制和影响。学者们将该假设称为“嵌入性”(embeddedness)，即在所有的经济行为人之间都存在着两种或更多种类型的连带（tie），[②] 有些连带仅仅是经济性的、政治性的或社会性的，而有些连带则可能同时具有以上的性质（Ulhøi，2005）。在社会资本研究中，嵌入的主体是明确的，即经济行动者；但嵌入的客体则有所不同，其可以是宏观经济环境、中观经济组织以及微观的对偶性(dydic）连带。这就是不同学科学者从各自的研究领域出发，对社会资本进行不同界定和研究，从而造成社会资本研究多层面性的主要原因（见图 1-3）。

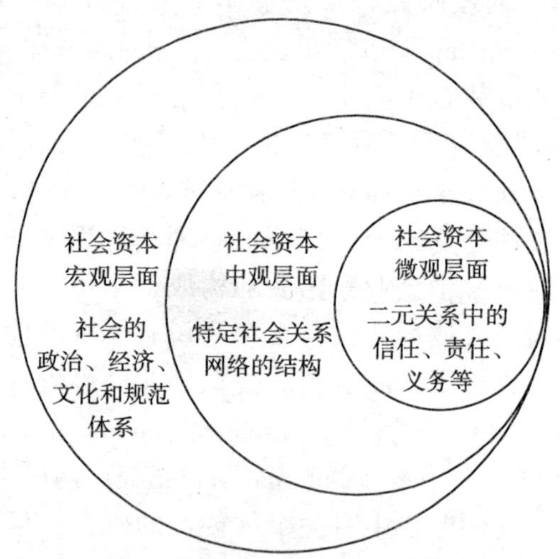

图 1-3　社会资本研究的三个层面

① 行动者可以是个人，也可以是法人组织（Coleman，1990）。

② “tie”的概念最初出现在社会学家对劳动力市场的分析中，1973 年 Granovetter 所发表的“The Strengeth of Weak Tie”一文提出了有关该概念的一些理论问题，但 Granovetter 并没有直接给出“tie”的明确定义。而根据边燕杰（Bian，1999）的理解，“tie”指的是“人与人之间、组织与组织之间由于交流和接触而存在的一种纽带联系”。对“tie”这一术语，国内学者一般将其译为“关系”，但一方面考虑到指称“tie”的“关系”与指称中国传统特色人际间互动交往的“关系”在行文中容易混淆；另一方面，也考虑到“关系”一词有时也被用于对“relationship”的翻译，本书采取了台湾学者对“tie”的译法，即将其译为“连带”。

一般来说，对社会资本的研究可分为三个层面：宏观社会资本、中观社会资本和微观社会资本（Brown，2000）。[①] 社会资本宏观层次的分析，其所考虑的是经济行动者如何嵌入到宏观的政治、经济、文化和规范体系当中，关注的是宏观的社会性因素，如社会制度、交易立法等，对经济行动者之间相关关系的影响；中观层次的社会资本则研究特定社会关系网络的结构，强调特定社会活动群体构成的关系网络模式，关注群体关系网络结构特性对网络内资源配置及个体行为的影响；微观社会资本则研究目标个体与另一个体之间的二元互动连带关系对目标个体行为结果的影响，强调二元关系中信任、责任、义务等在个体调配资源过程中所发挥的作用。对于社会资本研究的三个层面，我们可做如下理解：微观社会资本中的连带关系组合为一定的形态或模式即构成了中观社会资本的网络结构，而这种网络结构又套嵌于宏观社会资本体系当中，受到宏观社会资本体系的影响。

具体到本书而言，笔者主要关注的是中观层次的社会资本，即作为社会资本表现形式的企业家关系网络，其构成因素包括哪些、如何构建，以及这种社会资本对新创企业绩效产出的影响究竟如何。本书同时也考虑到了宏观社会体系对企业家社会资本网络结构形态和内容的影响，即中国传统文化的特殊性以及当前制度转轨的特殊性有可能决定了企业家社会资本的特定构成。就社会资本的微观层面而言，许多学者探讨了经济行动者之间对偶关系中所蕴涵的信任、义务等因素对活动产出的影响（Granovetter，1985；Uzzi，1997）。尽管本书承认这些因素的存在及其作用，但并不将这些因素作为主要研究内容，而仅将对偶关系作为企业家社会资本的来源进行一般性讨论。

二、本书的研究范畴

（一）研究的主要问题

通过以上对研究所使用理论分析层面的明确界定，本书有关企业家社会问题的讨论，主要着眼于两种理论的结合——社会资本理论和创业理论（如

① 这种三层面划分，是 Brown（2000）根据系统主义（systemism）观点做出的。Brown 认为，社会资本是按照构成社会网络的个体自我（ego）间的关系类型在社会网络中分配资源的过程系统。系统主义指的是对系统的要素、构成和环境的三维分析。在社会资本系统中，要素是构成社会网络的个体自我，系统的结构是联结自我的关系类型，系统环境是把该系统包含在内的更大的社会系统。在社会资本的概念表述系统中，Brown 直接把要素、结构和环境划分为微观、中观、宏观三个方面，并将这三个层面上的社会资本研究视角分别称为“嵌入自我观”（the embedded ego perspective）、“结构观”（the structural perspective）和“嵌入结构观”（the embedded structural perspective）。

图 1-4 所示）。事实上，新创企业的枢纽就是企业家（巫立宇，2002）。企业在未成立前或成立初期，资源较为匮乏，而通过企业家的社会资本或网络关系，新创企业往往能够获得所需的资源（Birley，1985；Jarillo & Ricart，1987；Stevenson & Harmeling，1990；Duchesneau & Gartner，1990；Golden & Dollinger，1993；Gulati，Nohria & Zaheer，2000；Singh & Lee，2000；Rothaermel，2001；Cooper，2001）。近年来，西方学者以“社会资本”或“社会网络”概念来解释“创业”行为有越来越多的趋势（Birley，1985；Aldrich & Zimmer，1986；Johannisson，1987；Starr & MacMillan，1990；Dubini & Aldrich，1991；Ramachandran，Ramnarayan & Sunderarajan，1993；Staber & Aldrich，1995；Madhavan，Koka & Prescott，1998；Hite，1999；Baum，Calabrese & Silverman，2000；Amit & Zott，2001；Davidsson & Honig，2003；Almbjerg & Vendelø，2005），其原因在于学者们发现，透过企业家的社会资本，新创企业能够获得必要的知识、信息以及他人所提供的资源协助。正是企业家社会资本所具有的这种动员其他资源以追求机会的能力，使得研究者们相信，创业是一种网络活动（Cromie & Birley，1992；Dubini & Aldrich，1991）。因为对企业家社会资本的研究恰恰可以解释，创业过程中企业家是如何行动、如何把握机会的。企业家对社会资本的动员，在一定程度上回答了“企业家在创业活动中怎么做”的问题。

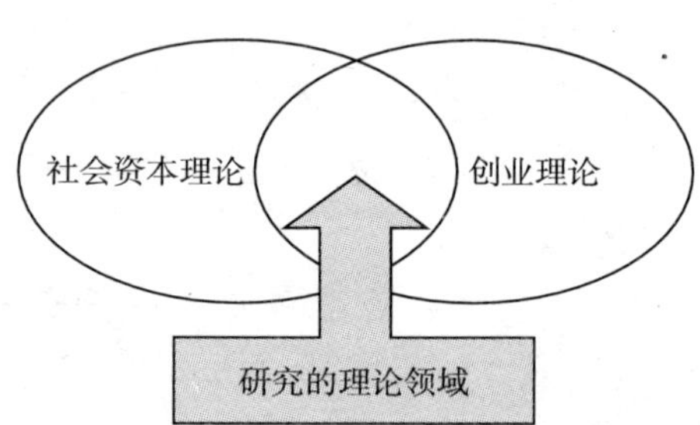

图 1-4　本书所使用的两个理论基础

然而，如前面所说的，大多数企业家社会资本研究都是在西方情境下进行的。中国企业家在创业过程中面临着与西方创业者不同的文化环境和社会环境。这就需要我们对西方世界中产生的相关理论持有一种审慎态度。基于这种原因，本书认为要了解中国情境下企业家社会资本对新创企业绩效的影响作用，就需要回答以下三个问题（见图 1-5）：第一，新创企业的企业家社会资本是什么，其包括哪些维度要素？第二，新创企业的企业家社会资本来自哪里，哪些因素可以对其存量产生影响？第三，企业家社会资本对新创企业绩效发挥了怎样的影响作用？对这三个问题的回答构成了理论研究中一

个完整的 I-P-O（Input Process Output）模式（Mathieu，Heffner，Goodwin & Cannon-Bower，2000），笔者希望通过对这三个核心研究问题的回答，能够对中国情境下企业家社会资本的构成、来源及作用机理给出一个较为全面的解释。

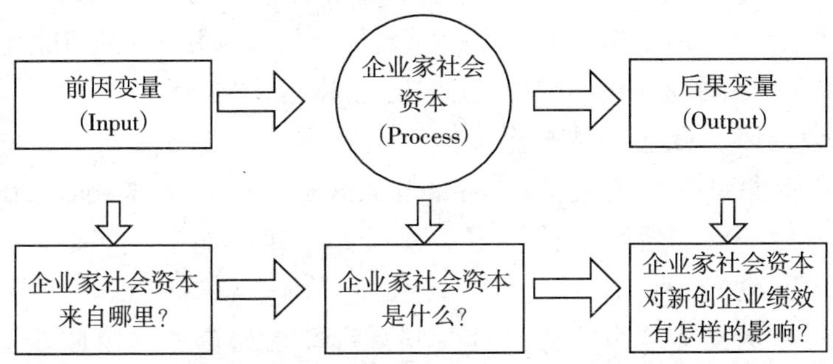

图 1-5 企业家社会资本的因果模式及本书所要回答的问题

（二）概念界定

在对研究所涉及基础理论层面或研究视角进行界定的基础上，本书对所涉及的几个重要概念界定如下：

1. 创业与企业家

创业研究相关的词汇在英文中有多种表述方式。例如，表示企业家的有 entrepreneur 和 founder，表示新创企业的有 venture 和 start-up，表示创业活动、创业行为、创业精神的有 venturing 和 entrepreneurship（林建等，2001）。

就对“创业”概念的界定而言，由于研究视角不一，始终缺乏一个被广为接受的创业定义（Gartner，1990）。如 Drucker（1995）认为，任何敢于面对决策的人，都可能通过学习成为一个创业者并具有创业精神；创业是一种行动，而不是个人特征；创业是一种可以组织，并需要组织的系统性工作。Stevenson 和 Gumpert（1985）认为，创业是个人（不管是独立的还是在一个组织内部）追踪和捕获机会的过程。这一过程与当时控制的资源无关。Hisrich 和 Peters（1998）认为，创业就是通过投入必要的时间和精力，承担相应的财力、心理和社会风险并接受金钱、个人满足和回报，来创造具有不同价值的东西。而 Bruyat 和 Julien（2001）则将创业看做是一个与环境互动作用的过程，并将其界定为个体创造新价值的过程。Low 和 MacMilan（1988）在一篇有关创业研究的经典回顾性文章中曾简洁地将创业定义为“新企业的创造”（creation of new enterprise）。此外，Siropolis（1982）同样也将创业界定为“依照自己的想法及努力而开创一个新企业”，并将新企业的创立分为三种形式——白手起家，开创一个新企业（start from scratch）；取得特许经营权（start from franchise）；以及收购企业或继承家族企业（start from buying a business）。鉴于本书的研究目的在于探求企业家社会资本来源及对新创企业绩效的影响作用，研究对象为新创企业和创立该企业的企业家，因此，笔者对创业的界定采纳了 Low 和 MacMilan 以及 Siropolis 的观点，即将创业界定为“白手起家，开创一个新企业”。相应地，将企业家界定为“创立并拥有一家新企业，并加以组织管理和运营的人”。

2. 社会网络、社会资本与企业家社会资本

社会资本源自于社会关系（social relations）（Adler & Kwon，2002），即某一行动者与另一行动者因某种特定关系（如亲属、同学、同事、师生、朋友等）而产生互动行为，并由此互动关系而获得资源或信息。边燕杰（1998）曾将社会资本定义为“个体通过社会联系摄取稀缺资源并由此获益的能力”。这里的社会联系包含两层含义：一方面是指个体与所属组织的关系，即“组织成员关系”；另一方面则是指个体的社会关系网络。而社会网络，根据 Mitchell（1969）的定义，是“某一群体中个体之间特定的连带关系。社会网络的结构可以说明该群体中个人的社会行为”。

事实上，有关社会资本概念的界定，现在仍然众说纷纭。但可肯定的是，多数学者都将其视为一种嵌入在社会网络中的关系资源。社会资本概念总是与社会网络联系在一起的（李纯，2005），甚至有学者认为“社会资本从形式上看就是社会关系网络”（张其仔，1997），或认为“华人社会关系网络就是一种社会资本”（张继焦，2005）。尽管社会网络本身不是社会资本，只有当其被加以工具性利用时才成为社会资本（樊平，2004），但学者们将社会网络与社会资本联系起来也非毫无道理：一方面，社会资本理论在产生时就与社会网络理论具有紧密的联系；另一方面，社会网络理论中发展出的分析方法也为社会资本理论提供了有力的工具，其对网络结构的衡量指标被社会资本理论引用于社会资本的测量（Burt，1992，2000）。

笔者认为对企业家社会资本的研究，不可避免地要涉及企业家社会关系网络，因为这些关系网络正是被企业家加以工具性动员，并服务于企业目的的（见图 1-6）。作为企业家社会资本载体的社会关系网络，其内容和结构特征可在很大程度上反映企业家社会资本的丰裕程度，可以说企业家的社会关系网络就是其社会资本的间接体现。基于此，本书在以后的论述中，有时会出现企业家社会资本与企业家社会网络交替使用现象，视为同一含义和所指。

至于企业家社会资本，国外学者大都认为其是与开辟新途径、创立新企业并解决社会问题联系在一起的，认为企业家社会关系网络由一系列特殊类型的连带关系组成。企业家的社会资本镶嵌于当地文化和传统之中，是各种

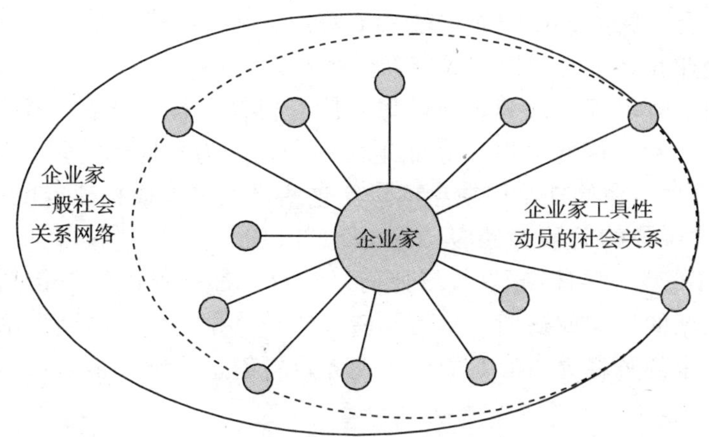

图 1-6 企业家社会关系网络中的社会资本

机构、网络、商业伙伴间合作的产物，同时也是企业家的支持网络，其基本着眼点是资源和利益（杨鹏鹏，2005a）。周小虎（2002）认为，企业家社会资本是企业家动员内部和外部资源的能力；企业家社会资本在两种社会联系的基础上形成：企业家在企业内部与企业成员的关系网络以及由企业家在企业外部与社会其他成员的人际关系网络所决定的人力资本。惠朝旭（2004）提出，企业家社会资本是个人拥有社会资本的一种，主要指以企业家个体依附为主要特征，以企业家个体为中心结点的网络体系、声望和信任的总和。王革、张玉利等（2004）将企业家社会资本视作以企业家为中心的，企业家与企业组织之外的社会成员、企业家与组织以及企业家与企业内部组织和成员之间可以给企业带来利益或潜在利益的社会关系网络。本书以 Nahapiet 和 Ghoshal（1998）的定义界定企业家社会资本，即“存在于由个人和社会单位拥有的关系网络中，通过这些关系网络获得的，并从这些关系网络中衍生出来的现实和潜在的资源总和”。简单地说，企业家社会资本就是“网络加资源”（Foley & Edward，1999），其中网络更为根本，因为诸如信任一类的资源都产生于网络当中（张其仔，2004）。

值得注意的是，由于新创企业多数规模较小，组织结构简单，而外部环境对企业的危险更为严峻。因此，本书主要探讨企业家个体与外部网络的联结与互动情形，即所谓的外部社会资本（external social capital）（陈荣德，2004）。

3. 新创企业

新创企业的建立是企业家前一时期创业努力的结果，同时也是新创业征程的开始。尽管创业研究已进行了数十年之久，但目前有关“新创企业什么时候可以不被称为‘新创’，仍然是不确定的”（Ostgaard & Birley，1996）。

归纳起来，有关新创企业的界定依从了两种思路——基于企业生命周期阶段划分新创企业和基于时间概念界定新创企业。

生命周期阶段理论认为企业就像生物有机体一样，存在一个从生到死、由盛转衰的过程，因此可以将企业生命周期划分为不同的阶段。迄今为止，已经有 20 余种生命周期阶段模型问世。这些模型一方面构建维度不相一致，另一方面，划分的阶段数也从 3 阶段到 10 阶段不等（薛求知、徐忠伟，2005）。但不管划分的标准与数量如何，学者们都一致认为，新创企业处于企业生命周期的早期或初期。然而，遗憾的是，尽管生命周期理论为企业成长提供了一定的解释力，但对如何明确界定新创企业则大多语焉不详或界定标准过于复杂。

另一种对新创企业的界定方法则直接来自于创业研究领域，即通过企业创立时间限定，简单明了地划定新创企业所属的范围。但对于具体时间期限，学者们或出于自己的理论观点，或出于研究上的便利需要，同样没有达成一致性意见。如 Ostgaard 和 Birley（1996）在其有关企业家社会网络对新企业成长影响的研究中，将新创企业界定为成立时间在 2~10 年，并指出时间下限的选择是由于 2 年是可明确衡量成长绩效的开始点，而时间上限的选择则没有什么理论依据，纯粹取自过去的经验研究（Kirchoff & Phillips, 1989；Covin & Slevin，1990）。但也有学者在研究中提出，对创业企业的选取不要长于 8 年，以免创业者淡忘最初的资源获取方式（Zhang et al., 2003；Shane & Cable，2002）。而张玉利等（2007）在分析创业研究与主流管理研究之间区别的时候，将这两种研究的分界点划定在新企业创立后的第 42 个月（见图 1-7）。这一划分标准来自于“全球创业观察”（Globe Entrepreneurship Monitor，GEM）报告。[①] 该报告认为，从企业创建到其后 42 个月的时间均属创业期。

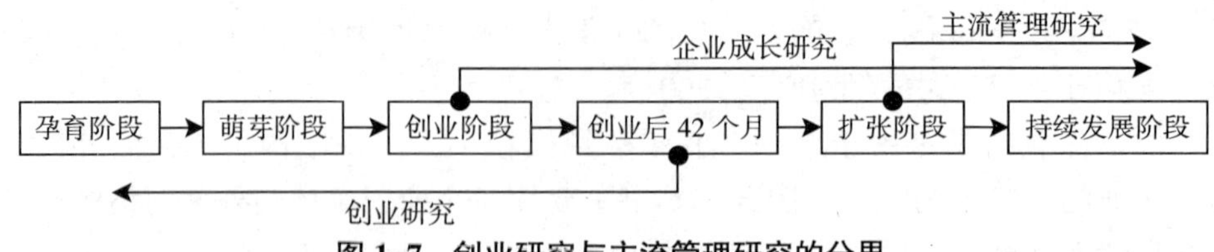

图 1-7　创业研究与主流管理研究的分界

资料来源：张玉利等，2007。

① GEM 是由美国巴布森商学院和英国伦敦商学院 1998 年发起的，是世界上研究企业家精神最重要的项目之一。

本书认为，GEM 作为一项在创业研究和创业教育领域享有盛誉的国际性项目（姜彦福等，2004），具备一定的权威性。同时，从研究的操作性角度来看，GEM 的新创企业界定也更为简洁、明确。因此，本书对新创企业进行定义时遵从 GEM 的标准，即将新创企业界定为“由企业家独立创建的、成立时间不超过 42 个月（即 3.5 年）的新企业”。

第三节　本书的内容与结构安排

一、本书的主要内容

本书主要围绕企业家社会资本的构成、企业家社会资本的来源以及企业家社会资本对新创企业绩效的影响三个方面的主题展开并深化。具体而言，本书的主要内容包括以下几个方面：

第一章是导论。主要对本书的背景和意义、研究思路和方法、研究的主要内容、主要创新点等进行阐述，同时对研究对象的理论层面和相关概念进行了界定。

第二章是文献综述。分别回顾了创业研究领域中与本书相关的理论、社会资本理论以及基于社会资本视角的创业研究成果，并对以往的研究进行了评价，从而指出本书意欲解决的问题。

第三章是企业家社会资本构成分析。首先对社会资本的研究维度进行了回顾，并以此为基础对企业家社会资本的维度构成进行了划分。随后分别讨论了企业家社会资本的两个主要构成——结构维度和关系资源维度。就结构维度而言，借鉴了国外研究中常用的企业家社会网络衡量指标——网络规模、网络异质性和网络密度；就关系资源维度而言，则在文献分析基础上，通过访谈和小范围问卷调查识别了其中的三种主要子维度，即商业性关系资源、制度性关系资源和其他关系资源。

第四章是企业家社会资本来源影响因素分析。首先，以中西方人际关系的观念差异为依据，分析了中西方个体社会资本构建的不同基础。其次，分析了中国企业家社会资本获取的两种主要途径——先赋性关系和获致性关系。最后，在以上两种社会关系的基础上，提出了一个企业家社会资本获取模型，并分析了对企业家社会资本来源可能产生影响的几个主要因素，并提出了相应的假设。

第五章是企业家社会资本的效用分析。在明确了本书创业绩效衡量层面的基础上，以一个三维评价框架对新创企业绩效进行了界定。随后，就企业家社会资本结构维度和关系资源维度对新创企业经营成长绩效和创新绩效的可能影响进行了探讨，并提出了相应假设。

第六章是企业家社会资本来源及影响的实证研究。首先，对量表设计和变量测量方法、数据收集过程和样本特征进行了介绍。其次，对所收集的样本运用因子分析、多元层级回归等方法对第四章、第五章两章所提假设进行了验证。最后，依样本中所包含的两种企业类型——科技型新创企业和传统新创企业，进行了独立样本 T 检验和回归分析，以比较变量间的关系在两类样本中的不同分布。

第七章是研究结论与展望。总结本书所取得的结论，指出了本书的局限性，并对未来的进一步研究提出了方向和建议。

二、结构安排

根据研究的内容及其所解决的问题，本书的整体结构安排如图 1-8 所示。

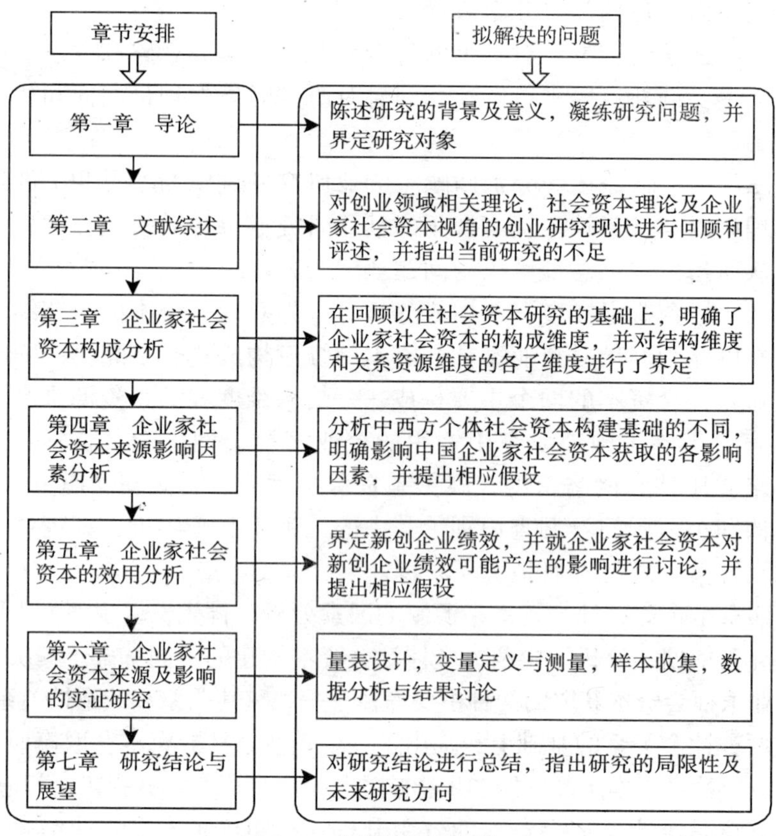

图 1-8　本书的结构安排

第四节　研究方法与创新点

一、研究方法

本书是对我国创业企业家社会资本问题的一项探索性研究，研究范围涉及管理学、社会学、经济学、社会心理学等多个学科和领域，因此必须在遵从严谨研究方法的基础上，才能获得真实可信的研究结果。具体到本书所使用的方法而言，则主要采用了文献探讨、规范分析和实证研究等方法，并力求实现以上三者的结合。文献探讨和规范分析为本书引出问题、认识问题和理解问题奠定了基础，而翔实的实证研究进一步剖析和验证了本书所提出的有关企业家社会资本来源及作用问题的各项假设，为指导企业家的创业实践提供了依据。

（一）文献梳理和规范分析

目前，尽管国内外对社会资本及企业家社会资本问题已有了一定的探讨，但理论研究仍不成熟。笔者针对企业家社会资本的构成、来源及其对创业行为的影响作用等问题查阅了大量国内外相关文献，积累了不少前人研究的相关成果。这些成果不仅为本书提供了理论基础，而且在研究方法上也具有重要的启示作用。由于个体社会资本问题与个体所处的社会环境、文化环境有着很强的关联性，因此对我国企业家社会资本问题的研究，不能照搬西方相关理论，而是要在前人研究的基础上，结合我国的社会文化特点和转轨经济现实，提出我国企业家社会资本来源及对新创企业绩效影响的基本理论框架，并对该框架中变量间的相互关系一一进行剖析，以供企业家在创业实践中予以参考。

（二）定性分析与定量分析

由于企业家的社会资本问题具有一定的潜隐性，甚至具有难以言明性，仅通过书面资料将无法客观地获得足够的信息，尤其是在国外相关研究尚未完全本土化的情况下，因此就有必要通过深入的定性研究来获得详细的资料，以弥补前期理论探讨的不足。因此，本书从定性入手，通过与企业家的半结构式访谈并结合前期的相关文献梳理中所发现的问题，对当前我国特殊经济和社会文化条件下企业家社会资本的构成、来源及其对新创企业绩效的影响等问题进行了进一步的思考和讨论，进而构建起所要研究的理论框架。然后，通过参考相关文献并与访谈结果相结合的方式提出各变量之间关系的一系列假设，收集数据并借助于统计学方法对其中的关键问题进行分析，利用量化的模型、软件工具揭示所研究问题的本质。

（三）实证研究

企业家社会资本问题是企业家个体层面的问题，其往往涉及私人敏感性或被视为企业机密，这就给本书的研究带来了相当的困难。因此，只有通过与企业家的直接接触和交流互动才能得到满意的研究效果。本书首先分析整理了国内外文献等二手资料，在获得感性认识的基础上拟定访谈提纲，然后有针对性地选择成功新创企业的企业家进行访谈。在相关文献回顾的基础上，结合访谈结果，用 Likert 5 点量表编制了调查问卷，并结合研究团队专家及创业企业家的意见对问卷做进一步修改以最终定稿。在调查过程中，为取得精确而翔实的资料，本书采取了入户调查方式，一对一地请企业家完成问卷填答。尽管这种方法的研究成本较高，但相对于获取真实的实证研究数据而言还是值得的。在数据收集完毕后对问卷进行了信度与效度检验，并运用因子分析、相关分析、多元回归分析等方法对本书所提出的理论框架进行了验证。

二、本书的创新点

本书以中国情境下的新创企业经营为研究背景，主要探讨了企业家社会资本来源及社会资本对新创企业绩效的影响作用问题。这些方面的研究至今仍然存在不足，亟待理论界进一步完善，而本书对此做了有益的尝试，弥补了一些理论的不足。本书的创新点主要包括以下几个方面：

（1）阐述了中国创业企业家社会资本的两个构成维度。西方学者基于结构主义，重点关注社会网络结构形态对企业家创业活动的影响；而我国学者则从传统出发，更多地侧重于企业家社会关系在资源获取方面作用的讨论。本书创新性地采用双向视角，同时对中国创业企业家的社会网络结构特性与资源特性进行了全方位考察，并在此基础上阐发了中国创业企业家社会资本的两种主要获取途径——先赋性关系和获致性关系，继而通过实际数据验证了各影响因素的具体作用方向。

（2）建立新的模型检验了中国创业企业家社会资本对新创企业绩效的影响。特别以创业研究中最重要的效标变量——新创企业组织绩效作为企业家

创业绩效的测量对象，用一个三维衡量框架锁定两项指标——经营成长绩效和创新绩效。在获取第一手调研数据的基础上，就社会资本结构维度、关系资源维度对两项指标所产生的影响作用进行了经验性检验，用国内尚欠缺的实证研究结果揭示了创业企业家社会资本影响其创业活动作用机理。

（3）从企业家的“社会嵌入性”特征入手，构建了创业企业家社会资本的来源影响因素、构成维度与新创企业绩效之间关系的模型框架，通过I-P-O理论模式的塑造，提高了企业家社会资本理论的预测力和解释力，进一步丰富了企业家社会资本研究的内涵。

第二章　文献综述

第一章中笔者已经指出，本书关于企业家社会资本问题的研究，主要着眼于两种理论的结合——社会资本理论和创业理论。因此，在研究的主体部分展开之前，就有必要对这两种理论研究的进展情况加以介绍。此外，在探讨这两种支撑性理论主要内容的基础上，本章还将回顾当前国内外有关社会资本视角创业研究的情况。本章的目的在于，通过对相关理论的文献综述，发现研究中所存在的不足甚至空白，从而明确本书的课题。

第一节　社会资本理论

“社会资本”的概念最初是由经济学的“资本”演变而来的。从严格的经济学角度看，资本是在以追求利润为目标的行动中被投资和动员的资源，它既是生产过程的结果，又是生产过程的要素。20 世纪 60 年代，Schultz（1992）和 Becker（1987）把“人力资本”（human capital）的概念引入到经济学的分析框架当中，使“资本”的概念首次摆脱了具体的物质形态，而向广义的、抽象的层次扩展。但从西方人力资本研究的现有成果看，经济学者们虽将关注点转移到了“人”身上，但这里的“人”还是比较笼统的“独立人”，而非处于社会关系中的人。人不仅是资源要素之一，而且也是运用资源的主体，人在运用资源要素的过程中，不仅仅是作为独立人出现的，更经常地以社会群体出现。因此，人力资本理论的缺陷就在于忽视了人在运用资源时的主体存在状态——社会关系，忽视了社会关系对经济的影响作用。因此，20 世纪 70 年代后，由西方社会学家提出的“社会资本”(social capital)概念则弥补了人力资本理论的不足，将经济学家惯于忽视的社会关系和社会结构纳入到资本分析的范畴当中，力图以此将社会资源对经济体系的意义描绘出来（朱国宏，2003）。可以说，社会资本概念的出现，正是“资本概念不断泛化”的结果（李惠斌和杨雪冬，2000）。[①]

一、资本的定义

尽管社会资本概念出现得比较早，经济学和社会学领域的研究中都有所涉及。但直到20世纪80年代，当Bourdieu，Coleman和林南等几位社会学家各自独立地对这一概念进行深入讨论时，它才引起了学术界的广泛关注。现在社会资本已成为社会学科中最有力和流行的研究领域之一。但由于社会资本术语的不同运用依赖于学者们所研究的学术领域（Serageldin & Grootaert，2005），目前对社会资本的定义概念较为混乱，且测量也较为模糊（Woolcock，1998）。从学术探讨的生命周期来看，社会资本仍处于“产生期的兴奋阶段”（Hirsch & Levin，1999），也正因如此，目前学者们对社会资本的界定是多种多样的（见表2-1）。

表2-1 社会资本定义的简单汇总

研究视角	作　者	社会资本的定义
外部	Baker（1990）	社会资本是一种行动者可从特定社会结构取得的资源，并且可以用所取得的资源追求自己的利益；行动者之间关系的变化产生了这种资源
	Belliveau，O'Reilly & Wade（1996）	社会资本是个人的网络及体制中的社交关系
	Bourdieu（1985）	社会资本是在特定情境下，可将社会连接关系转换为经济性资本，并有助于某种形式的地位提升
	Bourdieu & Wacquant（1992）	社会资本是熟人相互间或多或少的体制化关系所形成持久网络中真实或潜在资源的集合
	Boxman，De Graaf & Flap（1992）	社会资本是能够提供支持与资源的人员数量，而这些支持与资源是被期望，且可让其随意处置的
	Knobe（1999）	社会资本是一种社会行动者在组织内及组织间建立与移动网络联结以获取其他社会行动者资源的流程
	Portes（1998）	社会资本代表了行动者通过在社会关系网络或者其他社会结构中的成员身份来确保收益的能力

① 事实上，Bourdieu在提出社会资本概念的同时，还提出了另一种与经济资本、社会资本并列的资本形式——文化资本（culture capital），其由一系列价值（value）和符号（symbols）所构成，通过文化投资（教育投资）可以让人们接受某种价值和符号，使之将统治阶级（dominant class）的观念内化为自己的价值。Bourdieu认为，统治阶级通过教育向社会灌输的价值规范和象征意义，体现了社会统治集团的意志和价值追求的系统，是统治阶级为了维护自己的统治地位而向社会成员进行的一种投资活动，其资本回报是权力地位的稳定。有关资本理论演进历史的详细讨论可见林南（2005）及燕继荣（2006）。

续表

研究视角	作者	社会资本的定义
内部	Brehm & Rahn (1997)	社会资本是社会公民间解决群体问题所形成的合作关系网
	Coleman (1990)	从功能的角度看，社会资本是拥有两个共同特质的多种实体，这两种特质分别为各种社会结构以及此结构中个体的特定行动
	Fukuyama (1995，1997)	群体或组织中成员能为共同目的一同工作的能力 (1995)；社会资本是群体成员共享的非正式价值观或规范，能使成员间互相合作 (1997)
	Ingelgård (1997)	社会资本是一种自愿产生的网络中，成员间彼此信任与容忍的文化
	Putnam (1995)	社会资本是社会组织的特征，例如网络、规范及社会信任，是可促进彼此利益的协调与合作
	Thomas (1996)	社会资本是有助于整体发展的公民社会中所发展出来的自愿性方法及流程
	Burt (1992)	朋友、同事以及更一般的熟人，通过他们获得使用其财务及人力资本的机会
内外部结合	Loury (1992)	自然形成的人际间社会关系，有助于市场上技艺及稀有价值的取得
	Nahapiet & Ghoshal (1998)	存在于由个人和社会单位拥有的关系网络中，通过这些关系网络获得的，并从这些关系网络中衍生出来的现实和潜在的资源总和；社会资本同时包含网络及网络中流动的资源
	Pennar (1997)	社会资本是影响个人行为及经济成长的社会关系网络
	Schiff (1992)	社会资本是影响结构成员间关系的一套社会结构元素，可作为生产或效用的投入
	Woolcock (1998)	社会资本是个人社会网络中的信息、信任及互惠的规范
	Adler & Kwon (2002)	社会资本对个人或群体皆存在益处，其源于行动者间社会关系的结构与内容，给予行动者信息、影响力及团结一致

资料来源：笔者根据 Adler 和 Kwon (2002) 的研究修改而成。

从表 2-1 可以看出，尽管这些定义从大的方面来说很相似，但它们之间仍然存在一些明显的差别。Adler 和 Kwon (2002) 认为，依据学者们研究社会关系的出发点不同，这些定义存在着研究层次上的差异。这些出发点可归为三类：①单个行动者 (actor) 个体与其他行动者之间所保持的关系，即外部的社会关系。②行动者全体所组成的关系结构，即集体内部个体之间的关系。③以上两种类型关系的组合。Adler 和 Kwon 认为，关注外部关系研究的是“桥梁形式”(bridging forms) 的社会资本，而关注内部关系研究的则是“联结形式”(bonding forms) 的社会资本。①

① Oh，Kilduff 和 Brass (1999) 在他们的研究中也做出了类似的划分，但是名称不同，分别称为“公共型”(communal) 社会资本和“联系型”(linking) 社会资本。

二、社会资本的代表性理论观点

就社会资本在西方的研究发展而言，尽管已有众多学者涉足其中，并取得了极为丰富的研究结论，但一些重要人物的基本观点是必须提及的，他们的理论观点和相关论述构成了今天我们对社会资本问题讨论的基础。

（一）Coleman：社会结构资源

在社会资本研究领域中，影响最大的当属 Coleman（1988，1990），其从功能上来探讨社会资本："社会资本的定义由其功能而来，它不是某种单独的实体而是具有各种形式的不同实体，其共同特征有两个：它们由构成社会结构的各个要素所组成；它们为结构内部的个人行动提供便利。和其他资本形式一样，社会资本是生产性的，是否拥有社会资本，决定了人们是否可能实现某些既定的目标。与其他形式的资本不同，社会资本存在于人际关系的结构之中，它既不依附于独立的个人，也不存在于物质生产过程中"。

为了更清晰地阐释社会资本概念，Coleman 提出了社会资本的五种表现形式：①义务与期望。如果行动者 A 为 B 提供了某种帮助，并且相信 B 日后会有所报答，那么 B 对 A 就产生了义务，而 A 对 B 则产生了期望。由此，A 与 B 之间就构成了相互服务的关系，当这种关系足够稳定的时候就构成了社会资本。②信息网络。已存在的社会关系是获取信息的重要渠道，个体可以从他的社会关系网络中获取对自己行动有用的信息，从而为行动提供便利，而这种社会关系就构成了社会资本。③规范和有效惩罚。规范约束着个体的行动，并通过惩罚自私自利行为，引导着个体放弃自我利益而为公共利益行事，从而使某些组织目标更易实现，由此构成了极其重要的社会资本。④权威关系。当某个行动者有权控制另一行动者的某些行动时，他就与后者之间产生了权威关系。当人们意识到解决共同问题而需要相应的社会资本时，他们会在特定的条件下，把权威赋予某个代理人。如果控制权集中于少数人手中，就可以增加社会资本的总量。⑤多功能组织和有意识创建的组织。多功能组织是指出于某一目的建立的组织同样可服务于其他的行动目的，由此成为组织成员的重要社会资本；有意识创作的组织包括企业组织以及建立在自愿基础上的具有公共物品性质的联合会等。这类组织不仅可以使创造者受益，也可使其他人获得一定的好处。

Coleman 理论的局限性主要在于两点：第一，他对社会资本的界定相当模糊。在他的社会资本的术语下，既包括产生社会资本的机制，也包括社会资本的后果，还包括为原因和效果具体化提供背景的"多功能"社会组织。

他并未区分资源和通过不同社会结构中的成员身份摄取资源的能力。在他的研究中，社会资本拥有者、社会资本来源和社会资本本身常常纠缠在一起，难以明确分开。这三个因素在后来其他学者的讨论中也经常被混淆，因此带来了这个概念在用法和使用范围上的混乱（Portes，1998）。第二，Coleman从功能主义的视角为社会资本下定义，在逻辑上混淆了原因和结果的关系，暗含着同意反复：当且仅当社会资本发挥效力的时候，它才能被识别；社会资本的潜在因果解释只有通过其效果才能得出，或一种投资是否依赖于对一种特定行动中的特定个人的回报而显示出来（张文宏，2003）。

（二）Burt：社会联系的缺乏

另一位对社会资本理论产生重要影响的学者是美国社会学家Burt（1992）。与Coleman从功能主义出发，将义务、期望、规范、权威等行动者间的关系内涵作为社会资本基本元素不同，Burt认为行动者社会关系网络的结构形态构成了他们的社会资本，因此，Burt是从结构主义角度阐释其社会资本理论的。Burt将社会资本定义为网络结构给网络中的行动者提供信息和资源控制的程度，他称之为"朋友、同事以及更一般的熟人，通过他们获得使用其财务及人力资本的机会"，亦即"结构洞的社会资本"。

如果说Coleman认为紧密网络是社会资本出现的基本条件的话，Burt则恰恰相反，他认为正是行动者个体间联系的相对缺乏（Burt称之为"结构洞"）推动了个体的流动、信息的获得和资源的摄取。Burt对于行动者联系到了"谁"从不关心，他认为社会资本研究专注于关系网络的结构将有助于增加理论的一般性。他强调从"谁"那里获得资源从属于如何通过关系网络结构获取这些资源。"谁"这个问题是与"如何"以及"为何"这些问题相联系的，知道了如何构造其个人关系网络也就自然而然地知道与"谁"建立联系，因此对谁这个问题进行讨论没有必要。真正重要的是，研究者们要认识到，由于构成双边关系的个体与大多数类似者具有共同的利益、财富、权力和价值等，因而由他们所构成的自我封闭网络只能提供重复的资源；而网络中的结构洞则为占据该位置的行动者提供了触及其他非重复性资源的机会，而且个体可以通过结构洞的构造和战略性定位，获得控制其他行动者的权力。而这种由结构洞带来的收益就是行动者的社会资本。除此之外，行动者的个人特点以及存在于他们之间的关系性质都是不重要的。

Burt的理论从结构主义视角研究社会资本，一方面，跳出了Coleman的功能主义窠臼，将社会网络的结构作为判断个体从社会网络中获取各种回报可能性的唯一尺度。这些网络结构虽然可能带有某种功能，但社会网络的功能并不是社会资本本身，而是社会资本使用后的结果，或者说是社会网络结构的使用所得到的回报（张文宏，2007）。另一方面，Burt 也将社会网络分析引入社会资本理论中，赋予了社会资本研究更大的研究空间和更高的研究可操作性。但 Burt 的理论也非无懈可击，其缺陷主要在于仅分析了行动者如何通过社会网络结构的特殊性获取信息或控制权力，但对获取除信息以外的哪些资源以及为何要从对方那里获取资源并没有提及。这源于他对行动者社会联系人是“谁”漠不关心。就中国社会的大多数关系网络而言，社会联系都是特殊主义的，社会联系对象是“谁”往往决定了行动者是否与之建立社会关系以及可以获取何种资源，因此，中国情境下的社会资本研究也就难以脱离对“谁”这个问题的讨论。

（三）林南：嵌入于社会结构中的资源

华裔学者林南是从社会网络资源的角度来研究社会资本的，他认为：“社会资本——作为在市场中期望得到回报的社会关系投资——可定义为在目的性行动中获取的，或被动员的、嵌入在社会结构中的资源”（林南，2005）。

在这个定义中，林南指出了社会资本三个方面的含义：第一，社会资本根植于社会网络或社会结构当中，其不为个人所直接占有，而是存在于人与人的关系当中，缺乏它的人可通过直接或间接的社会网络来获取。第二，社会资本是一种可增值的资源。资源包括两种类型：个人资源和社会资源，前者是个人所拥有的，可以为个人所控制的，而后者则是个人通过社会关系网络获取的。第三，行动。尽管个人资源（尤其是先赋性资源），至少最初在很大程度上影响着一个人所能获取的社会资源，但随着个人资源的积累，社会资源会在将来精心构建社会网络的过程中发挥比个人资源更重要的作用。在这里，行动者的社会资源经由他们能动的工具性行为，就会转化为社会资本。

总体而言，林南社会资本理论的最大特点在于突破了社会结构的限制，而将个体行动引入到社会资本理论的分析当中，强调了行动者如何通过发挥他的能动性作用构建、积累和动员了社会资本，并从中获取收益。在林南的社会资本理论中，社会资源是行动者投资活动的对象，社会结构是投资活动的场所，而个体及其行动则是投资者及其活动。于是，社会资本不再仅是 Coleman 眼中关系和集体所蕴涵的功能，也不再仅是 Burt 眼中的特定社会关系网络结构，其同时还是面对资源争取回报的投资行动，是运动变化的投资过程。这正是林南理论对社会资本研究的推动作用，即社会资本不再是一种

单纯的客观对象，更是一种实践活动。

三、对社会资本研究的简要评价

通过上述文献梳理可看出，社会资本理论具有强大的解释力。但任何事物都有其弱点，社会资本理论也不例外，其突出的表现在于无法有效区分社会资本概念所包容的诸多不同含义。Woolcock（2000）认为，目前社会资本研究中存在着四个缺陷：①社会资本的修正派在解释问题上有概念过窄、解释范围过宽之嫌。②社会资本概念混乱，即社会资本究竟是社会关系的基础还是社会关系的内容，是“中介”还是“信息”，抑或是二者的结合。③社会资本在政治领域的广泛使用带来了不同的解释结果。④在社会资本的数量问题上还存在着模糊的认识。

中国本土学者对社会资本理论的引进和应用大致是20世纪90年代以后的事情，尽管已有了不少研究成果，但多数还集中于社会学领域，管理学科中的讨论刚刚起步。就企业家社会资本问题而言，本书认为下面三个方面的问题值得注意：

（一）如何界定社会资本——资源还是网络结构

从最初Bourdieu将社会资本概念运用于理解个人成功的社会学分析开始，20多年来，众多学者不断将社会资本的网络概念及其应用维度进行拓展，极大地丰富了社会资本理论的研究。但正像林南（2005）对社会资本概念运用中的严谨性所提出的质疑那样，“当社会资本研究迅速增长，其文献扩展到无数研究及应用领域时，这个术语成为包罗万象、能医百病的灵丹妙药的危险性亦随之增加”。对究竟什么是社会资本的问题，至今学术界仍无统一的说法。存在的第一个问题是：对社会资本的界定究竟应当从功能主义出发，还是从结构主义出发？前面已经述及，现在有越来越多的学者对Coleman功能主义视角的社会资本定义提出了批评（Portes，1998；张文宏，2003，2007；朱旭峰，2006），而Burt结构主义的社会资本界定是值得借鉴的。社会资本定义的另一个问题是：社会资本究竟是有助于实现个人或团体目标（例如获得经济上的成功）的资源本身，还是一种特定的社会网络结构、一种获取资源的途径和手段？如Baker（1990）认为，“社会资本是一种行动者可从特定社会结构取得的资源，并可以用所取得的资源追求自己的利益；行动者之间关系的变化产生了这种资源”。而Burt（1992）则认为，社会资本是“朋友、同事以及更一般的熟人，通过他们获得使用其财务及人力资本的机会”。总的来看，前者强调了社会资本本身的“资源”属性；后者则突出了其作为“动员资源渠道”的属性。事实上，对社会资本的界定应同时注意到行动者社会网络结构以及网络中资源对其行为结果的作用，资源与结构二者不可偏颇。对社会资本概念的具体应用必须同时注意到三个方面的内容：社会资本的拥有者，即那些通过社会资本获益的人；社会网络及其结构，即提供资源的人；行动者在动员社会网络过程中所获取的资源。三者的关系如图 2-1 所示。

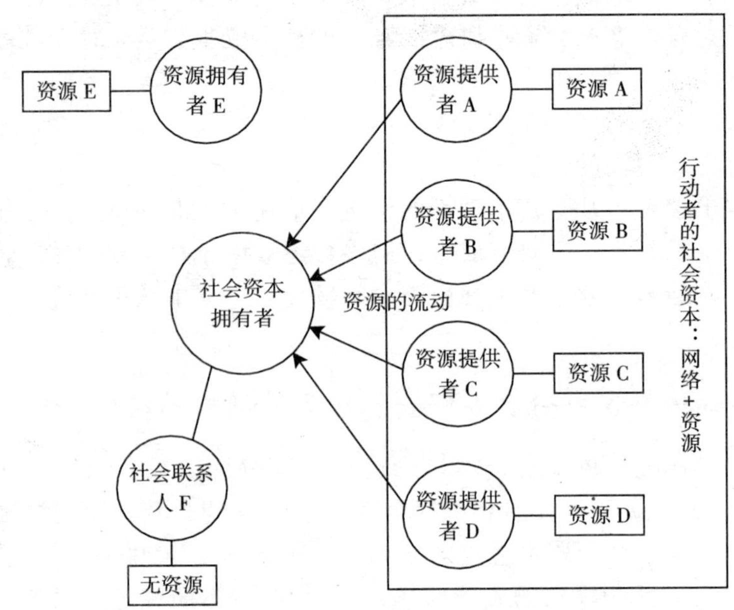

图 2-1 社会网络、资源及社会资本拥有者

“资源”本身不是社会资本，因为嵌入在社会网络中的资源是静态的，未经动员的社会网络不会提供行动者所需的资源（如图 2-1 中的资源拥有者 E，其虽然拥有资源，但并未与行动者发生社会关系，因此也就不能构成行动者的社会资本）；“网络结构”同样不是社会资本，它仅仅反映了行动者获取资源的可能性，只有网络结构的结点上蕴涵着资源，行动者对网络的动员才具有意义（如社会联系人 F，其虽然与行动者存在联系，但由于他不具有行动者所需的资源，仍然不能构成行动者的社会资本）。只有那些被动员了的具有资源的社会关系网络才能构成社会资本。社会网络被动员的动机是使得资源能够由网络成员流向目标行动者。也正是基于这一点，本书将企业家的社会资本界定为“存在于由个人和社会单位拥有的关系网络中，通过这些关系网络获得的，并从这些关系网络中衍生出来的现实和潜在的资源总和”。

简单地说，企业家社会资本就是“网络加资源”(Foley & Edward，1999)。

(二) 中国情境下研究社会资本应注意的问题

在中国情境下研究社会资本理论，需要考虑到中国社会的特殊性，而这种特殊性构成了我们在借鉴和应用社会资本概念时的理论前提。一般来说，这种特殊性体现在两个方面：

第一，中国社会文化传统的特殊性。由于对家庭和血缘的强调，中国的社会资本的核心是家庭，大部分的社会关系在本质上都是血缘关系的延伸和扩展，有学者将其称之为“拟亲化”(pseudo-kinship)(杨中芳、彭泗清，1999；张强，2003；李孔岳，2007)。汉语中“同”字开头的词，如同乡、同宗、同学、同事等不仅深刻揭示出社会资本在中国文化背景下的特殊含义，而且表明了中国社会资本的主要载体。这里的“同”一方面表示了双方客观上有相同之处，另一方面也暗含了双方相互之间主观的“关系认同”，而这种对人际关系的特殊性认同，恰恰是中国文化传统中的一个独有特性。中国特殊主义的文化传统与西方普遍主义文化传统的巨大差异，使得中国人际社会网络的形成过程与运行机理不同于西方。因此将西方社会资本理论引入并运用到中国情境之下时，应考虑到概念本身的文化适应性和文化变通性。唯有如此，西方的理论传统才能真正做到本土化“落地”，而基于本土研究对象和研究目标的社会资本研究，才能真正为整个社会资本理论框架做出贡献。同样地，对企业家社会资本的研究，也将无法忽略中国企业家所处社会文化背景对其创业和企业经营行为的影响作用。

第二，中国社会转型的特殊性。我国的经济改革，从体制上来说是变计划经济体制为市场经济体制，但由于市场配置资源还不完全具备，加之计划经济时代全面干预和管制的惯性，政府在资源配置中的作用，尤其是稀缺资源配置中，远不只充当“守夜人”的角色。这一方面表现为政府职能的“越权”，即由政府这只“看得见的手”代行市场这只“看不见的手”的职能，进行资源配置；另一方面表现为政府职能的“缺位”，即在市场体系未达到完善之前，政府职能出于改革的考虑，已经先行退出，国家行政权力与市场体系之间存在着制度上的真空地带，或存在着制度供给的不足。“越权”与制度软化结合在一起，就为政治权力的全面扩张和渗透提供了机会，也使得企业家在创业和企业经营过程中对于依赖“市场”还是“政治权力”感到茫然。于是，他们必定要找到弥补经济关系和行政权力关系不足所需的替代物，而体现为社会关系网络的社会资本就成为企业家们应对正式制度供给不充分的一种替代物。他们一方面将政府行政部门人员纳入自己的社会关系网络，以期在必要时获得“保护”甚至是稀缺性的资源；另一方面又将市场领域中的商业性关系培育成社会资本，以应对信任、交易秩序缺乏等市场体系不规范有可能给自己带来的损失。可以说，在中国的转型时期，企业家的社会资本作为一种“非正式制度”成为了资源配置的第三种手段。从这个意义上讲，对中国企业家社会资本的研究需要关注目前社会转型的特殊性，因为正是这种特殊性决定了企业家对社会资本的特殊要求，以及社会资本对企业家的特殊意义。

（三）如何处理企业家社会资本与企业社会资本间的关系

如前所述，尽管国内对已经有一批研究者开始在管理学范畴当中考察社会资本理论，但多为企业层面的社会资本问题，仅少数学者关注了企业家的社会资本。如果从行为主体嵌入社会情境的层次看，企业社会资本与企业家社会资本是两个嵌入层面的问题。企业作为一个行动者集合的概念，企业家是嵌入于其中的；而企业作为行动者集合的整体又嵌入在更大的社会经济网络当中。一方面，仅关注行动者集合体——企业的社会资本，而忽视集合体关键人物——企业家的社会资本，将无法突出作为企业领袖人物的企业家，其社会关系网络和社会资本对企业发展所具有的重要意义，这种组织领域中的社会资本讨论，只能说是不完全的；另一方面，也有学者提出，如果以企业家社会资本为讨论对象，分析其对企业整体运作的影响作用，将低层次嵌入的个体社会资本与高层次嵌入的组织绩效联系起来，这种研究可能会犯所谓的“还原谬误”,[①] 即“以微观（个人）层次的考察来推断企业这一相对较为宏观层次的行为及其结果的研究方式”（王凤彬、李奇会，2007）。这似乎产生了一个悖论，组织管理领域中对社会资本概念的引入，究竟能不能适用于微观个体层面的企业家身上？

本书认为，就中小企业，尤其是新创的中小企业而言，“还原谬误”发生的可能性是很小的。因为新创企业的企业家们，不能像大企业总裁那样只需把握战略性方向和统筹管理，他们一般都需要亲自与竞争对手、顾客、供应商、银行、商业顾问以及政府部门等外部利益相关者进行联系。而这些外部联系几乎都是通过企业家的个人关系、情感交流等途径建立起来的，正是企业家的这些社会关系网络，构成了新企业所赖以生存和发展的基础。因

① 与“还原谬误”相对应的，是组织嵌入性研究中的所谓“类推谬误”，即“趋向于直接把企业作为类似于个人的行动者，以个体层次得出的结论来类推企业间关系网络对网络中企业行为的影响”。“还原谬误”和“类推谬误”都产生于组织背景下嵌入的多层次性难题（王凤彬、李奇会，2007）。

此，从这个意义上讲，新创企业的企业家社会资本几乎就代表了企业的社会资本。对新创企业企业家社会资本构成、来源以及功效的研究，不但不会发生所谓的“还原谬误”，而且该类研究探讨还将为企业家创业提供重要的指导意义。

第二节 创业相关理论

技术进步、社会转型和经济变革掀起了创业与中小企业热潮，也唤起了学术界对创业研究的重视，创业研究已成为近期发展速度最快的研究领域之一（张玉利等，2007）。本书无意对庞大的创业研究领域进行全面检索，但就某些关键问题的回顾却有利于把握与本书相关的理论进展。

一、企业家

企业家是创业最核心的部分。企业家（entrepreneur）一词来自于法文“entreprendre”，意思是去做一些事（to do something），强调一个人能积极主动地去完成某事。但现代创业研究对企业家的定义则更为具体，如 Bygrave（1997）认为企业家是那些能洞悉机会的存在，并成立组织以不断追求机会、创造价值的人。

在创业研究领域，有关企业家的研究主要包括个人特质与创业行为、创业意图、动机与决策、企业家经验、背景、性别及种族对创业的影响等方面的主题（蔡莉等，2006）。这些研究又可以进一步被分为两大类：一是强调心理路径（psychology approach），即探讨企业家的人格特质，试图找出适合创业的人；二是强调社会路径（sociological approach），试图从社会学观点，解释企业家所处的社会背景对其创业决策的影响。

心理路径的企业家研究是创业研究的传统方法，其焦点在于企业家的先天条件（Acs & Audretsch，2003），研究目标包括企业家的个性（personality）、激励（incentives）、动机（motivation）、创业成长意向（entrepreneurial growth intentions）、创业成长抱负（entrepreneurial growth aspiration）、远见与直觉（vision and instinct）等。例如，Schöllhammer 和 Kuriff（1979）曾综合各家学说指出企业家的特征是：喜欢知道他们所做事情的结果、着眼于未来目标、喜欢负责任、偏好中度风险、具有充沛活力、能察觉成功的机会。而几乎与此同时，Park（1978）也指出企业家的特征包括：积极进取、待人态度好、领导能力强、肯负责任、组织能力强、勤勉努力、决断力强、真实忠诚、坚毅不挠、体魄强健。此外，其他有关企业家心理与行为特质的研究也陆续指出，企业家具有较高的成就动机（McClelland，1976）、自我效感（Wood & Bandura，1989）、风险承担（Henshel，1976；Simon，1986）、权力动机（McClelland & Burnham，1976；Bittie，1984）等特质。最近，也有学者运用认知理论试图了解企业家的感知（Cooper，Woo & Dunkelberg，1988）认知和决策风格（Kaish & Gilad，1991）、直观推断（Manimala，1992；Baron，1998）、偏见（Busenitz & Barney，1997）以及意图（Bird，1992）等。虽然有关企业家心理与行为特质的研究不少，但由于不同学者所选择研究的特质视角不同，即多数学者对企业家心理与行为特质所做的都是个别探讨，缺乏系统性、全面性，其研究结果很难提供对影响企业家行为的心理与行为特质的了解。

社会路径的企业家研究更多着眼于企业家的后天经历，包括个人经验、专业知识、教育程度、家世背景等对其创业能力的影响。该类研究大都是从企业家的人口统计变量角度展开的，如 Brockhaus（1982）认为会影响创业的人口统计变量有年龄与教育程度；Stanworth 等（1989）认为家庭排行、性别、家庭背景等因素都会对创业产生影响。此外，还有学者强调工作经验对创业成败的影响性（Larson，1992），Shane 和 Venkataraman（2000）也强调，企业家的先验性知识会作用于对创业机会的发现。有关社会路径的企业家研究中，几个典型的研究列于表 2-2。

表 2-2 社会路径的企业家研究

企业家创业的年龄	
Liles（1974）	“创立一家公司的最佳能力在 25~30 岁之间，因为学习能力增加很快。但随着年纪的增加，创业能力会下降，这是由于受到边际学习能力递减、成功的受雇生涯以及对家庭责任的影响”
Cooper（1973）	对科技型创业企业的研究显示，企业家的年龄大约在 29~35 岁
Ray & Robert（1986）	一般创业年龄介于 25~55 岁。其调查的结果如下：20 岁以下的只有 0.6%；20~29 岁的有 25%；30~39 岁的有 39%；40~49 岁的有 24.4%；50 岁以上的有 11%
Hisrich & Peters（1989）	大部分的企业家在 22~55 岁开始创业生涯，其中又以 25~35 岁的比例居多
创业时的受教育程度	
Brockhaus（1982）	企业家较一般人学历更高，但比经理人学历低
Bollinger et al.（1993）	对高科技企业的研究表明，企业家大部分具有高教育水平，平均学历在硕士以上
Roberts（1991）	中等教育水平（指大学学历）对公司整体绩效有较高程度的帮助；而高科技创业相对于其他产业，要求较高程度的教育水平，一般而言为硕士学历；如果是生物科技产业中的创业，则大部分是博士学历

续表

创业时的受教育程度	
Ray & Robert（1987）	第二次世界大战以后的企业家中，高中学历最为普遍；20 世纪 80 年代的企业家中，大学学历最为普遍；在高科技领域，其教育水平更高，有的企业家具有工商管理或某科学硕士学位，甚至在 IT 领域，企业家拥有博士学位
企业家的工作经验	
Cooper（1973）	对高科技产业进行的研究表明，企业家部分是曾在大公司获实验室工作过的技术人才
Taylor（1975）	企业家在创业前的管理及人事方面的经验越多，越能正确判断信息的价值
Billinger et al.（1983）	技术背景出身的企业家，大部分都是发展导向，而不是研究导向的
Van de Ven（1984）	企业家均有工作经验，特别是在大公司服务过
Hisrich & Peters（1989）	企业家创业前的工作经验（包括管理经验）对于所创企业的成长与成功而言非常重要。尤其所创企业与过去所从事的行业有关时，将有助于企业家获取资金
家中排行	
Auster & Auster，1981；Gartner，1989；Halloran，1992；Claxton et al.，1995	企业家通常是家中的长子，因为一般长子会得到较多的关注，也因而能够发展出较为自信的性格。也可能是因为成长环境的缘故，长子们通常都喜欢带头，也喜欢抢占第一，具有更高的领导欲望
Schollhammer & Kuriloff（1979）	企业家一般来自中等或者中等以下收入的家庭
Hautman（1986）	企业家大多属于早年贫困者
Hauptman（1986）	对高科技企业家的调查表明，企业家们的父母大多同样是创业者，但不一定富有。而企业家们自幼受到父母言行（独立、自主、灵活性）的影响，进而受启发后自己也成为企业家
Scott & Twomey（1988）	通过研究 436 位来自美、英、爱尔兰等地学生的创业意愿发现，家中父母拥有小企业者，未来志向更倾向于创业，而不愿受雇于大公司
Halloran（1992）	针对 1500 位企业家的研究发现，70%的企业家在创业时已经结婚，且通常他们的父母亲也是创业者

二、创业绩效

创业管理理论研究的根本目的在于探索一些有利于创业成功或提高创业绩效的创业活动管理机制，从而更加有效地指导实践。然而，创业研究者们却首先在如何有效评价或测量创业的结果——创业绩效方面面临许多困难（Chakravarthy，1986）。

首先，在目前的创业研究当中，对创业绩效的界定和创业绩效指标的选取缺乏成熟的理论指导（Brush & Chaganti，1992；Chandler & Jansen，1992）。近十几年来，以 Murphy 为代表的研究者对这方面展开了若干研究，取得了一些有意义的结果，但同时也存在一些问题。其次，研究者难以获取客观、可信的创业绩效数据。企业家往往不愿在公司走上正轨之前轻易透露自己的真实财务数据，而他们对自身创业成功的主观评价则可能因心理阈值的不同而造成评价标准不一。最后，即使研究者获取了真实的绩效数据，由于以往创业研究各自定义测量的绩效指标本身就存在较大差异，因而也很难对多个研究结果进行深入的比例分析，即创业绩效的变化究竟是由于研究关注的各种处理所引起，还是仅仅是由于绩效测量指标的不同而导致结果上的差异（Cooper，Gimeno-Gascon & Woo，1994）。

具体到以往的创业研究而言，对创业绩效的争议问题主要集中在两个方面——创业绩效衡量层面的界定和创业绩效测量方法的选择。

（一）创业绩效衡量层面的界定

由于研究者对创业定义、创业目的持有不同的看法，对创业行为如何才算成功，以及何种成功是相对于何种主体而言的，都存有很大的差异——亦即创业绩效的衡量对象究竟应当是企业家还是企业家所创立的新企业？这就涉及创业绩效界定于个体层面还是组织层面的问题，也涉及在创业的何种阶段测量创业绩效的问题。

Witt（2004）指出，为了经验性地验证企业家网络对创业行为的影响，就需要对因变量进行清晰的定义，并采用适当的方式加以衡量。然而，以往的实证研究受企业在创立过程中所处不同阶段的影响，对创业成功的定义会表现出很大的差异（Brush & Vanderwerf，1992；Chandler & Hanks，1993）。因此，Witt（2004）在对现有实证研究中的创业绩效测量方法进行回顾的基础上，根据创业所处阶段的不同，提出了一个创业绩效评价序列模型，并总结出五种常用的创业绩效衡量策略（见图 2-2）。

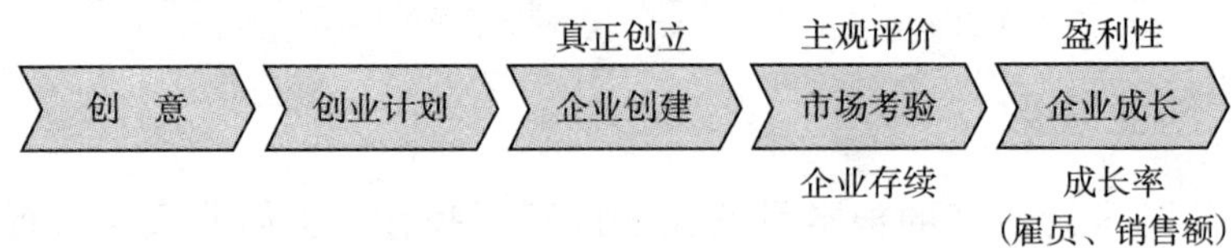

图 2-2　对创业成功的衡量

资料来源：Witt（2004）。

下面对该模型作一个简单的评述：①企业家完成创意或创业计划，即以创意和创业计划完成作为创业成功的标志，如企业家已经从创意开发和商业计划过渡到了企业创立，则将企业创立作为创业成功的关键点。事实上，这并不是一种严格的创业成功界定方法，因为完成创意和计划更多地与企业家的意图和任务有关，而不是与其所创立的企业成功有关。②企业家对创业成功的主观评价，即将企业家主观上对自身创业行为成功与否的评价，作为创

业结果的衡量标准。该方法的致命缺陷在于，企业家们对于其作为创业者的生涯有着非常不同的预期。正如 Chandler 和 Hanks（1933）所评价的："我们有理由相信，不同的人对于相同水平的绩效可能会有不同的满意程度，这就是我们对绩效满意感指标能否作为公司绩效的一个好的代理变量提出质疑的原因"。③新创企业的存续，即将新创企业是否仍在市场上存在作为创业成功指标。但该方法的问题在于，如何确定合适的时间段，在该时间段之后企业的存续是一定的。如果该时间段太短，就不足以进行成功测量，因为创业企业短期存续可能仅仅是因为创业初始资本的高投入水平和现金花费的低速率；但如果研究者选择的参照时间段太长，研究的焦点就会从创业企业滑向已建成的公司。④新创企业的成长率。典型的成长指标包括销售额、雇员数量或者市场份额等。经验研究通过个人访谈或问卷的方式最容易获得该类数据。⑤企业盈利能力。虽然这也是一种针对创业企业的创业绩效衡量方法，但它似乎更多地指向创业企业发展的后期，计算一些通常用于分析成熟公司的指标。该方法的主要问题是成长与盈利二者间的平衡。"盈利性和成长衡量的是绩效的两个方面，因为有时候成长是以放弃短期盈利为代价的"（Lee & Tsang，2001）。另一个问题在现实中则更为常见：从个人的角度出发或者在回答问卷时，企业家通常不愿透露有关财务绩效指标方面的信息（Brush & Vanderwerf，1992）。

在以上五种创业绩效衡量策略中，Witt（2004）认为，前两种策略是与企业家主观感受或评价相关联的；而后三种策略则更多地与企业组织绩效相关联。因此，根据绩效评价对象的不同，我们可以将创业绩效的衡量分为两大类——对企业家的评价和对新创企业的评价，前者更多地被运用于企业创建中和创建前的阶段；后者则更多被运用于企业成功创建后的组织绩效评价。

就研究目标而言，本书探讨的是企业家社会资本与新创企业绩效间的关系，因此笔者对创业绩效的界定属于 Witt（2004）评价序列模型中企业创建后的阶段，衡量的是新创企业的组织运作效率和运营效果，属于组织绩效的评价范畴。而本书对新创企业绩效具体衡量指标的选择，也相应地从组织绩效理论相关研究的角度展开。事实上，Witt 本人在谈及选择何种标准来衡量"网络成功假设"因变量时也认为："与企业相关的测量方法要优于对创业成功与否的企业家个人主观评价"（Witt，2004）。

（二）创业绩效测量方法的选择

关于绩效测量的许多研究都来源于组织理论与战略管理的研究当中。Murphy 等人（1996）指出，在组织理论中存在三种用以衡量组织效力

(organizational effectiveness) 的基本理论方法——目标评价法、系统评价法和多重加权法。战略与创业管理研究将以上三种组织绩效理论视角进行整合，便形成了多层结构的组织绩效的测量 (Venkataraman & Ramanujam, 1986)。第一个结构是财务绩效，也就是组织效能的核心。这一绩效测量被认为是必需的，但它并不能充分地界定整体效能 (Chakravarthy, 1986)。第二个结构是运营绩效，其主要关注产生最终财务绩效的一些关键因素，如产品质量、市场份额等 (Hofer & Sandberg, 1987)。第三个结构是董事会评价绩效，主要关注大股东的满意感等。Venkataraman 和 Ramanujam (1986) 提出了绩效测量分类的一个理论框架，即从财务绩效—运营绩效和客观绩效—主观绩效这两个维度，将所有的绩效测量方法概括在内。

在 Venkataraman 和 Ramanujam 研究的基础上，Murphy 等 (1996) 对 1987~1993 年创业研究领域所有以创业绩效为因变量的 71 篇实证研究文章做了回顾分析，结果发现以往创业研究里面所用到的“绩效”实际包含了多个不同的维度，其中考虑最多的三个绩效维度是效率 (30%)、成长 (29%)、利润 (26%)。从数据的来源看，75%的研究都采用了客观数据指标，29%的研究采用了主观评价指标，只有 6%的研究同时采用了以上两种来源的数据指标。通过实证比较分析，他们指出，在过去 20 年的创业研究中，绩效测量很少具有一致性，缺乏结构效度。相反，研究者们使用了多种多样的测量工具，而且 60%的研究只测量了绩效的一个或两个维度。因此，他们建议未来的创业研究在绩效测量方面遵循以下原则：①清楚地表明具体绩效维度的含义。②提供具有理论依据的绩效量表。③尽可能地测量绩效的多个维度。④考虑到几个关键的控制变量，比如行业、规模等。

虽然目前关于创业绩效的测量还没有统一的标准，但是越来越多的学者认同了 Murphy 等人 (1996) 的观点，即创业绩效从本质上说是多维的 (Lumpkin & Dess, 1996)。具体而言，在研究中学者们主要提出了三种主要的创业绩效衡量维度：生存性、成长性和营利性。

许多研究者都把生存视为创业成功的基本维度 (Van de Ven, Hudson & Schroeder, 1984; Chrisman & Bauerschmidt, 1998)。由于新创企业面临不确定性的挑战，又缺乏资源和稳定性，企业能生存下来，就表明其已具备一定的管理和技术水平。生存是失败的反面，当一个新创企业不能作为经济实体而存在时，它就失败了。当新创企业不能承担债权人的财物责任，或者它不能达到企业所有者的目标时，失败就可能发生。

成长性在以往的创业研究中也常被用作企业绩效的代表性指标 (Brush & Vanderwerf, 1992; Chandler & Hanks, 1993; Brown, 1996)，这是因为它

比财务绩效的会计测量更加准确，也更加容易获得（Wiklund & Shepherd, 2005）。Hoy 等人（1992）认为，衡量成长性的最恰当的指标是销售增长。它不仅反映了公司短期和长期的变化，同时非常容易获取。另外，他们还发现，企业家也同样认为销售增长是创业绩效最为基础的指标。

在创业相关的实证研究中，新创企业的营利性通常由其财务指标表示。学者们一致认为，财务指标是基础的绩效指标，创业绩效的测量也应当考虑到企业的财务角度。创业研究中使用的具体财务指标有：速动比率、流动比率、净收入（Murphy 等，1996）。还有用现金流的状况和变化测度绩效的观点（Chandler & Hanks，1993；Naman et al.，1993），具体财务指标有：投资回报率（ROI）（Duchesneau et al.，1990；Murphy et al.，1996），平均年销售量、平均年资产回报率、平均年回报率（Antoncic et al.，2003），销售回报率（Kean et al.，1998；Li et al.，2003）等。

从绩效评价方法来看，现有创业研究文献中，除运用一定的客观数据指标来衡量创业绩效外，也有许多研究直接用企业家及高层管理者的主观评价来测量创业绩效。事实上，依据 Wall 等人（2004）的专门研究，主观评价方法对企业财务绩效的测量具有较好的聚合效度、辨别效度和结构效度。当客观绩效数据不易获得（如某些企业不愿向调查者透露具体财务数据）或无法获取企业特定层次的独立客观数据（如公司事业部、分支机构的独立财务数据）时，可考虑直接使用同样具有较高测量效度的主观评价数据来替代客观绩效数据。Cooper 等人（1995）提出，企业家的满意感也应作为主观评价创业绩效的一个重要维度，因为个体企业家的满意感一方面将可能直接影响其是否继续投入现有创业活动的创业决策；另一方面，它也可能直接影响企业家预期雇员及商业伙伴一起工作的效率。但他们的实证研究却显示，企业家的满意感虽然与财务绩效有一定关联，但并不能完全反映当前财务绩效的真实情况，因而只能作为主观绩效评价的一个重要方面。McMullan 等人（2001）的研究也表明，企业家的主观满意感与客观测量的绩效并不存在显著相关，但感知到的绩效进步则与客观测量的绩效呈显著正相关。因此他们提出，运用主观评价法测量创业绩效时，除了企业家的满意感外，还应包括对当前财务绩效的评价等其他主观评价指标。

第三节　社会资本角度的创业研究

对创业现象的研究总是围绕着企业家、企业家的创业情境、企业家与外部环境的互动以及对企业家对社会财富的贡献展开。回顾 Cantillon（1755）和 Say（1803）最初对企业家的定义，以及 Schumpeter（1934）对创业功能的革命性探讨，企业家定义中的一个核心部分就是环境嵌入性。创业的定义本身就建立在企业家对从外部环境中获得的资源“进行新组合”的基础上。早期创业研究多围绕着企业家个性特质展开，力求探究其独特的心理动机（McClelland，1965）。然而，这种认为企业家非同常人的研究并未证实个性特质与创业行为之间存在什么关系（Begley & Boyd，1987；Low & MacMillan，1988）。20 世纪 90 年代以来，创业研究的视角从企业家的社会心理特质逐渐转移到了企业家所嵌入于其中的社会制度背景方面上来（Birley，1985；Ulhøi，2005），而其中一个受到特别关注的领域就是对企业家社会资本的研究（Almbjerg & Vendelø，2005）。

企业家社会资本研究建立在这样一种思想基础上，即企业家并不是理性、自主的行为人，其也会与所处的社会情境发生互动（Aldrich & Zimmer，1986）。从该观点看，企业家与所有其他个体一样，都是嵌入在社会情境中的行动者。Aldrich 和 Zimmer（1986）提出的“种群视角”（population prospect），是第一个强调创业过程中社会结构重要性的理论探讨。他们提出，创业是嵌入于社会背景中的，某人在社会网络中的位置能够引导、促进或阻碍创业活动。结果，在其他条件下可能会被忽略或者无法把握的机会，却能够通过社会网络被引导到企业家面前，因此，社会网络或社会资本促进了创业。而且，企业家的社会资本对于向新建企业提供资源来说也是很重要的。

值得注意的是，目前尽管已经有不少国外学者探讨了个体社会资本与创业行为之间关系的问题（Dabidsson & Honig，2003；Anderson & Miller，2003；Almbjerg & Vendelø，2005；Carlisle & Flynn，2005；Ulhøi，2005；Licht & Siegel，2006），但仅有极少数给出了“企业家社会资本”（entrepreneur's social capital）的明确定义，目前西方的该类研究大多是从企业家社会关系网络角度展开的，被称为“创业研究的网络方法”（Aldrich & Zimmer，1986）。考虑到本书对社会资本的界定，也考虑到企业家网络研究其实探讨的就是企业家的社会资本问题（the social capital of the entrepreneur，Almbjerg &

Vendelø，2005），本部分对国外相关文献的回顾主要关注的是企业家社会网络研究。

一、企业家的个人网络与网络测量

（一）企业家的个人网络

Brüderl 和 Preisendorfer（1998）指出，创业领域中应用了两种不同类型的网络研究方法：一种关注于企业家的个人网络（the personal network of entrepreneurs）；另一种则关注新企业的组织网络（the organizational network of businesses）。但他们同时认为，“创业研究的网络方法”中大部分都采用了“个人网络视角”（personal network perspective）。

所谓网络，即由一个个结点（行为者）和这些结点（点对）之间的连线构成的集合，它们共同构成了网络结构的整体形式（Walker，1988）。在企业家社会网络研究中，某人的网络关系指的主要是信息和服务的交换关系，而网络成员则既包括独立个体，如家庭成员、朋友、商业伙伴、其他企业家，同时也包括处于其他组织机构中的人——大学、关联公司、政府和科研机构等（Witt，2004）。

正是由于企业家社会网络成员构成或性质上存在着差异，许多研究者都依据自己的研究目的对企业家的社会网络进行了划分。例如，Ramachandran 等人（1993）根据网络成员实际的沟通频率，将社会网络分为“活性网络”（active network）和“潜在网络”（latent network）。前者指成员之间有规律、频繁的互动，或十天之内至少有一次沟通或互动；后者则指成员之间无规律的频繁互动。Birley（1985）依据企业家与网络成员联系的正式程度，将网络分为“正式网络”和“非正式网络”。Dubini 和 Aldrich（1991）以网络中的交易对象是否与企业家有直接关系，将网络分为“人际网络”和“延伸网络”。另外，还有学者认为，企业家社会网络是以个人为结点的社会联结，企业家与网络成员之间的社会连带关系既可以是情感性的，如好朋友、亲密家人等，也可以是目的导向或工具性的，如商业伙伴、投资人等。由此，企业家的社会网络可以被划分为“情感性网络”和“工具性网络”（Ibarra，1993）。

西方学者除了对企业家社会网络类型进行各种划分外，还对网络中所包含的内容进行了研究，即社会网络为企业家提供了哪些利益。如有学者指出，企业家的社会网络是企业家从其他社会行动者那里获取资源的中介途径，既包括资本这样的有形资源（Zimmer & Aldrich，1987；Bates，1997），也包括情感支持（Brüderl & Preisendorfer，1998）和创业鼓舞（Gimeno et al.，1997）这样的无形资源。就创业过程而言，网络的另一个关键作用是可为企业家提供获取信息和建议的通道，如与风险资本家和专业咨询机构的联系就可以作为获取关键人才和市场信息的一种途径（Freeman，1999）。还有研究认为，企业家会持续利用网络来获取创意和收集信息以识别创业机会（Smeltzer et al.，1991；Hoang & Young，2000），在企业创立之后，企业家会通过网络，与能提供多种资源的行为者进行联系，来获得商业信息、建议和问题解决方案（Johannisson et al.，1994），如与分销商、供应商、竞争者和消费者组织的联系可能是获得信息和技巧的重要渠道（Brown & Butler，1995）。最后，有学者指出企业家的社会网络关系同时还具有声誉或者信号显示的作用（Shane & Cable，2001；Higgins & Gulati，2003）。

（二）网络测量

为经验性地验证社会网络对创业行为的影响作用，研究者们需要对自变量进行精确界定，即列出相关网络概念，并为这些概念界定度量标准。在企业家社会网络与创业行动结果间的因果关系链条中，Witt（2004）总结出了三种不同类型的观测量：

（1）对企业家“网络行为”（networking）的测量。该类研究聚焦于创业网络的产生，即企业家所实施的用于建立、维护或拓展其社会网络的行为。其测量方法有三种：①测量某位企业家在建立、保持和扩大其社会网络时，每个月所花费的时间总量。②调查企业家每周花费在结识新商业联系和保持现有关系上的小时数（Aldrich & Reese，1993）。③调查企业家每周与（现实和潜在的）网络成员进行交流沟通的次数（Ostgaard & Birley，1996）。

（2）对企业家“网络结构”（network structure）的测量。该类研究聚焦于企业家网络在某一时点上的结构特征，即相当于测量网络行为的结果。作为实证研究中最普遍的一种网络测量方式，有三类指标是研究者所常用的：①社会网络的规模，如企业家就其商业计划或创意与多少不同的人进行了讨论（Aldrich，Rosen & Woodward，1987；Aldrich & Reese，1993）。②网络成员的异质性，如将社会网络成员划分为不同的群体，然后测量每一群体的人数，若网络成员在不同群体中的数量越分散，则网络异质性越高，此时被认为对企业家的经济成功而言尤其有利（Uzzi，1997，1999）。③网络密度，即企业家网络中其他成员之间相互联系的密切程度（Hansen，1995）。

（3）对企业家“网络收益”（the benefits received from the network）的测量。该方法直接指向了企业家从其社会网络中所获得的好处，即考察企业家

在某段时期内从网络成员那里得到的信息和帮助，如有研究曾试图将企业家从其社会网络联系中所取得的网络服务数量和价值进行量化（Brüderl & Preisendorfer，1998）。与前两类网络自变量相比，该测量方法在实证研究中较为少见。

显然在企业家网络研究中，这三种可供选择的网络自变量之间是相互影响的。可预期的是，一名企业家所实施的网络行为越多，其社会网络的规模越大，他也会越处于网络的中心位置。研究者们认为，所判定的企业家社会网络结构越有利，他从网络中获取的收益就可能越大。

二、国外对“网络创立假设”和“网络成功假设”的检验

如果回顾西方企业家社会网络研究的实证文献，我们可以发现其主要讨论了两个问题：一个是企业创立前到初创期的情况，即新企业的创建过程；另一个则讨论了新企业创建后的运营阶段。就前者而言，相关研究的主要假设是：企业家社会网络促进了企业创立，网络资源、网络行为和网络支持对企业家识别、发现、评估创业机会以及创建新企业都很重要，Brüderl 和 Preisendorfer（1998）称其为“网络创立假设”（the network founding hypothesis）；就后者而言，相关研究也有一个类似的假设，即那些拥有广泛个人社会关系网络并能从中取得支持的企业家将更为成功，企业家的网络结构或网络支持与新创企业组织绩效之间存在关系（Dubini & Aldrich，1991），Brüderl 和 Preisendorfer（1998）称其为“网络成功假设”（the network success hypothesis）。本书以下部分的实证性文献回顾就从对这两大假设检验的角度展开。

（一）对“网络创立假设”的检验

就新创企业的形成来说，许多研究者声称，企业家对其社会网络的利用和发展能够解释为什么有些人开创了新企业，而有些人却没有（Aldrich & Zimmer，1986）。该类研究认为，开创一家新企业的企业家尤其注重建立人际网络，因为要克服“新创”所带来的不利因素，他们必须动员所有可利用的资源来保证所需信息和资本的获得。

Birley（1985）是最早对企业家网络行为与新企业创立间的关系进行实证研究的学者之一。她调查了 160 家印第安纳企业，以确定企业成立过程中企业家在当地环境中网络互动的范围。Birley 发现，获取原材料、供应商、设备、场地、员工和订单所依赖的基本社会资源，是企业家的非正式网络，包括家人、朋友和同事。

Johannisson 等人（1994）认为，通过社会关系网络来组织业务的能力对

企业家具有决定性意义。他发现，在发起一家新企业时，企业家最为依赖的是他们的社会关系网络。按照他的观点，在新企业初创阶段，社会关系网络是企业家最重要的资源，因为它提供给企业家进行网络控制的机会，以管理信息和价值，并获得和保持资源动态性。此外，企业家还可运用网络使业务保持在其个人所能控制的范围内，这反映了企业家对企业所有权的偏好。

Hansen（1995）对田纳西州高科技产业、制造业、批发业等多个部门的44位企业家进行了访谈，并试图以此来检视企业家网络规模、密度及交往频率对新组织第一年成长状况的影响。他发现在新创企业的前组织（preorganization）阶段，企业家网络行为能够提高该新创企业未来的成长几率，而这一结果也获得了统计上的显著性。

Brüderl 和 Preisendorfer（1998）对 1985~1986 年创建的、位于德国慕尼黑和巴伐利亚的 1710 家企业进行了实证研究。他们测量了企业家从其人际网络中所获得的支持程度。他们发现人际网络提供的高支持水平显著提高了企业的生存几率，而来自企业家家庭的情感支持对企业创建过程有着尤为积极的影响。

Sawyer 和 McGee（1999）检验了小型高科技企业所有者型管理人员对环境不确定性的感知与其人际社会网络之间的关系。通过对美国 171 家制造企业调查资料的多元回归分析，他们发现所有企业都能从建立和保持大规模外部网络中获益。然而，新企业所有者的社会网络特征明显不同于成熟企业，高度战略不确定性的新企业所有者，与外部联系更为频繁，也更经常地动用非正式联系。该项研究的结论是，在新企业中，对战略不确定性的感知与网络接触的频率正相关；由于缺乏市场经验，相对于大而成熟的企业，新企业倾向于从其网络行为投资中获取更多的收益。

尽管就网络对企业创建过程的影响而言，大多数研究肯定了其积极效用，但也有少数研究提出了不同意见。Carsrud 等人（1987）在对美国得克萨斯州 197 名女性企业家的调查研究中发现，新企业创立过程中，企业家的人际网络仅具有很小的作用。Hudson 和 McArthur（1994）在一篇理论性文章中预测说，由于资源上的限制，在新企业开创阶段或者接近该阶段的时期，企业家并不是社会网络的积极使用者。Littunen（2000）对 129 家芬兰精密技术制造业新企业的调查同样显示，企业家的外部社会网络与新企业成立之间并没有什么相关性。

（二）对“网络成功假设”的检验

有关对“网络成功假设”进行检验的文献大都认为，高绩效的企业家往

往具有更高的外部性倾向（externally oriented），并保持着更宽泛、更复杂的社会关系网络。该类研究试图将企业家社会网络与新创企业的绩效和成长联系起来。MacMillian（1983）认为，建立联系和网络对任何一家企业的成功而言都是很重要的。Stevenson 和 Jarillo（1990）声称，非正式的内部和外部社会网络都可对资源进行循序配置，而那些有利于该类网络出现的组织则会表现出更高水平的创业行为。

Dollinger（1985）检验了企业家外部环境联系与新企业绩效之间的关系。其对宾夕法尼亚 82 名小企业所有者的问卷调查显示，企业家会花费 59%的时间和精力用于与各种类型的个人和组织进行谈判、交易和获取信息，而财务指标上最成功的企业家，其网络行为尤为积极，这种网络行为明显提高了新企业的绩效。

Aldrich 等人（1987）访谈了美国北科罗拉多州 165 名潜在和现实的企业家，并对数据进行了统计分析。他们发现，对成立时间不到 3 年的新企业来说，网络异质性水平与企业盈利性负相关；而网络资源的可接近性则与盈利性正相关。对于成立年限长于 3 年的企业来说，企业家的社会网络规模与企业盈利性之间正相关。该研究还在意大利、瑞典、北爱尔兰和希腊等国进行了重复，也得到了同样的结果。

Reese（1993）对组织创立过程中的资源获取问题进行了检验，以图探求这一过程在男性与女性之间是否存在差异。运用问卷以及随后进行的电话访谈，Reese 从美国小企业中心收集了 353 家企业的数据。她发现，没有证据能够表明女性对资源的获取过程存在结构性障碍；同时她的发现也部分支持了企业家社会网络与新企业绩效之间存在着正相关。Reese 认为，更大的企业家社会网络等同于更高的企业成长机会。对那些其志不在于企业成长的企业家来说（他们的目标可能是个人满足或消遣），网络行为并不是他们的偏好。

Ostgaard 和 Birley（1996）向 159 家英格兰所有者管理型的企业邮寄了问卷，以检验企业家社会网络特征对新创企业成长有何种影响。他们发现企业家社会网络的规模以及花费在保持、拓展网络联系上的时间，都与更高的企业绩效以及雇员成长率相关。

然而，有关企业家社会网络与新创企业绩效之间关系的研究也没有取得一致。Golden 和 Dollinger（1993）研究了小企业战略姿态与合作倾向性之间的关系。通过对美国中西部 57 家制造企业的问卷调查，他们发现企业家社会网络使用与企业销售增长或净利润之间存在联系的证据非常有限。Aldrich 和 Reese（1993）在一项富有争议的报告中提出，无论是企业家社会网络的规模还是用于维持和发展网络所花费的时间，都与企业生存或企业绩效无相关性。最近，Butler 等（2003）对泰国 100 位制造业企业主进行了研究，以检验信息、创业行为以及绩效之间的关系。尽管企业家将其信息获取归功于社会关系网络，但 Butler 等人并未发现有力证据能够证明，信息与企业绩效之间存在联系。

三、中国企业家社会资本对企业绩效影响的相关研究

我国学者目前在创业领域中对社会资本的研究尚不多见，现有的讨论大都是理论性或概念性的探讨，而有关企业家社会资本对新创企业绩效影响的研究更是缺乏。应当说，作为理论先导的探索性分析，国内学者对企业家社会资本的界定，以及中国企业家社会资本对其创业行为作用的讨论还是比较深刻的。但国内研究未能对有关企业家社会资本影响新创企业绩效的内部机理进行深入解剖和实证性检验无疑是一大遗憾。

由于目前国内缺乏切合本书主题的实证分析文献，因此本部分的研究回顾将适当放宽文献选取标准，主要关注有关中国企业家社会资本或社会关系对企业绩效影响的相关研究。以期通过这些对成熟企业中企业家社会资本（社会关系）作用的实证性分析，展示国内在企业家社会资本研究方面的现状，并发现其中的不足，为后面章节的分析提供借鉴。对该领域相关文献的回顾以中外学者对中国企业的实证性研究为主，排除了单纯的思辨性文献，详见表 2-3。

表 2-3 中国企业家社会资本（社会关系）对企业绩效影响的实证研究简单汇总

作者	研究对象	社会资本的测量	对企业绩效的影响
李路路（1997）	1994 年全国 3025 户私营企业的调查问卷	社会资本分为企业内部、外部和企业家三部分。企业内部社会资本用企业家和与管理技术人员的关系程度衡量，企业外部社会资本用亲戚朋友的职业职务衡量；最后是企业家创业前的教育经历、社会地位等	与企业家来往最密切的亲戚、朋友及其配偶的社会地位对企业成功具有重要作用；企业家与技术人员的关系不影响企业的成功，而工人和管理人员与企业家的特殊主义关系则与企业成功有关；企业有受教育程度对企业成功具有重要性
石秀印（1998）	由源自 1995 年全国私有企业统计所汇集的 1798 名私营企业家构成的样本	社会资本的测量采用：①关系对象拥有的资源量和稀缺性。②对方出让资源的成本。③双方关系的亲密程度。④双方关系的平衡状况	与资源拥有者具有更紧密的私人社会关系的人更可能成为私营企业家。以资产总额和经营利润率计算企业经营效率，私营企业家的社会资本与经营效率存在关联
边燕杰、丘海雄（2000）	1998 年广州的 188 家企业	研究目标是企业社会资本，但实际研究的是企业家社会资本。运用了针对企业法人代表的三个指标：其是否在上级领导机关任过职；其是否在跨行业的其他任何企业工作过及出任过管理、经营等领导职务；其社会交往和社会联系是否广泛	企业家社会资本对企业经营能力有更强的影响，特别是企业家过去的行政职别对企业人均产值的影响很大

续表

作者	研究对象	社会资本的测量	对企业绩效的影响
戴建中(2001)	全国工商联2000年调查中的3073户私营企业	社会资本用三个指标衡量：关系最亲密的朋友；来往最频繁的朋友；担任人大、政协、工商联的职务级别	通过描述统计方法证明，私营企业主在创业及企业发展过程中需要社会关系网络的支持
张其仔(2004)	3073家中国私营企业（2000年），行业遍及农、工、服务业，小企业80%以上分布于城市	社会资本包括三大类指标：①网络类型：是否加入个体经营者协会、私营企业家协会、行业协会、商会、共青团、共产党、民主党。②网络规模：用企业家成员身份测量。③密度：企业社会捐资、当年捐助、社交费用、当年的社交费用、捐助/投资、当期捐助/收入、当期交往费/收入、销售额的本地比重	用生产函数法，把社会资本视为与人力资本、物质资本具有同等的地位 结论：私营企业主网络成员身份差异对企业绩效影响不大，社会资本投入的影响显著，尤其是短期投入
付宏、苏晓燕(2005)	中国地质大学与湖北省统计局2002年联合对湖北省10个城市600家中小企业的调查	企业家社会资本分为企业家自身属性（性别、年龄、学历、工作背景）和企业家同政府、社会其他成员的联系	企业家社会资本对企业成长的作用主要是间接的推动作用，比如获取资源、资金、人才、增加企业和谈达成概率、创造好的交易环境
林剑(2006b)	个案分析。对上海希谷科技有限公司的一名创始人和两位投资者的半结构化访谈	研究企业家社会关系对创业融资的影响。文中未对社会资本进行维度上的测量	结论有三点：①互惠是维系社会网络，产生人际信任的基础，它影响着交易者的交易决策。②投资者与创业者之间都非常了解，在社会网络中都拥有多种渠道了解对方的情况。③交易各方明显拥有相似的文化背景，存在感情基础，这无形中成为影响交易决策的因素
龚鹤强、林健(2007)	142家广东省中小企业	以关系运作和关系认知衡量企业家的社会资本。①关系运作：示好运作、年节宴饮、冲突解决、授意员工、联系广度、回报倾向。②关系认知：规则认知、融洽度认知、重要性认知、竞争环境认知	中国转型经济中，私营企业家认识到关系的重要性对企业绩效并没有助益，联系的网络大、示好运作多会降低企业绩效；私营企业家过年过节跑关系、宴请商务对象、回报交易方等具体的关系运作方式和企业绩效正相关

通过表2–3可以看出，我国学者近年来对中国企业家的社会资本问题表现出越来越浓厚的兴趣，并从不同角度探讨了企业家的社会资本及其对企业绩效的影响作用，所得出的结论也基本上支持了企业家社会资本与企业绩效存在相关性的假设（所不同的是，与企业绩效各维度的相关性存在着差异）。以上这些研究开拓了有关中国企业家社会资本研究的理论视野，提供了许多测量中国企业家社会资本的操作性变量和方法，也为笔者在考虑中国情境下创业企业家社会资本构成维度和测量指标等问题时，提供了相当多的可资借

鉴之处。

但值得注意的是，当前有关中国企业家社会资本的定义和测量多数是从企业家社会关系的性质和质量角度展开的，因为学者们大都意识到企业家社会关系的性质和质量决定了其能够从所处的社会情境中获取到何种类型以及何种数量的资源，即独特社会关系与独特资源间的对应关系，注意到了社会资本的"资源"内涵，这是应当肯定的。但如果从本书的概念界定来看，企业家的社会资本应当是"网络+资源"（Foley & Edward，1999），当前国内研究中有关社会资本的"网络"内涵却没有涉及或涉及不深。如何从企业家社会关系网络的结构特性角度来考察其对企业绩效的影响，如何将社会资本研究中的社会网络分析传统引入我国的企业家社会资本研究，这应当是我们在进一步的理论探讨过程当中需要考虑的问题。

四、对企业家社会资本视角创业研究的简要评价

就对创业和新创中小企业的研究而言，从企业家社会资本角度入手，为学者们提供了创业研究潜在的广阔视角，因为该类研究注意到了一些被传统创业研究学者们所忽视的"死角"（dark spots）（Ulhøi，2005）。正如 Beyers 等人（1998）所说，研究者们应当对那些"企业家花费时间与之交往的人以及这些人对企业家的交往又有何种反应"予以关注，有了这种关注之后，研究者们就可以探讨社会资本以及社会网络如何帮助企业家获取到竞争性的稀缺资源。自以 Aldrich 为核心的研究团队提出"创业研究的网络方法"以来（Aldrich & Zimmer，1986），有关企业家社会资本与创业行为之间关系的研究，已经引起了许多创业研究学者的注意（Ulhøi，2005），并在理论和经验领域取得了长足发展。但综观以上国内外对该问题的讨论，笔者还是发现了几点不足，而这也正是笔者希望通过本书的研究能够予以弥补的。

（1）回顾当前西方有关"网络创立假设"和"网络成功假设"的实证检验可以发现，企业家对社会资本或社会网络的动员与企业创立以及新创企业绩效之间并未建立起明确的相关关系。众多学者认为企业家社会关系网络对创业行为有积极作用，但也有少数学者认为二者之间不存在联系甚或是存在着负相关的关系，就连 Aldrich 本人都认为，无论企业家社会网络的规模还是用于维持和发展网络所花费的时间，都不与企业生存或企业绩效相关（Aldrich & Reese，1993）。实证结果上的模糊或者矛盾，意味着对这两个假设有进一步检验的必要。尽管本书的研究对象之一——新创企业绩效，决定了本书无意涉及"网络创立假设"，但如果能够以中国企业家和新创企业的实证数据来检验"网络成功假设"在中国的适用性，仍可以对企业家社会资

本视角的研究有所贡献。

（2）国外相关实证研究的检验结果无法得到明确答案的原因之一，可能也在于对企业家网络衡量方面的混乱。对各种网络自变量测量方法的回顾说明，运用不同的创业网络概念进行经验研究，可能会得出完全不同的结论，其原因仅仅在于对自变量给出了各不相同的解释（Witt，2004）。目前西方学者主要从网络行为、网络结构和网络收益三个角度对网络进行界定，但行为—结构—收益三者本身就够构成了一个因果链条，收益是结构的果，而行为则是结构的因。将网络行为引入到企业家社会网络的衡量中，有可能混淆了企业家社会网络或社会资本本身与其来源之间的关系。此外，有关企业家社会网络的实证研究大都或明或暗地假设，企业家是给定的而且是同质的个体，网络成员则是异质性的。这种将企业家视为同质性的假设，最大的问题在于，它无法解释为什么不同的企业家会具有不同形态的社会网络。或者说，它无法解答这样一个问题——企业家的社会资本和社会网络来自哪里？

（3）截至目前，在笔者的文献检索范围之内，有关企业家社会资本问题在中国创业领域中的实证研究尚不多见。然而，就像对社会资本的研究需要注意其强烈的地域色彩和社会文化背景一样（张其仔，2004），在解释创业行为和创业现象时，研究者们也需注意到创业的国别特征和其所处的文化情境——“国别特征会影响到创业过程”（Lee & Peterson，2000；Steensma et al.，2000）。也正是从这个意义上看，源于创业社会情境思想的企业家社会资本研究有了国别比较的必要。迄今为止，有关“创业成功假设”的检验已在美国、意大利、瑞典、北爱尔兰、挪威和希腊等国进行了复制，但对来自东方文化的中国，尚未发现类似的研究。Bates（1994）在对美国的亚洲移民和非少数民族企业进行了大样本研究之后曾声称，企业家过度使用社会支持网络意味着新创企业更少的盈利和更大的失败倾向，其富有煽动性的结论认为，与“网络成功假设”相反，企业家的网络行为和从网络中取得的支持可能对新创企业是不利的。Bates 的结论适合于中国本土企业家的情况吗？与其他国家相比，中国情境下对“网络成功假设”的检验会得出怎样的结果？

（4）从对国内外有关企业家社会资本研究的回顾可以看出，国外的研究受到 Burt 结构主义定义的影响，基本上是从企业家社会网络角度，运用社会网络分析方法来研究个体社会资本对创业行为的影响作用；而除极少数例外，国内研究大都强调了企业家个体作为特定社会角色，与其他社会角色之间所发生的关系以及关系的性质和质量。从社会角色出发，对关系有无、关系性质以及关系质量的关注，其实质上是对关系交往对象背后所蕴涵“资源”的强调。这就与国外研究形成了鲜明的对照，或者说又走向了另一个极端——西方相关研究强调“网络”；国内相关研究强调“资源”。而“网络”和“资源”则都是本书对企业家社会资本内涵的界定要素。正如上一节对社会资本理论回顾中所论述的，社会资本研究已经逐步从 Coleman 功能主义定义的误区中走出来，开始强调社会关系网络的结构，并从结构的角度来看待嵌入于其中的资源。如果有关中国企业家社会资本问题的研究不能将西方社会资本理论中的结构主义视角和研究方法融入中国的关系研究传统，而仅仅是为企业家“社会关系”研究穿上一个“社会资本”外衣的话，就将无法完成社会资本研究的中国化落地，也无法实现社会学中社会资本理论向管理学的移植。这实在是一大缺憾。也许，将两者结合起来加以研究才不会有所偏颇。

本章小结

本章对社会资本理论、创业研究相关领域和社会资本视角的创业研究进行了回顾，并对每种理论进行了简要的评价。本章的目的在于，通过对先前研究成果的梳理，找到本书展开所需的理论支撑，并同时发现以往研究中的不足或空白，明确本书所要解决的问题。通过以上的文献回顾与讨论，本章所得出的简要结论如下：

（1）社会资本研究的兴起，一方面促进了理论的拓展和向其他学科的延伸；另一方面也导致了定义上的混乱和众多学者“自说自话”的局面。本书认为应当摒弃 Coleman 等人功能主义的社会资本定义，从结构主义的视角看待社会资本，同时应注意到社会资本内涵中“结构”和“资源”两个构成要素之间的平衡。此外，在中国情境下研究社会资本理论，还需要考虑到中国社会的特殊性，即中国文化传统的特殊性和中国社会转型的特殊性。而就社会资本研究的嵌入层面来说，由于新创企业的企业家社会资本几乎就代表了企业的社会资本，因此不必担心出现由嵌入层次导致的误差。

（2）创业研究在过去 20 年里呈现爆炸式增长的态势，导致了众多议题的出现。就本书的关注对象而言，笔者所力图解答的问题则主要与企业家及新创企业绩效有关。前者涉及“为什么是某些人而不是其他人、如何开发了创业机会”（Shane & Venkataraman，2000）；后者则需考虑以何种维度来界定企业家创业的结果。

（3）西方“创业研究的网络方法”多从社会网络角度，运用结构分析方法研究企业家的社会资本问题；而我国学者则多从企业家社会角色出发，探讨某类社会关系的有无、性质及质量，更看重关系交往对象背后所蕴涵的“资源”。因此，如何将西方结构主义研究方法应用到中国的研究对象中，从而做到西方理论的“落地”，如何将企业家社会资本的“结构”要素和“资源”要素结合起来，是进一步研究时应当注意的问题。

（4）国外相关实证研究将网络行为引入到企业家社会网络的衡量中，有可能混淆了企业家社会网络或社会资本本身与其来源之间的关系。而网络研究中所隐含的企业家同质性假设也无法回答企业家网络或企业家社会资本来自哪里的问题。因此从理论完整性考虑，企业家社会资本来源问题应当是学者们努力加以回答的。

第三章　企业家社会资本构成分析

尽管国外“创业研究的网络方法”已就企业家关系网络对创业绩效的影响作用进行了丰富的实证工作，国内学者也从企业家社会资本的角度开始了相关理论探讨和少数经验性研究，但关于企业家社会资本的构成，即企业家社会资本究竟是什么，仍然莫衷一是。因此，在探讨企业家社会资本来源以及对新创企业绩效的影响作用之前，我们有必要先明确“企业家社会资本是什么”的问题。

第一节　企业家社会资本的维度划分

企业家总是嵌入在当时当地社会情境中的（Anderson，2000；Jack & Anderson，2002），企业家在社会网络中的位置会引导、促进或限制、阻碍创业行为的发生（Aldrich & Zimmer，1986），因为企业家的创业活动需要依赖社会网络为其提供所需的信息和资源（Carsrud & Johnson，1989）。企业家的社会网络嵌入性，构成了其在创业活动过程中动员社会资本，从社会情境中摄取互补性稀缺资源的前提，并由此激发了学者们从社会资本和社会网络视角出发研究创业现象的热情。然而，由于社会资本研究的多层面性，同时也由于东西方企业家所嵌入的社会情境差异性，导致了学者们在研究企业家社会资本问题时，对企业家社会资本采用了不同的划分维度。这在一定程度上造成了企业家社会资本问题研究和测量上的混乱。因此，在讨论企业家社会资本对新创企业绩效的影响作用之前，首先需要明确的就是企业家社会资本的构成是什么。企业家社会资本构成维度是对其进行测量的前提。

一、社会资本的研究维度

自社会资本理论受到普遍关注以来，相关领域的专家和学者分别从不同的视角对社会资本理论进行了分析和研究。而这些研究由于对社会资本概念、来源等的认识不同，有关社会资本的维度划分方式差异也比较大。总的来看，关于社会资本研究维度的观点主要可分为两大类："维度结构"观点和"利益相关者价值网络"观点（樊懿德，2005）。

（一）社会资本研究的"维度结构"观点

从结构维度观点出发研究社会资本的学者，大都根据其社会性作用的不同形式、产生外部性的特殊类型以及导致外部性产生的各种机制，将社会资本划分为不同的要素，而这些要素相互作用，共同形成了一定的结构。采用这种观点研究社会资本维度的以西方学者居多。如 Uphhoff（2000）在研究宏观社会资本问题时，将社会资本划分为认知型和结构型两部分（见表 3-1）。结构型社会资本与各种社会组织相联系，而这些正式或非正式组织中的任务、规则、管理、程序以及大量有助于合作的网络，有利于推动互利性集体行为的发生。而认知型社会资本则与人们头脑中的规范、价值、态度和信仰相联系，其受到文化和意识形态的强化，将使人们倾向于互利性的集体行为，使合作行为合理化并受到尊重。结构型社会资本较为客观，因为其包含一些可观测到的成分，是外在的；而认知型社会资本本质上是主观的，存在于人们的大脑中，不易被外部行为所改变，是内在的。

表 3-1 Uphhoff 对社会资本的分类

	结构型	认知型
来源和表现	任务和规则 网络和其他人际关系 程序和惯例	规范 价值 态度 信仰
领　域	社会组织	公民文化
动力因素	水平连接 结构型 垂直连接	信任、团结 认知型 合作、大方
一般要素	导致合作行为的期望、产生互利的期望	

资料来源：Uphhoff（2005）。

在组织管理领域中，有关社会资本研究维度的划分则以 Nahapiet 和 Ghoshal（998）的观点最为著名，即将企业社会资本划分为三个构面："关系维"（relational dimension）、"结构维"（structural dimension）和"认知维"（cognitive dimension）（见图 3-1）。"结构维"和"关系维"的划分受到了 Granovetter（1992）有关"结构性嵌入"和"关系性嵌入"思想的启示。所

谓“结构维”，是指行动者之间联系的整体模式，表现为网络联系和整体结构性因素，由行为者之间网络连带关系的存在或缺失、网络的构造或形态以及多用途组织[①]等因素构成；“关系维”则是从一个给定的自我（a given ego）与一个给定的他人（a given alter）之间的对偶关系出发来探讨社会资本的双向关系性质对自我（ego）行为的影响；“认知维”则与Uphhoff的观点类似，主要指不同主体间所共享的表述、阐释和价值观念，它主要反映了网络联系的认知因素，由共享的编码和语言、共享的愿景以及共同的默会知识构成。社会资本的这三个要素维度之间相辅相成，构成了一个组织的社会资本整体，并具有一定的结构特性。Ghoshal 和 Tsai（1998）经统计分析后认为，这三者间的关系是“结构维和认知维的社会资本对关系维的社会资本都有比较强的影响；而结构维的社会资本对认知维的社会资本具有较弱影响”（如图3-1所示）。

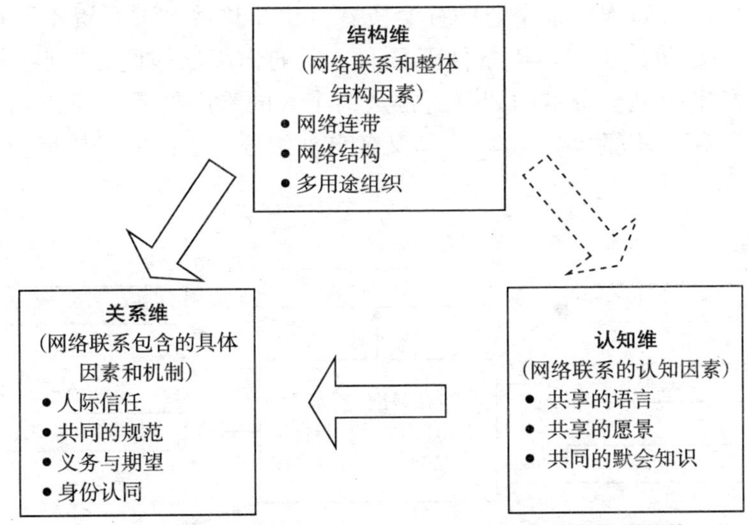

图 3-1 Nahapiet 和 Ghoshal（1998）的社会资本维度结构

资料来源：改编自郭毅、朱熹（2003）。

（二）社会资本研究的“利益相关者价值网络”观点

组织研究中的社会资本“利益相关者价值网络”观点是由企业本质理论

① “多用途组织”（appropriable organization）是 Coleman（1988）所提出的一个概念，意为“因某一目的而创立的社会网络（如朋友关系网络），或许也可用于其他用途（如情感和物质上的支持、工作或非工作方面的建议）”。这种多用途性将企业研究的众多概念，诸如非正式组织、信任、文化、社会支持、社会交换、社会网络和企业内部网络等，合并于一个概念框架之下（Adler & Kwon，2000）。

的发展演变而成的。这一观点认为，企业在本质上是一个利益相关者共同治理的有机体。企业的社会资本是由“嵌入”社会结构的利益相关者网络构成的，而这些利益相关者则为企业提供了生存和发展所需的各种资源。采用这种观点研究社会资本维度的以我国学者居多。如边燕杰、丘海雄（2000）认为，企业作为经济活动的主体不是孤立地运行，而是与经济领域的各个方面发生种种联系的企业网络上的纽结。企业既可通过在内部建立良好的信任关系和沟通渠道以加快信息和知识的转移，从而提高企业的经营绩效（Yli-Renko et al.，2002），也可通过与大学、科研机构、客户、供应商、竞争对手、政府、金融机构等其他组织建立各种社会关系来获取外部的诸如信息、知识、人才、资金等资源（张其仔，2000；边燕杰，2000；Yli-Renko，Autio & Sapienza，2001）。

社会资本研究的“利益相关者价值网络”观点认为，企业与利益相关者之间的关系是相互联系、相互影响的，而由企业经营情境嵌入性所产生的这些“关系资本”即构成了企业的社会资本。由于这些“关系资本”在企业的不同地点、时间、经营环境条件下具有不同的作用，因此，“利益相关者价值网络”角度对社会资本的划分通常从两个大的维度展开，即企业的“内部社会资本”和“外部社会资本”，其又各自被细分为不同的子维度（如图 3-2 所示）。

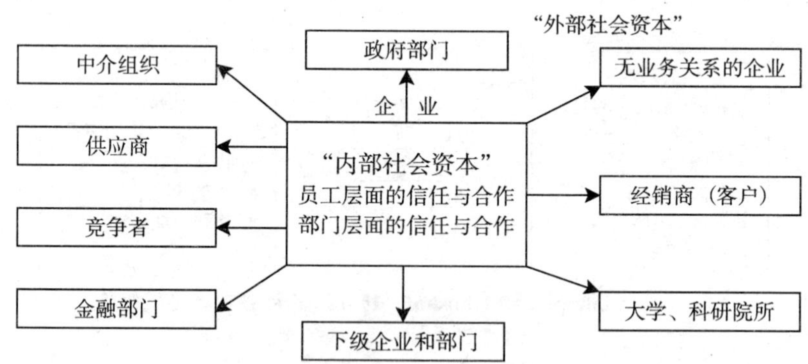

图 3-2 企业的利益相关者价值网络

“内部社会资本”是指企业内部存在的，有利于推动成员信任与合作，促进各部门之间沟通与协调，从而增强企业内部凝聚力的社会关系网络。“外部社会资本”则是指企业外部存在的，有助于企业获得外部资源的社会关系网络。通常认为企业“外部社会资本”可以再划分为纵向社会资本、横向社会资本和社会关系资本等多个子维度（边燕杰、丘海雄，2000；陈劲、李飞宇，

2001；张方华，2005）。依照边燕杰、丘海雄（2000）的观点，纵向社会资本是企业与上级领导机关、当地政府部门以及下级企业和部门的关系；横向社会资本是企业与供应商、经销商（客户）、竞争者等其他企业的关系；社会关系资本则是企业与不存在业务联系的其他企业以及大学、科研院所等机构所建立的联系。

二、两类社会资本研究维度的评价

“维度结构”观点与“利益相关者价值网络”观点在对社会资本进行维度划分时采用了不同的视角，因此得出的社会资本构成要素也截然不同。

“维度结构”观点严谨地继承了社会学中社会资本相关命题的理论脉络，融合了各学者从不同层次上对社会资本的定义和讨论，因此，其概念框架具有很高的综合性。例如，就 Nahapiet 和 Ghoshal 的社会资本三维度划分而言，“结构维”的划分承袭了 Burt（1992）结构主义社会资本界定，将社会网络分析方法中的相关指数引入到组织社会资本的研究当中，从中观角度分析网络构型对组织行为的影响，使得社会资本分析具有了实体上的意义；“关系维”则通过信任、规范、期望、义务等要素的讨论，继承了 Coleman（1988，1990）功能主义的社会资本定义，从微观意义上探讨组织之间对偶关系的性质对组织行为的影响，揭示了社会资本发生作用的深层原因和内在机制。同时，“认知维”则结合了 Putnam（1995）、Fukuyam（1995，1997）等学者对社会资本的文化角度讨论，从宏观水平上看待其对行为的影响，揭示了集体行为发生的动机性因素。尽管 Nahapiet 和 Ghoshal 的三维度模型为许多组织社会资本研究学者所津津乐道，但就本书的研究目标而言，该模型存在着三点不足：①虽然该模型综合了社会资本研究中三个层面上的理论观点，但也恰恰因为这种综合，导致了研究中主体嵌入层次的混乱。如果将“认知维”、“结构维”和“关系维”分别看做社会资本发生作用的宏观、中观和微观三个层面的话，行动者主体在这三个维度上应当是层层套嵌的，即“结构维”直接作用于“关系维”，而“认知维”通过“结构维”对“关系维”发生作用（从图 3-1 中也可以看出，“结构维”对“认知维”的反向作用很弱，这也从另一个角度证明了“结构维”是嵌入在“认知维”当中的）。社会资本研究中概念和理论含糊不清的重要原因之一，就是分析层次上的混乱（Brown，2000）。而将三个层面的社会资本研究混合在一个模型之中，这就使人们产生了新的疑问——社会资本究竟是什么？行为主体的不同嵌入层面（文化、结构、对偶关系）中究竟哪个层面对行为的影响最大？②三维度模型主要针对的是组织层面的社会资本而非个体社会资本。事实上，Nahapiet 和 Ghoshal 在提出社会资本的三维度模型时，讨论的就是组织的社会资本有利于智力资本的组合和交流，从而能够有利于智力资本创造，提升组织竞争优势。而当将社会资本的三维度模型运用于企业家个体时，问题就出现了：个体与群体嵌入的是两个不同的层面。在群体范围内，衡量信任、规范、义务乃至共同的愿景和价值观是可能的；但对于个体而言，以上要素都是在“自我”（ego）与“他人”（alter）互动的基础上产生的，对这些要素的测量不应仅仅涉及给定的“自我”，其同时也应当衡量“他人”对“自我”的看法，这显然就增加了测量的难度。更重要的，作为“自我”社会联系人的“他人”应当包括谁、排除谁？“他人”的界限在哪里？划分界限的标准是什么？这些都是三维度模型在处理个体社会资本问题时难以解决的问题。③Nahapiet 和 Ghoshal 的三维度模型暗含了一个假设，即当行为者所嵌入的群体具有一定的联系结构，联系中包含了一定的要素（信任、规范等），同时联系人之间存在某种共同的认知时，行为者就具有了社会资本，而“自我”的社会联系人是“谁”似乎并不重要。三维度模型这一假设对行为主体网络联系对象的忽视，导致了社会资本“资本”特性的虚无化，因为其无法回答社会资本的功用是什么。或者说，社会资本究竟为行为者的行动带来了哪些有意义的资源？而社会资本“维度结构”观点所回避的这一问题，恰恰就是“利益相关者价值网络”这一观点所关注的。

林南认为，“社会资本可被定义为嵌入于一种社会结构中的可以在有目的的行动中摄取的资源。按照这一定义，社会资本的概念包括三种成分：嵌入于一定社会结构中的资源；个人摄取这些社会资源的能力；通过有目的行动中的个人运用或动员这些资源。”（Lin，1999a）可见，在林南的社会资本理论中，资源是其中的核心要素，有关个体社会资本的讨论总是围绕资源展开的。“利益相关者价值网络”观点恰符合了林南概念中对资源的强调。从企业层面上看，企业与员工、雇员、供应商、经销商、政府和其他企业等利益相关者保持良好社会关系的目的，正是为了获取利益相关者手中所掌握的资源。“利益相关者价值网络”的观点在对社会资本的维度进行划分时，直接指向了企业社会关系对象背后的资源，从而使得社会资本的概念更为具体，同时从利益相关者角度对社会资本进行维度划分也更具操作上的简明性。此外，就企业家个体层面上的社会资本研究而言，“利益相关者价值网络”观点也充分考虑到了中国企业家所嵌入的社会网络情景的特殊性，即在传统文化和经济转型共同作用下，社会关系作为一种非正式制度所发挥的资源配置作用。该观点在对社会资本进行维度划分时，将企业家社会资本看做是以企业家为原点向四周发散所形成的社会关系束。正是这些社会关系束构成了特

殊嵌入情景下企业家从外界获取资源和支持的关键“通道”。然而，就企业家个体社会资本的研究而言，“利益相关者价值网络”观点同样存在一定的缺陷。尽管“利益相关者价值网络”观点在对社会资本进行维度划分时，看到了利益相关者对行动者经济行为的影响作用，但其关注的是“资源”的“价值”特性，而非其“网络”特性。换句话说，该观点虽然看到了行动者的外部网络，却并没有去研究网络本身。正如笔者在第二章中所分析的，国外对企业家社会资本的研究大多从其社会网络的角度展开，运用社会网络分析方法来阐释外部结构特性对个体行动的影响；而国内的研究则继承了本土社会学中的“关系”分析传统，从企业家社会关系的角度探讨关系所致资源对行为的影响。资源是嵌入在网络当中的资源，仅仅从企业家与利益相关者关系的角度划分社会资本，似乎仍然囿于本土社会学中的“关系”研究范畴，没有真正完成社会资本概念的本土化“落地”，同时也容易将企业家的社会资本等同于其社会“关系”，混淆了概念间的差异。

综上所述，无论社会资本研究的“维度结构”观点还是“利益相关者价值网络”观点，都有一定的合理性，也存在着自身的缺陷，但同时它们之间又可以是相互补充的。因此，笔者认为，就创业企业家的社会资本维度划分而言，可以综合考虑以上两种观点的合理之处，将二者结合起来。

三、本书对企业家社会资本构成维度的划分

林南（Lin，1999a）在运用社会资源概念对社会资本进行测量的时候，曾将社会资本分为网络资源和关系资源。网络资源指嵌入在某人自我网络中的资源，表示可摄取的资源，包括：①关系中资源的范围〔或最丰富和最贫乏的有价值资源之间的距离（range）〕。②网络或关系中最大可能的资源〔或资源等级体系中的最高可达性（upper reachability）〕。③网络中资源的多样性或异质性（extensity）。④资源的构成〔平均或典型资源（composition，average or typical resources）〕。而关系资源指嵌入在联系人（contacts）中的工具性行动中可以被动员的资源，指一个特定行动中的联系人或帮助者所拥有的有价值的资源。对关系资源的测量是直接度量联系人的财富、权力和地位特征，其典型地反映在联系人的职业、权威位置、工作部门或收入等指标中。

由于本书将企业家社会资本定义为：“存在于由个人和社会单位拥有的关系网络中，通过这些关系网络获得，并从这些关系网络中衍生出来的现实和潜在的资源总和”，即“网络加资源”（Foley & Edward，1999），同时考虑到林南从社会资源角度对社会资本的划分，本书将企业家的社会资本划分为两大维度——“结构维度”和“关系资源维度”。其中的“结构维度”与

Nahapiet 和 Ghoshal 的社会资本“结构维”类似，主要考虑的是企业家所处的社会网络结构对其行为的影响，相当于林南的“网络资源”概念；“关系资源维度”则与“利益相关者价值网络”观点类似，主要考虑的是企业家通过其社会关系能够摄取到何种类型、何种质量的资源，相当于林南的“关系资源”概念。

在社会资本维度划分中，嵌入在企业家社会网络中的资源被视为其社会资本的核心要素。因此，本书强调的是企业家个体在其社会网络和社会关系中所摄取的其他人所拥有的有价值的资源（如信息、资本、官方庇护、技术等）。严格地说，企业家的社会网络结构应当被视为社会资本的外生变量或非内生变量，社会资本远比社会关系或社会网络丰富，它引发了企业家对关系与网络的工具性动员和嵌入性资源的获取。然而，不识别网络特征和关系，就不可能获得这些嵌入性资源。企业家的社会网络结构是嵌入性资源的必要条件。从这个意义上讲，将网络结构和嵌入性资源结合起来研究社会资本是明智的（张文宏，2003）。

另外，需指出的是，本书对企业家社会资本的研究主要是对中观层面社会资本的研究。按照 Turner（2005）的观点，社会资本研究的宏观、中观和微观三个层面是相互渗透的。中观层次的社会资本直接作用于微观层面或反作用于宏观层面，而宏观和微观层面社会资本的相互作用都需要以中观层面因素为中介。因此，对中观层面社会资本的研究是理解社会资本概念的关键（见图 3-3）。本书认为，决定企业家行为特点的是其所嵌入的中观社会网络，宏观制度和文化以及微观的人际面对面交往尽管也会对企业家的创业行为产生影响，但这种影响都是通过社会网络实现的。具体来说，宏观的制度和文化标示了企业家所嵌入社会网络的具体情景，其决定了企业家为何要动员社会网络、动员什么样的社会网络；微观面对面的人际交往则是企业家动员社会网络的具体机制和方式，其中所包含的信任、规范、准则等要素在笔

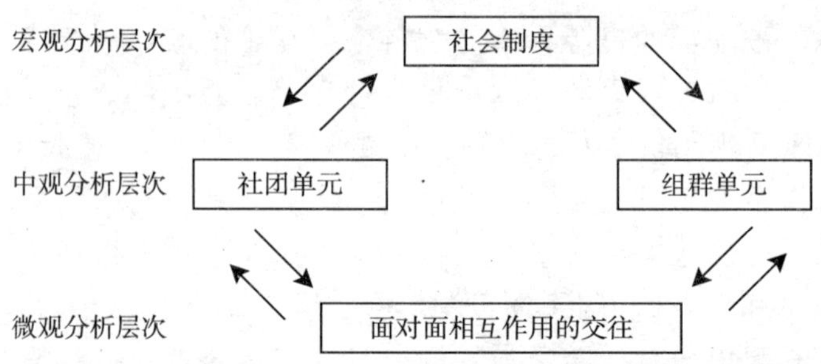

图 3-3 宏观、中观、微观层次社会资本因素的相互渗透

资料来源：Turner（2005）。

者看来，并不能代表企业家的社会资本，其解释的是企业家社会资本得以被动员的机理和原因。正如 Wellman（1988）在归纳社会网络分析原则时所说的，二人的对偶关系（dyadic）取决于其所处的社会结构，只有在结构的背景下才能理解对偶关系运作的形貌，个人不但没有完全的自由来选择伙伴关系，而且关系的维持也跟个人所依附的社会结构有关，对偶关系只是作为社会结构的部分才有意义。

第二节 企业家社会资本的结构维度

对企业家社会资本结构维度的研究都是从企业家社会网络的角度展开的，而在研究中所使用的方法则是来自于社会网络分析方法。因此，本书对企业家社会资本结构维度的进一步划分也从网络分析方法及其主要理论角度展开。

一、网络分析方法

社会网络被定义为“某一群体中个人之间特定的联系关系，其整体的结构，可以称为该群体中个人的行动”（Michetl，1969）。而社会网络分析（Social Network Analysis，SNA）就是测量与调查社会系统中各部分（个体或“点”）的特征与相互间关系（“联系”），将其用网络的形式表现出来，以分析其关系的模式与整体关系结构对个体行为影响的一套理论、方法和技术。在实际应用中，社会网络分析方法发展出两种不同的研究取向，即社会中心网（socio-centric network）和自我中心网（ego-centric network）。

（1）社会中心网。其主要研究的是某一有边界的群体内不同角色之间的关系结构（见图 3-4a），其学术渊源是 Moreno 创立的社会计量学（刘军，2004）。在社会心理学中，社会中心网分析主要集中于小群体研究。而在社会资本研究领域，社会中心网分析则以社会、社区、组织、群体的集体概念为中心，探讨其内部成员间互动关系所形成的社会网络以及对整个组织所产生的影响。其使用的主要概念有：侧重衡量社会中心网络结构的簇（cluster）、中心性（centrality）、结构对等性（structural equivalence）等，以及侧重网络中不同角色地位的明星（stars）、联络者（liaisons）、孤立者（isolates）、派系（cliques）等。

（2）自我中心网。其主要关注的是个体行为如何受到其人际网络的影响，进而研究个体如何通过人际网络结合成社会团体。在自我中心网分析中，学者往往从某一点出发，分析该点与其他点之间的某种关系。例如，某人的朋友有多少？是哪些人？他与他们之间的关系有哪些特点？通过以上问题的询问，学者们就能够得到一个以某点为中心的网络，其中处于中心位置的点称为“主体”，其他点相对于这个点来说是“客体”。如在图 3-4b 中，A 的朋友网就是一个以 A 为中心的网络，B_1、B_2、B_3、B_4、B_5 是 A 的朋友，相对于 A 来说就是客体。在社会资本研究中，自我中心网分析的就是行动者的外部连带关系（external ties）能够为其带来哪些资源；行动者在网络结构中的位置如何影响到其对资源的获取。与社会中心网不同，自我中心网是没有边界的，所以其在分析中所使用的指标也有异于前者，主要包括：网络的范围（range）、密度（density）、异质性（heterogeneity）等。由于个人层面（individual level）的社会资本研究使用的都是自我中心网分析方法（陈荣德，2004），因此，本书对企业家社会资本结构维度的探讨也从自我中心网的视角展开。①

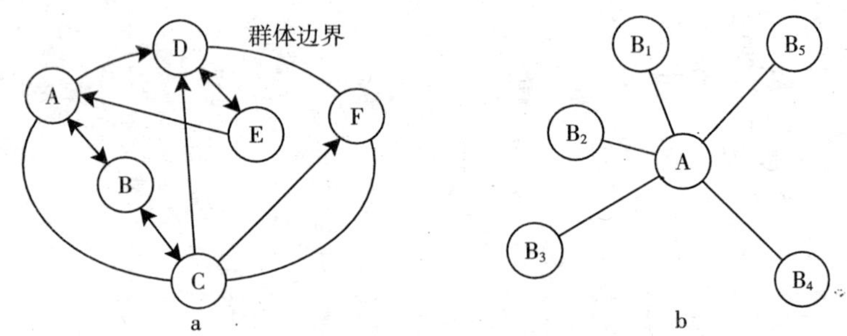

图 3-4 社会中心网与自我中心网

二、自我中心网分析的两个重要理论基础

（一）弱连带—强连带（weak-strong）模式

Granovetter（1973）在“弱连带的力量”(The Strength of Weak Ties）一文中首次将人际连带关系从互动频率、情感力量、亲密程度和互惠交换四个维度分为“强连带”和“弱连带”，并提出了弱连带充当信息桥的判断。在他

① 严格地说，在社会学的自我中心网分析当中，不仅会分析“主体”的直接连带关系，还会分析其间接连带关系。但在有关企业家社会网络的研究当中，除了极少数外（Greve，1995），大部分学者仅考虑从作为主体的企业家出发的第一层直接社会联系，而不涉及其间接社会关系。因此，本书在研究企业家社会关系网络时，遵从大多数学者的思路，不考虑其间接社会关系。

看来，强连带是在性别、年龄、教育程度、职业身份、收入水平等社会经济特征相似的个体之间发展起来的；而弱连带则是在社会经济特征不同的个体之间发展起来的。因为群体内部相似性较高的个体所了解的事物、事件经常是同质的，所以通过强连带获得的信息往往重复性很高。而弱连带是在群体之间发生的，由于弱连带的分布范围较广，它比强连带更能充当跨越其社会界限的桥梁，可以将其他群体的重要信息带给不属于这些群体的某个个体。Granovetter 断言，虽然所有的弱连带不一定都能充当信息桥，但能够充当信息桥的必定是弱连带。

自 Granovetter 之后，研究者们围绕着连带强度对功利或非功利行为的效应问题展开了持久讨论。后续的研究者们尽管在连带强度的操作性定义上与 Granovetter 并不完全一致，但都沿袭了他关于连带关系强度的实质性界定（Krackhardt，1992）。在强连带还是弱连带更有力的观点上，有些学者则提出了不同看法。如作为对 Granovetter 观点的呼应，一些学者提出了"强连带的力量"（Krackhardt，1992）命题，并呼吁应当"找回强连带"（Bian，1997）。该观点认为，强连带特别适用于不确定性的情景，在需要承担风险、面临危机时，强连带是可依赖的对象（Krackhardt，1992）。其实 Granovetter 自己也不否认，处于不安全位置的个人极有可能通过建立强连带来寻求保护，以降低其面临的不确定性（Granovetter，1982）。一般来说，弱连带具有信息传递的优势，而强连带则适于传递感情、信任、复杂知识和影响力，对此网络研究者们似乎已经达成基本共识（李林艳，2004）。

需要强调的是，有关弱连带—强连带模式的讨论主要还是基于对偶关系的一种讨论，并没有涉及网络的状况以及不同网络间的联系，因此具有很大的局限性。事实上，为了与二元交换理论相区别，很多网络分析者主张，对偶关系的社会效应也必须结合网络的整体结构来说明，就像 Wellman（1988）在五个 SNA 基本原则中所提到的那样。正因如此，后续的研究者们在强—弱连带理论的基础上，又构造了闭合—开放网络结构模式的理论。

（二）闭合—开放（close-open）网络模式

Granovetter 之后的社会网分析者在从网络整体结构角度研究社会资本时，主要关注了两种不同类型的网络：一种是频繁交往、联系紧密的"闭合结构"（close structure）；另一种是交往稀少、联系松散的"开放结构"（open structure）。前者以 Coleman（1988）为代表，后者则以 Burt（1992）为代表。

Coleman 认为在一个闭合的网络系统中，任何信息和资源都有可能以最短的路程直接流向网络中的任何一点。因此，闭合性的社会结构（closure of the social structure）有利于指示性规范（prescriptive norms）的形成，从而产生了网络成员之间的规则、期望和义务感，体现信任的膨胀和收缩。在这样的社会结构中进行市场交易，可降低交易成本和交易风险。Coleman 提出，在法人行动者组成的团体内部，社会网络的封闭性增加了行动者之间的依赖程度，从而为有效规范的建立创造了前提条件，其社会资本也要比在开放性社会关系结构中丰富得多。

与 Coleman 的观点相左，Burt 认为正是网络中联系的相对缺乏推动了个体流动、信息获得和资源摄取。Burt 将这些缺乏内部联系的特殊网络结构称为“结构洞”(structural holes)，即两个网络联系人（contacts）之间存在一种非冗余性关系（a relationship of nonredundancy）。如图 3-5 所示，如果 A、B 之间有联系，A、C 之间有联系，而 B、C 之间没有联系，则 B 与 C 之间就存在一个“结构洞”。BC 如果要发生关系，则必须通过 A。在 Granovetter 的“弱连带”理论中，A 与 B、C 之间必然是弱连带。但对 Burt 来说，A 与 B、C 之间的连带可能强，也可能弱，这并不重要。重要的是，假如 A、B、C 处于资源竞争的状态，BC 之间结构洞的存在就为 B 提供了保持信息获取和信息控制的两大优势。

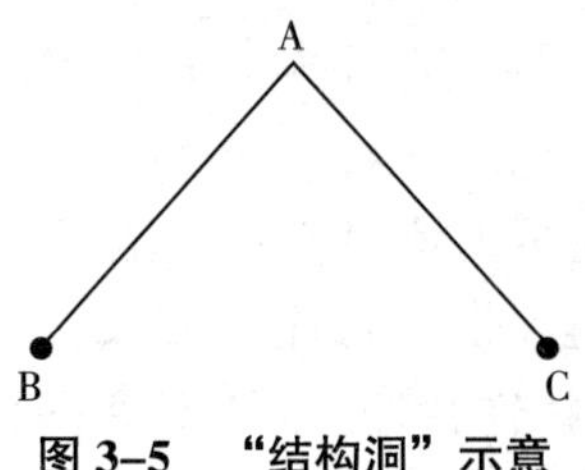

图 3-5 “结构洞”示意

三、衡量企业家社会资本结构维度的三个网络指标

社会学中对于如何从自我中心网络的角度出发衡量个体社会资本主要有三种观点（王卫东，2006）。Flap 和 de Graaf（1986）认为个体社会网络资本取决于三个因素：当个人有需要时，其社会网络中有意愿或有义务提供帮助的人数；这些人提供帮助的意愿的强度；以及这些人所能提供帮助的能力，即这些人所拥有资源的多少。Burt（1992，2000）则提出个人在其所处的社会网络中越是处于桥梁性的位置，即所拥有的“结构洞”越多，则它从这个社会网络中获取的社会资本也越多。林南（2005）则将社会网络资源的丰富程度归结为：达高性，即通过社会网络所能达到的最高的社会位置；异质性，指社会网络包含的网络幅度，即网络中最高社会位置和最低社会位置的

差距；广泛性，即社会网中包含不同社会位置的数量。

以上三种社会网络资本的界定是从社会学意义上对一般个体社会资本存量的衡量。在创业研究的网络方法当中，经过近20年的发展，西方学者对企业家社会资本结构维度的界定已逐步完善。本书中所使用的测量方法和测量指标一方面脱胎于社会学对个体中心网的传统研究，另一方面在适应组织管理学研究目标的前提下又对社会学指标进行了改进。具体而言，在创业研究领域，对企业家社会网络结构或企业家社会资本结构维度的测量主要包含了三个指标：企业家的社会网络规模（size）、网络异质性（heterogeneity）和网络密度（dense）（Hoang & Antoncis，2003；Witt，2004），其含义及其思想来源可见表3-2。

表3-2　企业家社会资本结构维度指标

	定　义	测　量	思想来源
网络规模	企业家与其他社会联系人之间直接联系的数量	定名法 定位法	Flap & de Graaf，1986；Lin，2001
网络异质性	企业家社会网络成员在个体特征、职业特征、社会地位特征等方面相似或相异的程度	组织人口统计学方法	Granovetter，1973；Lin，2001
网络密度	企业家网络中其他成员之间相互联系的程度	除企业家之外的其他网络联系人实际联系的数量与可能联系数量之比	Burt，1992，2000

（一）网络规模

对企业家社会网络进行测量最为直接的维度就是规模，其可被定义为作为主体的企业家与其他社会联系人之间直接联系的数量。社会学中已经有几项研究表明，网络规模越大，就越有可能获得外部的社会支持。如Wellman和Wortley（1990）发现，网络规模越大，提供情感支持、物品、服务及陪伴支持的网络成员的数量就越大。同时他们也发现，网络规模越大，提供支持的网络成员的比例也越高。因此，具有大规模社会网络的人在两方面都有优势：不仅在网络中潜在的社会支持提供者多，而且每个成员提供支持的可能性大。同理，就创业领域中的企业家社会资本研究而言，更大的网络规模意味着企业家更广泛的社会接触，这一方面为企业家提供了获取更多资源的可能性，另一方面也为他们提供了获取更多样化资源的可能性。因此，网络的规模预示着企业家从社会网络中获取资源的广度（Aldrich & Reese，1993；Hansen，1995；Hoang & Antoncis，2003）。

网络规模对企业家社会资本的意义是明显的，但问题在于如何测量企业家的网络规模，这牵涉到自我中心网研究中的网络成员“生成”（generate）方法问题。传统上，西方学者对企业家网络规模的测量多采用两种方法，即个体社会资本研究中的“定名法”（name-generator）和“定位法”（position-generator）。定名法是根据研究的要求，让每位被访者提供自己的社会网络成员的姓名、个人特征以及这些成员的相互关系等信息，从而使研究者可以根据网络成员的相关信息对网络中的社会资本进行测量。典型地，创业研究学者们会运用“核心讨论网”方法，询问企业家在过去一段时期同哪些人讨论过对创业和新企业运营而言重要的问题，并进一步探询这些讨论对象的情况，企业家与讨论对象关系的情况以及讨论对象之间关系的情况。通过这种方式，研究者们将企业家所提名的与之讨论过问题的人数作为企业家网络的规模。定位法则不考察被调查者的具体网络成员以及成员之间的相互关系，而考察网络成员所拥有的社会资源状况。该方法假设社会资源是按社会地位高低呈金字塔形分布于社会之中的，每个网络成员所拥有的社会资源数量主要取决于其所处的社会结构性地位，因此通过对被研究者网络成员社会地位的了解，就可对其拥有的社会资本情况做出大致测量。在实际测量中，研究者要求被调查者回答其社会网络成员中是否有人符合调查表中所述的特征（如“拜年网”），然后用被调查者所提及的联系人总数作为其网络的规模。

由于“定位法”无法进一步了解被调查者的社会网络的具体情况，也难以确定企业家社会网络的密度（赵延东、罗家德，2005），因此，本书在对企业家社会资本结构维度进行测量时，采用的是“定名法”。

（二）网络异质性

对企业家社会资本结构性测量的另一个常用指标是网络的异质性程度，即企业家社会网络成员在个体特征、职业特征、社会地位特征等方面相似或相异的程度。这是一种对网络成分（由哪些类型的成员构成）的检验。在对该指标进行测量时，研究者们通常会借用组织人口统计学（organizational demography）方法，对企业家自我中心网中网络成员的个体特点进行研究（Yoo，2003），以探讨不同成员组成状况的网络对企业家创业行为的影响。

创业研究者们之所以要研究企业家社会网络的异质性程度，其理论基础来自于Granovetter（1973）的弱连带思想。可以说，企业家网络异质性指标是企业家社会连带关系强弱测量的一个代理（proxies）指标（Hoang & Antoncic，2003；Witt，2004）。

在西方有关组织社会网络的研究中，学者们一般将个体间社会互动产生的原因归结为社会心理学中的平衡理论和社会比较理论（Kilduff & Tsai，

2007）。平衡理论关注个体以何种方式安排现有的人际关系，以减轻自己的不平衡感。以图 3-6 为例，若 P 把 O 当作朋友，O 就会有压力把 P 也当作自己的朋友（见图 3-6a）；若 P 把 O 当作朋友，O 将 X 当作朋友，则 P 就会感到压力，也将 X 作为自己的朋友以平衡压力（见图 3-6b）；类似地，若 P 和 O 都对 X 有强烈好感，那么 P 和 O 之间互动的可能性就会增大（见图 3-6c）。社会比较理论则提出了以下观点：人们通常同那些与自身相似的人交朋友，以便能够评估自身的观点和能力。

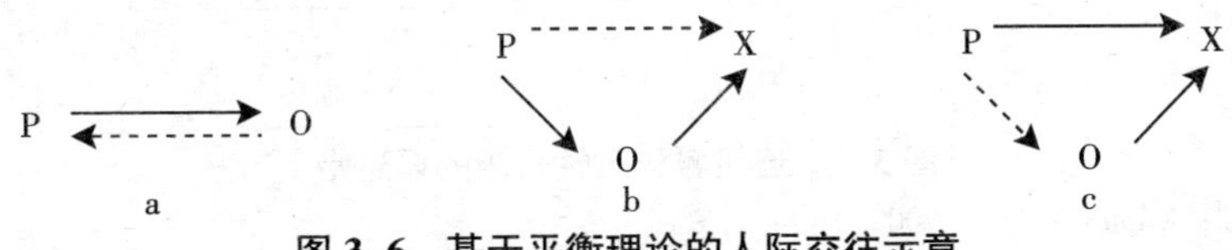

图 3-6　基于平衡理论的人际交往示意

从平衡理论和社会比较理论出发，学者们认为，社会行动者有一种很强的、同那些与自身具有共同特征的人聚拢在一起的倾向（Kilduff & Tsai，2007），而这种趋势在那些更具情感性而非工具性的社会关系（如友谊关系）中表现得尤为明显（Blau，1977；Ibarra，1992）。由此，Granovetter（1973，1982）提出了"不可能的三方组"概念（见图 3-7），即对于像友谊这样的强连带关系来说，出现所谓"不可能的三方组"的可能性是很小的。

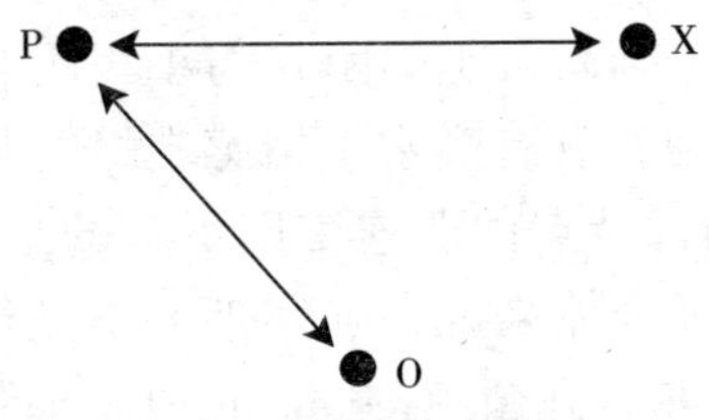

图 3-7　不可能的三方组

资料来源：Kilduff & Tsai（2007）。

在图 3-7 中，由于 P 与 O 以及 P 与 X 之间存在较高的同质性，因此，P 同 O 和 X 之间分别建立了以友谊关系为特征的强连带关系。由于趋向平衡压力的存在，O 与 X 之间在随后也会发展出强连带关系，从而完成三方关系的闭合形态。但是，如果图 3-7 中个体间的关系只是一种弱连带（比如仅仅是相识而非朋友），那么趋向平衡的压力就会很微弱或者根本不存在。具体地，如果 P 只是在相识意义上认识 O 和 X，那么他可能就没有压力去把 O 和 X 介绍到一起。而弱连带的存在则意味着关系双方是异质性的个体，他们从属于不同的群体，手中掌握着不同的资源（如图 3-8 所示）。

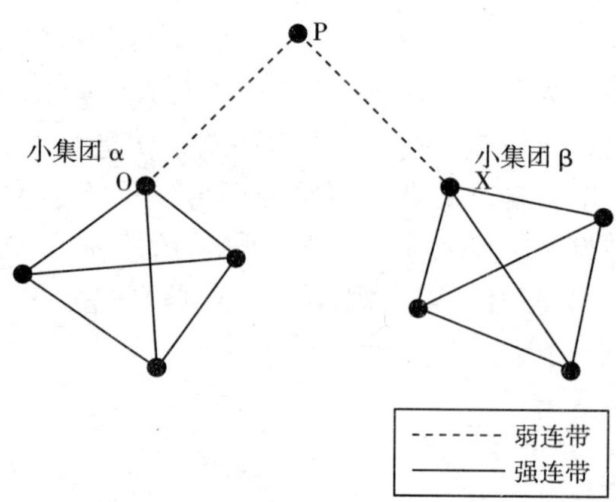

图 3-8 连接着异质性资源的弱连带

资料来源：Kilduff & Tsai（2007）。

图 3-8 中 O 和 X 分别从属于不同的小集团 α 和 β。在小集团内部，由于同质性的存在，成员之间结成了强连带关系。但在小集团外部，由于 O、X 和 P 之间存在异质性，因此仅结成了相识意义上的弱连带的关系。此时就出现了两种重要结果：①P 作为中间人，对小集团 α 与小集团 β 之间的信息流动起桥梁的作用。②因为仅为相识关系而非友谊关系，P 就不会有压力去平衡其与 O、X 之间的三方关系。这样，小集团 α 中的某个成员如果要获悉小集团 β 中成员所知道的某种机会或技术，必须通过 P 才能实现这种知识流动。亦即，P 能够掌握分别来自小集团 α 与小集团 β 的不同信息。

由此 Granovetter 认为，具有高水平情感支撑的强连带更多地发生于相似的个体之间，而基于理性特点的弱连带则更多的是将不相似的个体“桥接”（bridging）起来。对目标个体来说，强连带关系是很可靠的，但就信息交换而言则在很大程度上存在着冗余（redundancy），即强连带中流动着重复性的信息；而弱连带尽管不太可靠，但为行为者接近新信息提供了更好的途径。

就企业家社会网络而言，对网络异质性的测量则意味着两个方面的问题：第一，由于弱连带两端多为非相似个体，因此，企业家社会网络成员的异质性程度，反映了企业家在其社会网络中拥有的弱连带的数量，这进而反映出企业家获取非冗余（nonredundancy）信息的可能性。第二，网络成员在身份、地位、职业等方面的异质性，意味着他们来自于不同的社会群体或单位组织，掌握着不同的外部资源。因此，企业家社会网络的高异质性也就意味着，企业家在动员创业所需的社会资源方面具有更高的广泛性。正如 Uzzi（1997，1999）所言，一个同时平衡了强连带和弱连带数量的个人网络，如具有一定异质性程度的网络，则对企业家的经济成功而言尤为有利。

（三）网络密度

在 Burt 的“结构洞”理论中，行为者通过搭建结构空洞，可扮演其他非直接联系的行动者之间的“掮客”（broker）角色，并因此而获益。占据结构洞中的“掮客”位置，可为行动者提供发挥权力的机会，或者提供影响那些想要与更宽泛网络取得联系的其他行动者的机会（Krackhardt，1995）。然而，问题在于，准确衡量“结构洞”所需的跨关系（crosscuting relationships）数据是很难收集的，这就给对网络中“结构洞”的直接测量造成了麻烦，因此，人们开发了网络密度概念来作为“结构洞”衡量的代理指标（Hoang & Antoncis，2003）。

网络的密度是衡量社会网成员间相互联系程度的概念。在社会中心网研究中，网络的密度被定义网络中实际拥有的联系数量与可能拥有的联系数量之比，其表达式为$\frac{l}{n(n-1)/2}$。其中，l 为网络成员之间实际的联系数量，n 为网络中成员的数量。密度的取值范围为［0，1］，表 3-3 即展示了一个四点网络中的密度变化情况。

表 3-3 四点网络中的密度变化

相连的点数	4	4	4	3	2	0
连线数	6	4	3	2	1	0
密度	1.0	0.7	0.5	0.3	0.1	0

资料来源：改编自 Scott（2000）。

社会中心网中的密度很容易理解，因为它是有边界的。但对自我中心网而言，如何测量其密度呢？一般来说，对自我中心网密度进行计算的时候，借用了社会中心网的测量思路，所不同的是，其通常不考虑核心成员及与该成员有直接关系的接触者，而只关注在这些接触者之间存在的各种联系（Scott，2000）。例如，在企业家社会网络研究中，网络的密度即被定义为企业家网络中其他成员之间相互联系的程度（Yoo，2004）。可以从图 3-9 来看对自我中心网的计算。图 3-9a 表示的是五个人围绕一个“自我”构成的网络，表达的是个体的各种直接联系人以及这些联系人之间存在的各种关系。该图共存在六条联系，其密度为 0.6。但是这个相对较高的密度主要是因为有四条联系把“自我”与 A、B、C、D 连在一起。而这些关系常常是通过研究者的调查问题而人为界定的，即如果这些数据是通过问卷得到的，让回答者说出最要好的四个朋友的名字，显然其结果是“四个朋友”与“自我”的关系很紧密，因此，这种高密度网络是由于研究者的“提问”而人为带来的。回答者与四位被提名者的关系将掩盖四位被提名者之间关系的信息。事实上，从图 3-9b 可以看出，自我中心网络中其他成员的相互接触是很少的。将与“自我”直接相关的关系用虚线表示的话，在 A、B、C、D 之间仅存在两个关系（用实线表示），这四人网络的密度是 0.33。显然，这才是该自我中心网络真正有效的密度。

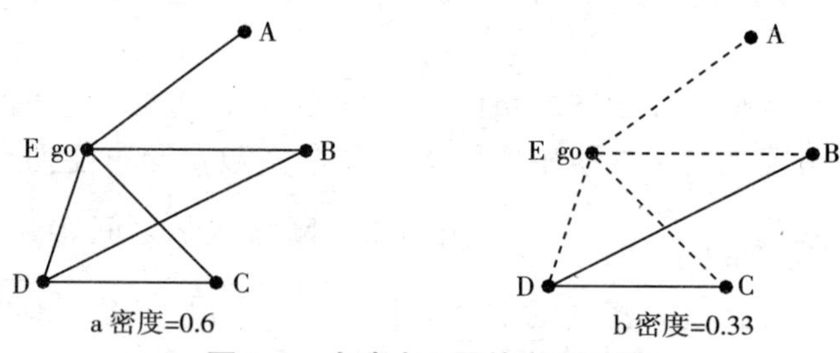

图 3-9　自我中心网的密度测量

资料来源：Scott（2000）。

在创业研究领域中，对企业家网络密度的作用仍然存在着争议。但大部分学者认为，企业家社会网络的密度越低，网络中存在的结构洞越多，新的外部资源进入网络的可能性就越大。非冗余联系、宽跨度的低密度网络可以提高企业家接近关键信息资源的机会，为企业家提供了控制和信息收益，这反过来将会激发学习以及内部核心能力的提高，并最终提高企业绩效（Greve，1995；McEvily & Zaheer，1999；Baum et al.，2000）。

第三节　企业家社会资本的关系资源维度

国外学者除从社会网络分析角度对企业家社会资本结构维度进行探讨之外，也有部分学者对企业家社会网络的类型进行了划分，如“正式网络”和“非正式网络”（Birley，1985），或“情感性网络”和“工具性网络”（Ibarra，1993）等。但这些分类方法大都过于粗略，基本上仍属结构性的，无法明确表现出创业过程中企业家通过其社会资本动员究竟获得了哪些资源，正如 Ostgaard 和 Birley（1996）对英国数百家集群企业研究后所指出的，

社会网络经常是与商业网络交叠在一起的（overlapping），二者无法明确区分开。因此，对管理研究而言，除了借鉴社会学的研究方法对企业家社会资本的结构维度进行分析之外，还需用从本学科的实践指导意义出发，考察企业家社会资本的功能性因素，即社会资本在企业家资源动员过程中的效用维度。

一、关系资源维度划分的理论基础

企业家社会资本的关系资源维度，对应了林南（Lin，1999a）社会资本理论中的“关系资源”概念，其表现了企业家通过社会性嵌入，得以从其社会关系网络中动员到哪些新企业生存和发展所需的资源。该维度的提出基于两个理论基础：就新创企业一般性而言，其建立在资源依附理论（resource dependence theory）的基础上；就我国新创企业的特殊性而言，该维度的提出则反映了我国独特社会文化背景下社会网络所具有的非正式资源配置功能。

（一）资源依附理论

资源依附理论是研究组织与环境间关系的一种代表性观点，其基本假设是：没有任何一个组织是自给自足的，所有组织都必须为了生存而与其环境进行交换。获取资源的需求产生了组织对外部环境的依赖，而资源的稀缺性和重要性则决定了组织依赖性的本质和范围（Scott，2002）。

资源依附理论的基本观点主要包含三个方面：第一，组织是一个开放的系统，任何组织都不可能持有赖以生存和发展的全部资源，大量攸关组织命运的稀缺和珍贵资源都包含于组织外部环境中。因此，为了生存的需要，组织不得不从外部环境中获取资源，包括原材料、资金支持、人力资源、信息、社会和政治方面的支持等。而为获取资源所发生的资源交换行为则成为组织与环境之间关系的核心纽带。第二，一个组织对另一个组织的依附程度主要取决于三个决定性因素（Pfeffer & Salancikg，1978）——资源对组织生存的重要性、组织内部或外部一个特定群体获得或处理资源使用的程度以及替代性资源来源的存在程度。如果一个组织非常需要一种专门知识，而这种知识在这个组织中又非常稀缺，并且不存在可替代的知识来源，那么这个组织将会过度依赖掌握这种知识的其他组织。第三，由于组织必须与那些控制资源的外部行动者进行互动交往，即组织依赖于环境，那些控制者就获得了相对于目标组织的权力，组织的生存能力在很大程度上取决于组织与外部环境（控制者）交往和谈判的能力。为了提高企业获取资源的功效，更好地应对环境的不确定性和对外部的依赖性，企业必须与外部组织，如客户、供应商、政府、竞争对手等处理好有关资源流的问题。

尽管资源依附理论的提出并非专门是针对创业研究领域的，但考虑到新创企业作为组织的特殊性，其“新”和“小”的特点决定了新创企业对外部环境更为紧密的资源依附特征。正因为如此，一些学者也把资源依附理论作为创业研究领域的一个重要理论基础（蔡莉等，2007）。资源依附理论认为组织的生存有赖于其获得资源的能力，并且与关键资源的提供者保持良好的关系是组织存在的关键（Pfeffer & Salancikg，1978）。从资源依附理论我们所能得到的启示是，新创企业作为环境中新出现的组织，其与外部环境是密切相关的，外部环境可保证企业在自身资源不足时获取所需的创业资源。而企业家作为企业的天然起点（杨其静，2005），在从外部环境摄取稀缺性、互补性资源过程中具有责无旁贷的重要作用。事实上，新创企业要想从环境中顺利获取必要的资源，从系统角度来看，必须具备两个基本条件：第一，环境能够供给这些资源；第二，能够保障资源的获取（蔡莉等，2007）。前者意味着新创企业所需的互补性资源掌握在企业外部的利益相关者手中，是潜在的，企业家必须与手中握有资源的利益相关者取得联系；后者意味着只有当企业家与这些利益相关者之间的关系达到一定强度时，对方才愿意为企业家付出手中的资源，潜在资源才能转化为现实，才能保证企业的顺利创建和发展。

（二）中国情境下社会网络的资源配置功能

资源依附理论作为社会资本关系资源维度划分的理论基础，是从一般创业企业意义上展开的，即任何新创企业由于其“新”和“小”所产生的资源匮乏局面，都需要企业家从环境中的利益相关者那里摄取资源。然而，笔者认为，就中国的新创企业及企业家而言，处理好与企业利益相关者之间的关系，还具有另外一层特殊意义。这种意义源于中国独特社会文化和制度转型情境的要求，即企业家社会网络所具有的资源配置功能。

社会网络作为在经济生活和社会生活中协调人们行为的非正式规则，体现在两个层面上：一是社会文化；二是中国当前所面临的经济转轨现实。从社会文化的角度来看，我国是一个具有特殊主义人际关系传统的“关系本位”社会（梁漱溟，1963），重视人伦、人际关系和社会优先的理念往往渗透在人们的经济交往和交易活动过程当中。正如张宛丽（1996）所说：“在中国人看来，从社会关系网中获得自己所期望的资源，已有几千年历史的潜移默化，积淀成为‘自然而然’的社会知识”。通过社会关系网络以求迅速办成一件事已成为许多人头脑中的思维定式。从经济转轨的现实角度看，由于我国目前尚处于体制变革和社会结构转型的过程中，市场制度尚不健全，

政府的理性、个体的理性都是有限的，再精细完备的法律规章也不可能对所有的交易或交换活动都有精确的规定（李培林，1994）。面对缺乏正式制度安排的环境，人们在经济活动中必定会进行诱致性的制度变迁，自发寻求某种替代物，以弥补不完善的市场经济关系和行政权力关系所带来的困难和风险，维持或建立经济活动乃至社会交往所必需的基本信任和预期。于是，作为非正式制度的社会关系网络自然会在经济交易活动中凸显出来，充当了正式制度的补充替代物。对于新创企业或私营企业而言，作为非正式规范的社会网络将有助于建立可靠的经济联系，获得所需的各种资源，变通各种不利的正式规定，直至获得各种有利的机会。

对于企业家社会网络配置资源的内在机制，石秀印（1998）曾给出过一个精准概括，即在中国当前特殊的社会条件下，每一资源获取渠道的连接方式都是双层的（见图 3-10）：第一层是公务关系的连接，即组织与组织、单位与单位之间的渠道接通；第二层则是私人关系连接，即企业家与资源提供单位的负责人（或资源的主要掌管者）之间的渠道接通。以企业从政府获准免税待遇为例。公务关系连接是企业到政府履行正式审批手续，私人关系连接是企业家同主管审批的税务官员进行私人性的感情、物质交流。这两个层面的资源流通多为反向或循环的。政府给予企业减免税待遇，企业家则给予审批者某种回馈，以后进入第二个循环。第二层关系的运作是第一层关系正常运作的必要条件，第二个渠道内的资源流通成为第一个渠道内资源流通的激励。在这种双层关系运作中，每一层的相对重要性又受到资源状况和信息状况的影响，资源越是稀缺，信息越是不完全，第二层私人关系运作就越是关键。第一层关系运作中获得资源的可能性和资源流通量，与第二层关系的亲密度正相关。不仅在企业与政府之间存在着资源流动的双层渠道，即便在企业这种经济单位之间，高层经理人或企业家们相互的私人关系同样会影响到两个组织之间的资源交易，罗家德（2007）将中国生意人之间的这种现象形象地称为“一手‘喝酒吃饭博感情’，一手又‘审势度行布战略’”。

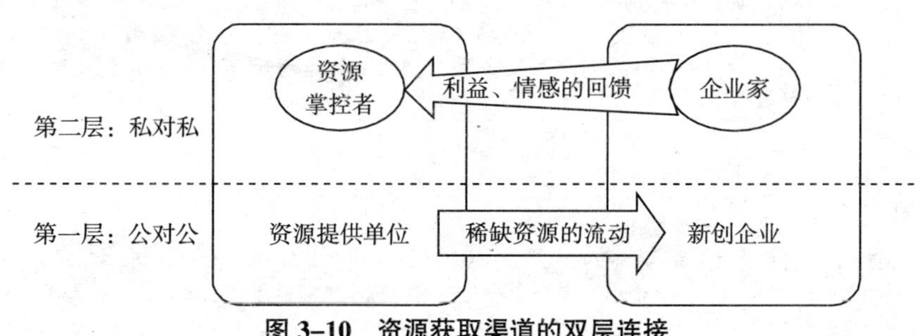

图 3-10　资源获取渠道的双层连接

二、企业家社会资本关系资源维度的识别

西方的社会网络理论尽管为我们提供了分析企业家社会资本的框架和方法，但如果单独运用其作为企业家社会资本的探讨和衡量维度则又忽略了对中国场域社会文化特征的考虑。就中国企业家而言，社会文化传统和经济转型现实这二者交织在一起，决定了其个人的人际社会关系网络在企业外部资源获取中的独特机制和重要性。企业家个体与特定利益相关者（或资源主要掌管者）的私人关系，有可能左右了所需稀缺资源或互补资源向新创企业的流动。正是从我国当前这一文化和制度情境特殊性出发，本书认为，对企业家社会资本维度的划分，不仅应顾及西方创业研究文献中网络视角的研究传统，同时也应考虑到企业家社会资本作为新创企业资源流动渠道所发挥的功效，考虑到企业家与特定社会关系对象交往对企业外部资源获取所具有的意义。正是从这个角度出发，本书认为中国企业家社会资本构成中同时也应当包含关系资源维度的成分，即除“核心讨论网”之外，企业家还与哪些关键的资源拥有者保持着一定程度的私人社会关系。

从利益相关者所提供的资源角度探讨企业（家）社会资本是我国学者的一个研究传统，但学者们所提出的企业（家）社会资本的维度指标却不尽相同（见表3-4）。

表3-4 我国学者对企业（家）社会资本关系资源维度的划分

作 者	对企业家社会资本关系资源维度的划分/衡量
李路路（1995）	用两个指标来表示：企业家本人所选择的、与其来往最密切的一个亲戚和朋友；该亲戚和朋友的职业地位和在国家行政权力系统中的职务地位
边燕杰、丘海雄①（2000）、秦海霞（2005）	划分为三个维度：企业家是否在上级领导机关任过职（纵向联系）；企业家是否在跨行业的其他企业工作过及出任过管理、经营等领导职务（横向联系）；企业家的社会交往和联系是否广泛（社会联系）
周小虎（2002）	企业家社会资本的构成因子首先表现为关系网络的数量和质量，其包括与顾客、供应商、销售商等构成的市场网络（M）；与股东、员工、合作伙伴等构成的内部网络（O）；与政府、银行等组织构成的环境网络（C）；企业家个人的血缘网络、学缘网络、地缘网络组成的个人网络（P）等。其次，企业家开发（E）、维护（V）和利用（U）网络的能力都是其社会资本的重要因子。而企业家的受教育程度、信任预期和价值取向等变量是决定关系网络数量和决定开发、维护和利用网络能力的终极因子

① 严格地说，边燕杰和丘海雄（2000）在研究中探讨的是企业社会资本及其功效的问题，但在研究过程中使用企业法人代表的社会资本作为企业社会资本的替代指标进行了测量。参见边燕杰、丘海雄. 企业的社会资本及其功效［J］. 中国社会科学，2000（2）：87~99.

续表

作　者	对企业家社会资本关系资源维度的划分/衡量
杨鹏鹏等（2005a）	企业家社会资本分为四类，即企业家政府社会资本、企业家技术社会资本、企业家金融社会资本和企业家市场社会资本
宇红（2005）	企业家社会资本按其来源可分为三类：企业家作为家庭（家族）成员所形成的社会资本；企业家在人力资本投资过程中形成的社会资本和企业家作为企业成员形成的社会资本

本书认为，目前学者们对企业（家）社会资本关系资源维度的划分存在着以下三个方面的问题：①部分维度划分方法过于简单或过于烦琐，如李路路（1995）的测量指标仅涉及了企业家与政府行政系统的关系，而未包括企业经营所必需的市场性关系，而周小虎（2002）的划分方法尽管全面，却面临着操作性方面的困难。②将企业家社会资本的来源要素与维度要素混淆起来，如宇红（2005）。这就使得企业家的私人家庭网络与企业经营所动员的网络无法区分，事实上正如 Westlund 和 Bolton（2003）所言，只有在企业家利用新的途径去创建一个新的商业机会并解决社会问题时，我们才能把这种关系网络称为企业家社会资本。③尚没有专门针对创业企业家的社会资本关系资源维度划分。尽管对于成熟企业而言，企业家的社会资本当中应当包含企业内部网络因素，但本书认为，对新创企业而言，企业家通过其外部社会关系网络获取企业生存发展所需的外部关键资源更为重要。

出于以上几个原因，笔者认为有必要通过一定的探索性研究对我国创业企业家社会资本关系资源维度的构成进行识别和确认。因此，笔者通过访谈和小范围问卷调查并结合文献检索归纳的方式，首先对企业家社会资本关系资源维度的构成及通过其社会网络获取了哪些资源进行了初步确认。

（一）访谈方式与访谈目的

访谈作为一种研究方法比较灵活，研究者可以根据被采访对象选择调查提问的方式、语气和用词，因此，相对于其他研究方法，访谈具有比较大的优点（王重鸣，2001）。就本书的研究对象而言，由于企业家社会资本一方面具有一定的潜隐性或难以言明性，另一方面又具有相当的私人敏感性，仅通过文献检索和问卷调查的方式难以取得满意的研究效果。而访谈过程中所形成的友好合作气氛，则可以拉近研究者与被访谈企业家之间的距离，使研究者将研究目的、要求和问题解释得更加清楚，加上当场提出的附加问题，研究者能够获得问卷调查方法所难以得到的实证资料，答案也就更加准确。

访谈可以分为深度访谈、结构化访谈和半结构化访谈等几种类型。考虑到给定的时间和成本范围等因素，本书主要采取现场一对一半结构化访谈的方式。就本书而言，采取此种访谈方式可以达成以下三个目的：①在探索性研究中，半结构化访谈有助于“找到发生了什么，以及寻求新的真知灼见”（桑德斯等，2004），因此，此种访谈方法有助于明确企业家本人对社会资本的理解以及企业家社会资本关系资源维度的构成。②在阐释性研究中，半结构化访谈有利于找出不同变量之间的关系（桑德斯等，2004），即在本书中，此种访谈方法所得到的证据可有助于发展或修正随后的理论模型。③通过与访谈对象的面谈确保后期调查问卷的测量项目使用被调查者所熟知的术语，使受访者感觉他们可用一种精确方式回答这些项目。

（二）访谈对象和访谈过程

2006 年 11~12 月，笔者主要针对济南、泰安、淄博等地 10 家企业的企业家或创业主要参与者进行了访谈。访谈对象当中有部分企业超出了本书对新创企业的限定（成立时间不超过 42 个月），对于这部分企业的企业家，笔者在访谈时请他们根据所提出的问题进行回忆，以企业初创时的情况作答。

本书受访者的基本资料见表 3-5。

表 3-5 访谈对象的基本资料

代号	性别	创业年龄	受教育程度	创业形式	企业主要业务	地区	创业阶段
1	男	28	本　科	合伙	楼宇控制系统	济南	初创
2	男	37	本　科	独立	电子幼教产品开发生产	淄博	发展
3	男	30	初　中	独立	手模及橡胶手套生产	淄博	发展
4	男	42	专　科	独立	医疗设备	淄博	发展
5	男	36	研究生	独立	动漫设计	淄博	发展
6	男	30	本　科	合伙	电子展示系统	济南	初创
7	男	30	研究生	独立	在线心理咨询	济南	初创
8	男	58	本　科	衍生	自动化控制产品	泰安	发展
9	男	34	研究生	独立	自动化控制产品	淄博	发展
10	男	30	专　科	合伙	手机销售	济南	初创

为控制研究情境，确保访谈的品质，访谈都是在独立封闭的空间中进行的。访谈时间一般在 2 小时左右。为提高研究的信度，经受访者同意，采访内容进行了录音（有 4 位受访者拒绝了录音请求，此时笔者对访谈内容进行了笔录）。每次具体访谈都是从引入和解释访谈的目的开始的。首先，要求受访者简单地描述企业经营的总体状况，如企业的主要业务和产品，企业的经营策略、竞争策略等。从受访者最容易回答的这类较公开的问题谈起，容

易打消受访者的疑虑，打开谈话氛围。其次，受访者被要求详细描述他们的学习经历、工作经历以及创业动机等问题，听取他们的创业故事。之所以要询问企业家的创业历史，一是为了更快地切入主题，二是成功的企业家一般都比较乐意与人交流其创业经历，并且通过了解创业过程，将更加有利于了解企业家的个体特征、创业过程中所受到的帮助等信息（贺小刚，2006）。事实上，当问及“从您的经历来看，您感觉对于创业和企业运作来说，什么样的因素很重要时”，大部分的企业家都会自然地提到“社会关系”、“关系网络”或“××的帮助”等关键词。此时笔者会追问这些关系的起源、性质以及发挥了怎样的作用等问题，以便引出企业家对“社会资本”含义及功效等问题的理解。最后，为了确定企业家社会资本关系资源维度的构成，受访者被要求完成一份简单的问卷。

（三）访谈与小范围问卷调查的结果

通过对企业家社会资本或企业家社会关系网络相关研究文献的检索，本书设计了一个含有三组问题的简单问卷，请受访者填答。

（1）依据 Witt（2004）所归纳的企业家网络行为测量方法，第一个问题与企业家在建立、保持和扩大其社会网络时所花费的时间总量有关，即“请对您最近半年（或企业初创的 42 个月中）安排外部活动的时间按下列不同对象进行大致排序（非公司员工和家庭成员，由多到少）：客户方经理人、行业技术专家、金融机构中的人士或其他资金提供者、政府人员、行业协会、供应商经理人、同行企业经理人、管理顾问、无业务往来的其他经理人、其他人员（请注明）”。

（2）受边燕杰（2004）对中国城市居民“拜年网”研究的启发，第二个问题与企业家在中国传统节日的主动联系对象有关，即“每年春节，您都向一些对企业经营而言重要的关系对象拜年、祝福。请您回忆今年（或企业初创的 42 个月时）春节的情况，并按照‘有必要主动打电话或发短信进行祝福’的必要性程度，对下列对象进行大致排序（非公司员工和家庭成员，由非常必要到不必要）：客户方经理人、行业技术专家、金融机构中的人士或其他资金提供者、政府人员、行业协会、供应商经理人、同行企业经理人、管理顾问、无业务往来的其他经理人、其他人员（请注明）”。

（3）刘林平（2006）认为，对社会资本的测量不仅可以从网络的角度展开，也可以从费用的角度来衡量。因此第三个问题与企业家花费在社会关系上的费用有关，即“请对过去 1 年（或企业初创 42 个月中）公司在维持与下列对象关系方面的公关费用开支进行排序（非公司员工和家庭成员，由多到少)：客户方经理人、行业技术专家、金融机构中的人士或其他资金提供者、政府人员、行业协会、供应商经理人、同行企业经理人、管理顾问、无业务往来的其他经理人、其他人员（请注明)”。

在访谈调研结束后，笔者对小范围问卷调查的结果进行了统计。在综合文献检索的基础上，有关以上问题的简单排序如表 3-6 所示。

表 3-6　企业家社会资本关系资源维度调查及文献检索汇总

位次	小范围问卷调查结果			文献检索结果	
	交往时间	拜年的重要性	公关费用	资源名称	作　者
1	客户	客户	客户	客户	Yli-Renko & Autio（2001）
2	政府人员	技术专家	政府人员	政府	边燕杰等（2000）
3	供应商	政府人员	技术专家	原料	戴建中（2001）
4	其他经理人	资金提供者	资金提供者	技术	刘忠明（2004）
5	资金提供者	其他经理人	同行经理人	资金	Peng & Luo（2002）

小规模问卷调查结束后，笔者对调研结果与文献资料不一致的地方进行了电话回访。比如，许多文献都提到了参与行业协会对企业家创业的积极影响作用（如 Ostgaard & Birley，1996；Fortner，2006；王海光、刘盛强，2006），但通过笔者的访谈和电话回访却发现，由于目前我国行业协会组织发展尚不充分，协会成员以大企业居多，作为新创的中小型企业而言，企业家加入行业协会的意识和意愿并不高。正像一位企业家所言：“行业协会其实就像政府的一个机构一样，喜欢大企业加入，大企业有影响力，我们小企业就算加入进去，人家也看不上咱，咱也没那么多时间参加他们那些活动。”再比如，有些文献当中提到了管理顾问对企业家创业活动的影响（Smeltzer，1991；Ucbasaran et al.，2001；Fortner，2006）。我们由此可推断，企业家应当与管理专家具有较好的人际关系。但在小规模问卷调查中，管理顾问的位次却十分靠后。电话回访的结果表明，企业家经营管理知识的获取多数并非通过咨询相关专业人士，而是通过自身过去的管理经验以及与其他企业家或同行的交流探讨得来。

综上所述，通过对小范围问卷调查和文献检索结果的分析以及企业家访谈中所得到的启示，同时结合边燕杰、丘海雄（2000）以及 Peng 和 Luo（2000）对中国企业家（高层经理人）社会关系研究的结论，本书认为，企业家社会资本关系资源维度的构成大体可分为三类，即企业家与其他企业经理人的商业性关系资源、企业家与政府部门人员的制度性关系资源以及企业家的其他关系资源，其分别对应了企业家通过社会资本关系资源维度所获得的市场资源（原料、客户与合作）、政府资源（政府部门的支持、庇护）以

及资金、技术等其他资源。

三、企业家社会资本关系资源维度的构成

（一）商业性关系资源

企业家的商业性关系资源主要是指企业家与企业外部其他经理人之间的关系。依照 Peng 和 Luo（2000）的观点，商业性关系资源涵盖了三个方面的内容：企业家与供应商之间的私人关系、企业家与购买者之间的私人关系以及企业家与竞争企业高管层之间的私人关系。企业家通过价值链与供应商和购买者企业经理人之间建立的关系网络是企业获取市场需求信息和技术信息等资源的主要渠道，也是企业获得外部知识和缓解生产、研发资金紧张局面的途径之一；而企业家与其竞争对手以及其他协作企业经理人建立的关系网络，则有助于企业了解到新技术成果的发展动态和新产品开发方面的信息，获取有关新产品开发和市场推广方面的知识，同时还有助于新创企业与竞争对手、其他企业进行各种形式的合作与联盟，以降低企业的财务负担以及技术和市场风险。

对于我国的新创企业而言，转型经济中的高度不确定性特征可能会更能促进企业家与其他企业经理人社会关系网络的培植。正如资源依附理论中所强调的，环境不确定性的程度越高，企业家与其他企业经理人员进行非正式联系的可能性越大（Pfeffer & Salancik，1978），而对商业环境中不确定性的控制对于企业在多元化经营、在形成稳固的商业关系以及培植这类经济中的社会关系方面的战略发展而言，是主要推动力（尉建文，2006）。Peng 和 Heath（1996）对转轨经济国家的研究曾识别出一种既非市场又非科层的企业成长战略，即企业边界的模糊化过程。在这一过程中，不同企业的经理人之间以及经理人与政府官员之间所培育的人际关系转变为企业间的联系，以便获得更好的企业绩效，并导致了 Boist 和 Child（1996）所说的“网络资本主义”。事实上，企业家与供应商的良好关系可以帮助企业获取优质的原材料、良好的服务和及时的供货；与购买者的良好关系可以激发客户忠诚、大量销售以及进行信用支付；与竞争企业高层经理人的良好私人关系则会提高企业间的合作与含蓄性共谋（implicit collusion）的可能性。而所有这些关系都可以被看做是建立企业间合作的机会或是降低企业间交易成本的润滑剂（Williamson，1985）。

（二）制度性关系资源

企业家的制度性关系资源主要指的是企业家与政府部门人员之间的关系范围和关系质量。在中国经济转型的当前背景下，政府往往既是规则的制定者，又是游戏的参与者。在市场化推进过程中，政府对资源调配权逐步减弱的同时，对经济运行的各种规范或不规范的规制权则正在逐步增强，从而对外部网络产生双重影响。在转型时期，“如何建立一道私人经济与政治权力之间的隔离带和过滤网的工作还未受到重视，政企不分成为家族势力通过企业组织渗透行政机构的通道”（Boist & Child，1996）。政府对企业获取资源的竞争起到干预和约束作用，特别是在中国这样的新兴市场中（Peng & Heath，1996；Hoskisson et al.，2000），因此中国企业中的高层经理人员必须加以培育的一种独特关系类型就是与政府官员之间的关系（Luo & Chen，1997）。体制外成长起来的非国有企业（尤其是民营中小企业）由于缺乏稳定制度程序和完备的私人中介机构的支持，加之本身经济力量的有限，不但要求外部企业网络的支持，而且还试图通过与地方或部门政府官员的私人联系来弥补自身实力及信誉的不足。我国中小企业生产经营外部条件比较欠缺，政府的保护、扶持甚至是庇护一般是新创企业生存、发展以及构建核心能力的不可或缺的外部有利环境。而企业家与政府部门人员之间所建立的紧密私人联系则有可能成为企业获取政府“特殊照顾”的渠道，帮助企业获得政策支持（Aldrich & Fiol，1994；Oliver，1997）、财产保护、行政垄断信息的预知（Chhibber，2005；李宝梁，2001）等现实或潜在的资源，从而为企业提供更为优越的经营环境，并进而影响到新创企业的生存与发展。

（三）其他关系资源

本书将企业家与企业其他利益相关者之间的关系都归于其他社会关系的范畴，而这其中最重要的两个方面，就是企业家通过这些社会关系对企业发展所需资金和技术资源的获取。

就新创企业的外部金融资源而言，先前的研究大都把企业家与金融部门人员的关系划分到企业家与政府行政部门人员的关系当中（边燕杰、丘海雄，2000；Peng & Luo，2000）。但随着我国近年来各商业银行治理结构的完善和风险管理与信贷管理制度的加强，以前那种认为商业银行就是国有银行或政府工具的观念已经大为改观了。

新创企业，尤其是科技型新创企业具有高投入、高风险、高收益的经营特点，对资金的需求量大。而无论企业出于经营发展的需要、市场开拓的需要还是不断进行技术改造、产品革新的需要，都使得新创企业往往面临着比较大的融资缺口。以新创科技型企业的融资现实为例，仲伟俊等人（2005）的调查显示，78.5%的创业资金来自于企业家自筹，37.53%的创业资金来自于银行贷款，来自风险投资的仅占1.82%。虽然考虑到新创企业自身实力和信誉等方面的问题，学者们普遍认为风险投资是新创企业融资的理想来源，但在我国风险投资机制尚未完善的今天，国内企业普遍感到技术创新的资金紧缺，风险抵御即承受能力有限（官建成、史晓敏，2004）。而企业家通过其社会关系网络获取创业所需资金的能力，则可以弥补由于自身实力小、转型时期法律机制、融资工具不健全等因素产生的缺陷，克服阻碍创业融资的信息不对称性，通过各种直接或间接的金融社会网络关系获得所需的金融资源（Ostgaard & Birley，1996）。

就新创企业的外部技术资源而言，企业已越来越把知识看做是自己最有价值的战略性资源和竞争力的来源（Nonaka，1994；Grant & Barden，1995），诚如 Olivier（1997）所指出的，由于知识是一种有价值的无形资源，并且竞争者对其模仿需付出很大的成本，因此，知识创造以及使其商业化的过程就成为发展竞争优势的关键。而企业家的技术性关系资源往往具有极高的知识与技术成分，其所提供的资源具有时代性、科学性和前瞻性，可以给予企业家知识、技术、观念和科学精神。尤其对大量科技型新创企业而言，许多都是由科研机构或其他科技型企业中分离出来的技术人员创办的，其初创阶段的多数产品就是这些技术人员的发明创造或直接从原单位拿到市场上来进行商业化的，由于规模、人员和资金的限制，这些小型新创企业往往缺乏技术创新后劲，企业成长受到限制。在难以进行大量研发资金投入和难以大量引进高技术研发人才的情况下，为了取得竞争优势，企业技术创新的唯一出路就是不断从外部汲取知识。而此时，企业家所建立的与技术相关的组织和个人的关系网络，就成为新创企业获取外部技术、信息和知识的重要通道。这些网络包括大学、科研院所、企业之间的技术创新网络（Freeman，1991）以及作为行业技术专家的朋友、前同事（Cross & Baird，2000）等。而对于企业外部的专业技术人员来说，他们往往具有较强的产品取向和科学取向，但却缺乏管理思想和经营哲学，从而容易导致其技术创新的经济和经营导向较弱，忽视了技术创新产品的市场效率问题。创业企业家敏锐的市场觉察能力和经营组织协调能力恰好能够与这些外部技术资源形成一定的互补，从而也为企业家动员技术性关系资源达成新创企业与外部知识技术来源的互动、整合提供了前提良好的平台。

本章小结

在对企业家社会资本来源以及企业家社会资本对新创企业绩效的影响作用展开讨论之前，首先需要明确“企业家社会资本究竟是什么”的问题，即对企业家社会资本的构成维度进行详细划分，这是进一步明确变量间关系以及对变量进行测量的基础。

本章围绕企业家社会资本构成维度的确定问题，主要探讨了三个方面的内容：

（1）笔者在对企业家社会资本维度构成进行讨论之前，首先对学者们以往对社会资本的维度划分方法进行了回顾，即社会资本研究的“维度结构”观点和“利益相关者价值网络”观点。随后，笔者对这两种传统的社会资本维度划分方法进行了评析，指出二者皆有优点，又同时存在着各自的不足，对企业家社会资本维度的研究应当将这两种观点结合起来。因此，笔者结合林南等学者的意见，提出了本研究的企业家社会资本维度构成——企业家社会资本的结构维度和关系资源维度。

（2）企业家社会资本结构维度的进一步构成。就结构维度而言，主要是从社会网络分析法中的自我中心网角度展开的，其分析建立在两个社会网分析的理论基础之上，即弱连带—强连带模式和闭合—开放网络模式。以这两个理论模式为基础，本章提出了企业家社会资本结构维度的三个衡量指标：网络规模、网络异质性和网络密度。

（3）企业家社会资本关系资源维度的进一步构成。就关系资源维度而言，其提出则建立在另外两个理论的基础上：资源依附理论和中国情境下社会网络的资源配置功能。以这两个理论为指导，在笔者进行了文献检索、半结构化访谈和小范围问卷调查之后，本书识别了企业家社会资本关系资源维度的三个子维度构成，即企业家与其他企业经理人的商业性关系资源、企业家与政府部门人员的制度性关系资源以及企业家的其他关系资源，其分别对应了企业家通过社会资本关系资源维度所获得的市场资源（原料、客户与合作）、政府资源（政府部门的支持、庇护）以及资金、技术等其他资源。

第四章　企业家社会资本来源影响因素分析

Baum（2002）以及 Flap 等人（1998）曾先后对有关社会资本的研究成果进行总结和回顾。他们得出的一个相同观点是，大体上有关社会资本的研究可分为前因（antecedence）研究和后果（consequence）研究两种类型，而其中则以后果变量（outcome variables）的研究居多，即探讨社会资本对个体或群体所带来的利益。同样地，就组织管理领域的社会资本研究而言，Brass（1998）及 Borgatti 和 Foster（2003）也先后指出，从研究通常涉及的前因和后果角度来说，出于对该领域“合法性”（即对企业界显示其研究重要性）的考虑，组织社会学者往往更乐于分析组织社会资本的影响或功效（“果”），而对社会资本如何形成和保持（“因”）的研究相对稀少。

就目前国内外有关企业家社会资本的研究而言，针对其来源的详细讨论仍然十分缺乏，这显然有悖于理论研究的完整性。因此，出于提高理论预测力和解释力的目的，本章将就中国企业家社会资本的来源问题进行详细分析。

第一节　“关系”与社会资本获取

从概念上讲，社会资本在中国是“舶来品”。它最先由西方学者提出，我国学者只是在学习西方理论的过程中才逐渐将其引入。然而，从实践上讲，社会资本的作用和运作形式是有其深厚文化土壤的，是地地道道的中国货，而我国社会中的“关系”（Guanxi）现象则可看做是社会资本的本中国化版本（边燕杰，2004）。事实上，中国人的存在即体现于关系之中，关系是人们参与社会的一种资源和一条便捷途径。因此，在经济或商业活动中使用关系、依赖关系就成为自然与必然，而个体社会资本的来源和使用与中国的“关系”概念之间也就有了天然的联系。

一、“关系”

最早对“关系”进行初步探讨的是社会学家费孝通（1948，1998）。他提出的“差序格局”概念认为，中国人的人际互动是以自己为中心，将与自己有互动的他人依据亲疏远近分为一层层的同心圆，越亲近的他人，与自己越贴近；而自我与不同圈层的他人的交往法则也是不同的。简言之，“差序格局”说明了中国人关系互动的三个特色：以家族主义概念来区分人际亲疏；“特殊主义”的人际差别对待以及具有伸缩弹性的格局界限。后来学者在进行“关系”概念的探讨与研究时，基本上遵循了两大路线：一种是沿承了费孝通的“差序格局”架构，以关系分类与关系互动的原则为研究焦点，强调既定关系与角色义务的重要性和关系网的作用；另外一种则聚焦于改革开放后经济交往中的“走后门”现象和“关系学”（彭泗清、杨中芳，2001；Chung & Hamilton，2001）。后者的研究路线，多是对“关系”的工具性使用和阴暗面（darkside）的探讨。本书从企业家和新创企业生存与发展的角度探讨“关系”问题，并不特别采纳“走后门”研究路线的理论观点，而将“关系”视为“差序格局”下的一种现象，强调其运作的丰富性、目的性，以及“关系”运作对企业家社会资本动员所产生的影响。

（一）“关系”的含义

台湾学者乔健（1982）首先提出“关系”是描述中国社会制度的关键概念，他认为传统中国社会的关系既是 personal network 又是 particularistic tie，其至少有三个特点：以自我为中心；为工具性目的而通过不断交往予以保持；透过他人而结成关系网。这些是无法透过西方的人际关系概念准确表达的，因此应在社会科学研究中引入“关系”（Guanxi）概念以示区别。金耀基（1992）认为，在中国传统文化中，人是一种关系的存在，“关系”这一概念特别具有人伦的含义，即重视人与人之间的差别等，维护社会的稳定和秩序，是理解中国社会结构的关键性的社会文化概念。杨国枢（1993）认为“关系”是中国人社会取向中的亚形态。此外西方学者也从比较文化的角度提出了自己对中国社会中“关系”的理解（见表 4-1）。目前，“关系”（Guanxi）已经成为描述传统中国社会关系的一个专有名词。

（二）“关系”分类

杨中芳、彭泗清（1999）从社会人际的性质角度，把人际关系分为既有关系和交往关系。既有关系是由血缘、亲缘、地缘、业缘等非个人互动因素

表 4-1 西方学者对“关系”的定义

	定 义
关系（relationship）	二者之间的特殊关系（Alston，1989）
特殊连带（particularistic ties）	根据共有属性的特殊连带，如关系基础（Jocobs，1979）
连接（connection）	人与人之间具有的实际连接与频繁接触（Bian，1994）
交换（exchange）	两人之间的互惠交换（Hwang，1988）
资源（resource）	社会投资或社会资本的一种形式（Butterfield，1983）
过程（process）	一种过程，两位关系人之间的人际互动（Fan，2002）
网络（network）	多重路径过程，类似网络的社会联结（Fan，2002）

资料来源：Fan（2002）。

决定的，交往关系是两人之间实际交往的结果。而费孝通、杨国枢、黄光国则将“关系”与伦理身份相结合进行分类。费孝通（1998）用“自家人、外人”的表述，来界定中国社会中人与人之间的“差序格局”；杨国枢（1993）的划分是“家人、熟人、生人”，并分别与责任原则、人情原则、利害原则相对应；黄光国（1988）也将“关系”划分为“家人、熟人、生人”，但其分别与情感性关系（需求法则）、混合性关系（人情法则）和工具性关系（公平法则）相对应。此外，Tsui 和 Farh（1997）在探讨“关系”在华人组织中的重要性时，根据杨国枢（1993）对“关系”的分类，整理出了组织中的人际关系类别——家人、熟人以及具有相似人口背景的生人和没有相似人口背景的生人四类，并说明了对待不同人际关系类型的互动原则、对待方式以及关系基础（如表 4-2 所示）。

表 4-2 华人组织中的关系类型与关系基础、互动原则及对待方式

关系类型	互动原则	对待方式	关系基础
家人	责任与义务	无条件保护和忠诚	近亲
熟人	宽宏与互惠	信任、社会性协助与偏私	远亲，过去及现在的同学、师生、下属、同事等
具有共同特性的生人	具私人情感的利益交换	偏私	同姓或同宗、老乡、其他人口背景属性（如年龄、性别、教育等）
不具有共同特性的生人	不具私人情感的利益交换	谨慎防备	无

资料来源：Tsui & Farth（1997）。

（三）“关系”运作和关系网的建构

华人社会在理解“关系”对社会经济生活的影响时，指的是一种关系网络或者社会网络。而对这种网络的形成以及其中每一关系的运作过程，学者

们也提出了自己的观点。乔健（1982）用“袭、认、拉、钻、套、联”来概括中国人构建“关系”的六种方法。金耀基从“文化—关系”的思路来阐释中国人生活中的“拉关系”现象，认为中国人善于“把关系的建构作为一种文化策略来调动社会资源借以在社会生活中的各个领域达到目的”（1992：81）。朱力（1993）以及秦海霞（2004）将中国人编织关系网的一般步骤划分为四步：第一步，寻找关系？关系出租；第二步，编织关系……情感投资；第三步，巩固关系……资源投资；第四步，发展关系……交换资源。陈敏郎（1995；转引自彭泗清，1999）指出，台湾企业中的关系运作包括三个阶段：中介、关系建立和关系维持。其中关系建立又分为两步：第一步是交际阶段，邀请目标人物一起边吃喝玩乐边谈生意，如果进展顺利，就可以进入第二步，即交情阶段，双方发展友情关系。

二、“关系”与个体社会资本构建基础

近年来，作为一个涵盖力极强的概念，社会网与社会资本理论逐渐被引入到我国的学术领域中，并成为解释我国人际关系的更为有效的基础（翟学伟，2007）。有关中国社会的“关系”研究已经进入到西方社会资本理论框架，并对该理论的普适性和效度提供了大量实证支持。然而，就像边燕杰（1999）所说的，我国学者在结合国外社会资本理论对“关系”进行研究时，应当同时把握好两个方面的问题：

“‘关系’似是中国社会结构的突出现象，应当引起社会学者的注意。在研究中我反对两种偏向：一种是将中国社会中的关系现象特殊化，无视社会网络理论和概念的应用；另一种偏向是将西方的社会网络概念搬到中国来，忽视中国社会中‘关系’的内涵。在弄清关系的内涵和变化规律的前提下，将关系的研究提高到概念化、理论化、模型化的层次是值得提倡的，如果在概念化和理论化过程中，研究者能有意识地与西方社会学中的网络概念相联系，则中国关系研究将对社会学的网络理论做出跨国度的学术贡献。”（边燕杰，1999）

笔者赞成边燕杰的这一观点，即在中国社会背景下研究企业家的社会资本问题，应同时考虑到中国社会文化传统与西方的差异所在，以便给出西方理论在中国企业家实践问题上更为合理的解释。而这种差异的突出表现就是由中西方人际关系观念差异导致的个体社会资本建构基础不同。

（一）中西方人际关系的观念差异

在学者们看来，西方社会通常将人际关系理解为个体与个体之间发生的

各种性质的联系，是 relations，relationship 以及 connection，它的核心是一个独立理性的个体如何与另外一个或多个同样独立理性个体的交往，是独立个体之间发生的联系，它是与西方个体主义文化一脉相承的（杨宜音，1999）。而对中国传统社会的研究几乎都肯定了“关系”是理解中国社会结构和中国人心理和行为的核心概念（金耀基，1992）。中国社会的核心是家庭，大部分社会关系在本质上是血缘关系的延伸和扩展，关系对于人们的社会行为有着压倒性、支配性的影响。中国人习惯于从关系的角度，而非个体的角度感知世界。我们可以从关系基础、关系背景、关系目的、交往原则和关系运作五个方面来看中西方人际关系观念上的差异（见表 4-3）。

表 4-3　中西方人际关系观念差异

比较维度	西方人际关系	中国人际关系
关系基础	“团体格局”； 人际关系仅是个体间的对偶互动，不强调双方特殊的关系基础	“差序格局”； 更重视缘分与机缘基础
关系背景	关系人背景和地位的相似性是人际关系或网络建立的重要基础，互动机会是相同的	关系双方的地位通常是不对等的，互动是差别对待的
关系目的	情感性目的和工具性目的有明确的分野	除情感性和工具性目的外，还存在混合性目的；工具性目的关系的发展方式是含蓄的
交往原则	普遍主义的；理性的	特殊主义的；情理兼备原则和理性原则的采用视双方的关系状态而定
关系运作	并不特别强调中间人的作用	强调中间人在关系拓展中的作用

（1）关系基础。从中国人社会关系的本质来说，特别重视关系基础与既存的关系。关系基础是“共有属性的特殊连带”（Jacobs，1979），其共享的认同在中国社会中不仅反映出关系的形式，更反映出关系的强度（Tsui & Farth，1997；Tang，1998）。自费孝通提出“差序格局”以来，学者们大都强调中国人际关系的强度是从家人、熟人到生人，循序而降。而中国文化中的缘分与机缘，如亲缘、地缘、业缘等，则成为中国人构筑人际关系及其网络的主要基础（杨国枢，1988）。相对来说，西方社会中人与人之间的关系建立并不强调关系基础的作用，在“团体格局”下，甚至包括家人关系在内，人际关系只是个体之间的一种对偶互动，血缘、地缘等因素并未被特别突出，或比其他关系更有优势（Larson & Starr，1993；Ibarra，1992；Burt，1992）。例如，Granovetter（1973）仅仅是根据互动关系的频率、情感密切程度、熟识程度和互惠服务来划分西方人际关系的强度，而未提及关系基础。

（2）关系背景。相对于中国人对血缘及缘分关系的强调，从西方的文献可以发现，关系人背景和地位的相似性是其人际关系或网络建立的重要基础，而且这种相似性可强化彼此间的情绪认同。换句话说，背景与地位的同质性，使双方较容易进行沟通并预测对方的行为，拥有相似性认同，进而促进彼此的信任与互惠（Kanter，1977）。但此种同质性在中国人的“关系”研究中很少被提及，而关系双方的地位也可以是不对等的，在予以回报的前提下，地位较低或资源较少的人也可向地位较高或资源较多的一方要求协助。此外，西方社会中，每一行动者与相似他人之间进行互动的机会是相等的，但根据关系基础所构建的中国式人际关系中，行动者的互动则是在特殊主义原则下有差别地对待的。

（3）关系目的。西方人际关系中的两大目的——情感性和工具性——具有明确的分野。其中情感性目的反映了人与人之间交往互动所产生的相互认同、赞许、信任等个体情感性需求；而工具性目的则主要是为了获得某人所希冀的某些物质目标，其直接以公平法则为基础，根据客观标准与他人在交往中进行对等交换。而中国人际交往中的目的性则要复杂得多，除了包括情感性和工具性目的之外，还包括着混合情感性与工具性的灰色地带（黄光国，1988）（如图 4-1 所示）。即交往双方彼此认识并且有一定程度的情感，但其情感关系又没深厚到可随意表现出真诚行为的程度，而情感保持的原因则在于将这种关系加以工具性利用，并通过对方结识到关系网络中其他值得结识的人。即便是工具性目的，中国人在发展关系时的策略也是含蓄的，常常利用非工具性关系来建立和开发工具性关系。由于人与人之间的和谐关系本身就是中国人生活的目的，因此，中国人在理念上不喜欢工具性关系，也不喜欢直截了当地谈利益。这也是中国人为什么更愿意在饭桌上谈生意的原因。在一起吃饭是联络感情，不涉及利益；感情好了，生意就谈好了；即便生意没成功，感情上的投资也可转而为下一次工具性关系的建立服务。

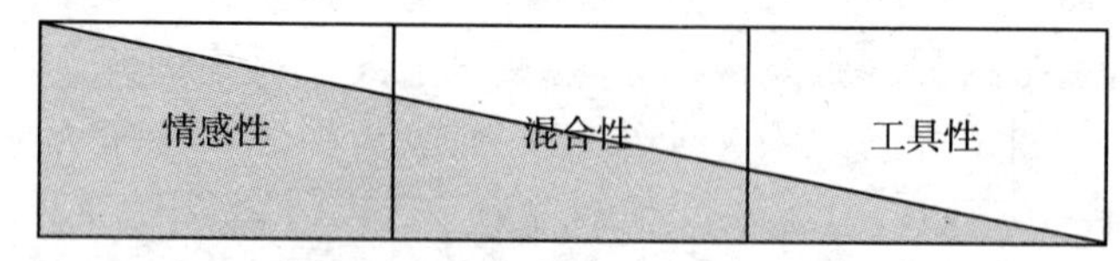

图 4-1 中国人关系的三种目的

资料来源：黄光国（1988）。

（4）交往原则。西方人的人际关系具有普遍主义色彩，是独立个体在交往中形成的联系，不是“内外有别”的。因此，西方人的交往遵循理性的互利互惠原则，务求达到双赢，既可以自由选择交往对象，也可以在必要时中止与对方的交往。中国人的人际关系则具有特殊主义色彩，其表现为强调“内外有别”，是否被关系圈子里的人视为“自己人”，是能否被这个圈子接

纳的前提。对于“自己人”，以情理兼备为原则，以情感连带为主，人们表现出较高的信任度，将大部分注意力放在依恋、和谐与长期关系上，相互给予方便和优惠，往往可不计成本；而对于“外人”，则以理性为原则，以工具性连带为主，人们有较强的防范心理。

（5）关系运作。关系运作是关系网络拓展的方式。一般来说，中国人需要扩展关系时主要采取两种方式：一是透过既有的关系基础；二是以“拉关系”的方式，透过双方共同认识的第三人，来建立自己与目标对象的关系基础。因此，中国人际交往中，介于关系双方之间的中间人很重要，尤其在冲突协商情境下和以局外人身份打入某个关系圈子时。相对而言，西方社会也讲究以滚雪球的方式扩展人际关系网络，但其对中间人作用的要求并不像中国这样突出，中间人的角色只是作为跨越网络边界的一个路口，并不需要与联系双方有很强的关系或要求其付出特别的心力（Burt，1992；Ibarra，1992）。Mintzberg（1973）对经理人角色的研究发现，组织中的经理人常通过突然拜访（cold calls）、加入更多的俱乐部、参与更多的社会集会来扩展其私人关系网络。因此，就关系运作而言，中间人对于中国人际关系的运作更为重要。

（二）中西方个体社会资本的不同构建基础

在社会资本研究中，学者们一般认同个体社会资本来自于行动者个人的社会网络关系，这些关系的产生方式和结合规则是个体社会资本构建的基础。本书认为，由于中西方人际关系观念上的差异将导致个体社会交往过程中关系对象选择和关系运作过程的不同，从而使得个体社会资本呈现出不同的构建基础。具体来说，西方个体社会资本构建在普遍主义的“相似—吸引范式”（similarity-attraction paradigm）的基础上，而我国个体社会资本则建构在特殊主义的“关系基础”（Guanxi base）的基础上。

1. 西方个体社会资本的构建基础

从西方人际交往的整个网络来看，每一个网上的结点（node）都是责任和权利平等的个体，亦即西方人际关系的含义是独立个体与独立个体之间形成的心理距离（杨宜音，1998），个体之间的交往没有“内外之别”，都遵从普遍主义准则——行动者在与其他任何人互动过程中普遍遵循同样的行动规则。从关系发生角度看，西方人个体之间关系的建立，是通过交往选择那些在态度或价值观、性格或其他个人特性方面与自己相同或相近的人。因此，关键的问题在于人际之间的表露、沟通和对对方行为的直觉判断和归因等解释，行为的结果主要是人们之间的相互吸引。因此，“相似—吸引范式”成为西方个体社会资本的构建基础。

"相似—吸引范式"（Newcomb，1956；Byrne，1971；Berscheid & Walster，1978；Pfeffer，1983）的基本观点是，个体间若在态度与个人特征上具有相似性，将易于相互吸引。具有相似背景的两个人可以分享共同的生活体验及价值观，相处时较为轻松自在，易于沟通，若可自由选择的话，人们会倾向选择跟自己相似的人一起互动（Burt & Reagans，1997）。在"相似—吸引范式"下，西方学者认为，一定社会情境中，两个人互动过程中的个体属性、个体对互动关系的期望以及个体对互动情境的评估及反应将影响到其对互动对象的知觉和态度，进一步影响到双方的互动行为，以及二者之间建立不同的关系类型和关系质量。而双方关系的内涵则会影响到后续的互动行为以及个人工作绩效、职业生涯和社会资本（如图 4-2 所示）。以 Larson 和 Starr（1993）提出的社会网络建立三阶段模型为例，西方企业家商业网络的建立，是从非正式友谊、家庭等其他非正式社会关系连带开始；接着因为相互的商业利益，使得社会关系与商业关系重叠，双方出现互惠、投资及相互依赖的关系；最后才导致社会关系与正式商业关系混合在一起。该模型表明，在西方社会中，情绪依附和友谊是建立经济关系的前提条件，这与 Turner（1987）所说的"社会网络关系建立在背景变量相似性基础上"的观点是一致的。根据上述讨论，西方个体社会关系网络的建立，先是从相似性导致的相互吸引开始，然后才导致互动关系的建立，并最终促进彼此间的经济利益（Ibarra，1992）。

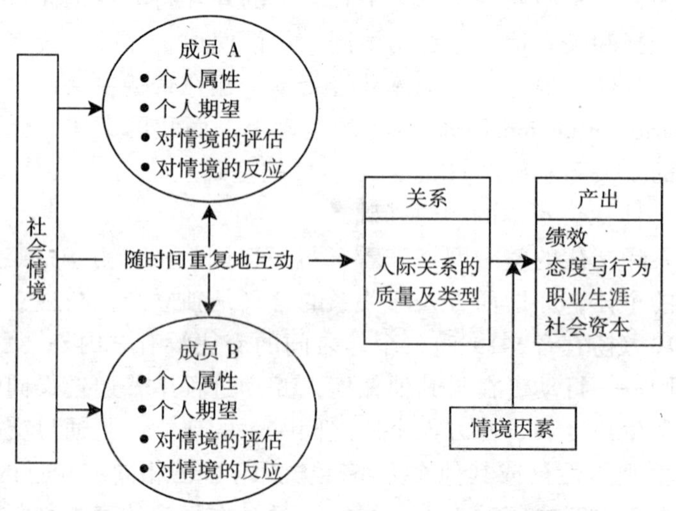

图 4-2 "相似—吸引范式"、互动与社会资本

资料来源：Uhl-Bien, Graen & Scandura（2000）。

2. 我国个体社会资本的构建基础

在中国人的个体社会交往中，每一个人的网络都是自己编织的，个人根据伦理原则来排列那些被自己接纳的人，使他们与自己处于各自不同的相对位置上。同时，网络的扩大不仅依靠自己与他人的交往，而且通常是以自己被接纳为“自己人”的资源，透过对方来扩大自己。在社会交往和关系网络扩大的过程中，特殊主义准则始终发挥着作用。这种准则在中国社会文化中的突出表现就是血缘身份及其衍生身份（如业缘和地缘），或曰关系基础（Jacobs，1979），以及以关系基础标示的人际交往“差序格局”。在中国人的人际关系中，不同的关系基础有着不同的功能，代表着不同水平的关系，意味着进一步发展关系所需要的不同成本付出，也代表着不同的交往原则，其导致的“差序格局”如图 4-3 所示。因此，在中国人的人际关系运作过程中，寻找或建立关系基础是第一位的，而关系基础也成为中国个体社会资本的构建基础。

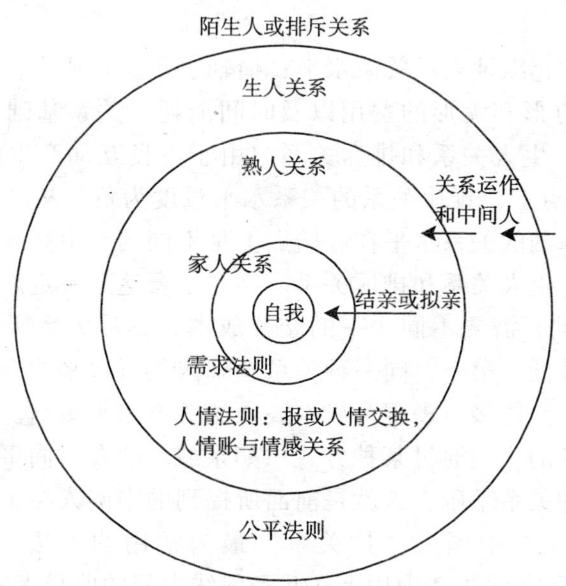

图 4-3 “差序格局”下的人际交往

资料来源：根据罗家德、叶助勇（2007）整理而成。

庄贵军和席酉民（2003）曾提出一个显示关系基础、关系水平和交往成本的模型（如图 4-4 所示），我们可以从这个模型来看关系基础对中国人社会关系建立，从而对个体社会资本构建的影响。

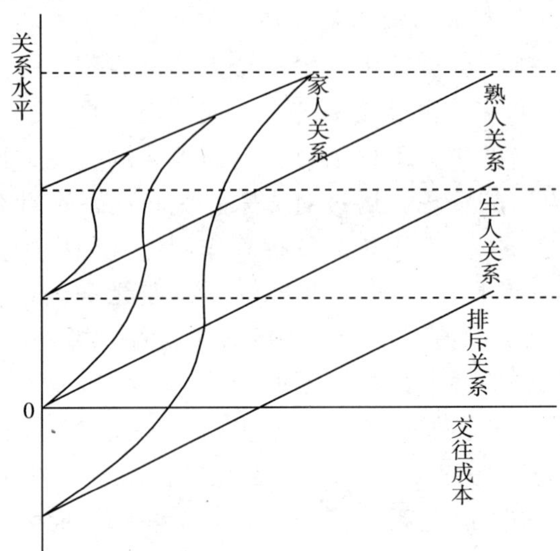

图 4-4　关系基础、关系水平与交往成本的相关关系

资料来源：庄贵军、席酉民（2003）。

在图 4-4 中，纵轴表示关系水平；横轴表示交往成本，包括人际交往中所花费的各种有形和无形的费用以及时间消耗。关系基础主要包括家人关系、熟人关系、生人关系和排斥关系（由于不良互动产生的人际间相互怨恨）。在给定时点上，排斥关系的关系水平量度为负。从图中可以看出：第一，不同关系基础的关系水平在起始点上是不同的，由高到低依次是家人关系、熟人关系、生人关系和排斥关系。第二，要达到一定的关系水平，基于不同的关系基础，需要不同水平的交往成本，排斥关系所需花费的成本最高，家人关系最低。第三，同一种关系基础内关系水平的高低也不同，当其他条件相同时，交往多（表现为成本高）的关系水平更高。第四，关系水平的提高是有捷径的，即通过某种方式（如亲戚、朋友、同事、上司引荐）跃上一个高水平的关系基础，这就是前面所提到的中间人在中国人际关系运作中的重要性，也是中国人"拉关系"最为常用的方法（Su & Littlefield，2001）。这个过程在图 4-4 中用夹在几条斜线中间的曲线来表示。

通过图 4-4 我们所能得到的启示是：首先，中国人际关系的形成及其运作是以关系基础为基础的。一方面，初始的关系基础认定决定了不同二人关系的水平及进一步深化关系所需付出的成本；另一方面，通过"拉关系"的方式，关系基础可以降低关系水平跃升所需付出的成本。其次，与 Granovetter（1973）对西方人连带强度的研究不同，中国人际关系的水平并非简单地取决于互动频率、情感强度、亲密程度和互惠交换等几项要素，而

是取决于相互间对关系基础的“认定”（校友、同乡、同宗等）。举例来说，两个多年未曾谋面的“老同学”依 Granovetter 的划分当属弱连带，但因其关系中所具有的学缘基础，即便多年未曾接触，但一旦再次发生联系，互惠与帮助行为仍可能产生。正是从这个意义上说，本书认为对中国个体社会资本的研究，就其微观个人社会联系层面而言，不能简单地依照连带强弱来对社会关系进行划分。① 最后，关系基础构成了中国个体社会资本的建构基础，因此对中国企业家社会资本来源的探讨便需要从企业家人际社会关系中的关系基础出发，考虑其影响作用。而即便是西方理论中所提到的普遍互惠准则、信任、义务和规范等社会资本生成因素（Portes，1998；Putnam，1993；Uzzi，1997），在中国社会中也会受到关系基础的影响，并常蕴涵于具有一定关系基础的人际社会关系当中。

第二节 作为个体社会资本获取途径的两种社会关系

西方有关个体社会资本来源的讨论中，或者认为行动者嵌入在先验性的社会网络中，网络的结构形态和内部共享的信任、规范等构成了其社会资本的来源（Putnam，1993；Uzzi，1997；Portes，1998；Adler & Kwon，2002）；或者以“相似—吸引范式”为基础，将对偶互动作为社会资本产生的条件（如林南的“同质原则”，Lin，2001）。但本书认为，对中国个体社会资本来源的探讨，应考虑中国式人际关系对人际交往方式和内容的影响，考虑中西方个体社会资本的不同构建基础。因此，本书认为应从社会关系建构的角度出发来分析中国个体社会资本的获取途径。

事实上，在中国社会里，一定时点上某个体的社会资本或社会网络关系，是先赋因素与后天因素共同积淀的产物。一个人所拥有的社会网络的多寡、强弱，从而社会资本的丰富程度，既受到先天关系基础的制约，同时也是其关系运作努力的结果。从这个角度讲，我们可以将中国人个体社会资本的获取途径分为两种类型——先赋性关系和获致性关系（杨宜音，1995），而这两种途径无论从时间上还是从获取的意向性上都存在着本质性的区别。

① 也正是从这个意义上，本书对“tie”的翻译并未使用“关系”一词，而是参照台湾地区学者的译法，使用了“连带”一词。

一、先赋性关系（ascribed relationship）

先赋性关系是先于个体选择而存在的，是与生俱来或者非常不易变动的，家人、亲属等大多属于这种关系。此外，对个体来说，很多地缘关系、业缘关系也具有既存、先定成分，因此也常被划入先赋性关系范畴，比如同学可以是交往关系，但对方也往往是先于个体选择而存在的（杨宜音，1998）。在中国社会中，先赋性关系往往提供了获致性关系交往所需的基础，因此其体现出 Jacbos（1979）所谓的"关系基础"（Guanxi base）的含义。其实从严格意义上讲，先赋性关系也受到"既有"和"自致"两个因素的影响，只不过在这里"自致性"的程度没有一般意义上那么强烈，或者说即使是"自致"的，也是一种无意识的"自致"。

林其锬（1990）曾将传统中国社会中的先赋性关系称为"缘"，并首先提出用"五缘"概念来概括先赋性关系的种类，即亲缘、地缘、神缘、业缘和物缘。亲缘是宗族亲戚，包括血亲和姻亲；地缘是邻里乡党；神缘是以共同的宗教信仰和共奉之神祇为标识进行结合的人群；业缘则是同业和同学而结合的人群；最后，物缘是以物为媒介而发生关系并集合起来的人群。林其锬的这种分类主要针对的是传统中国社会或者说"乡土中国"而言的，就本书所研究的企业家社会资本来说，其获取途径中的先赋性影响因素则主要表现为三种类型：亲缘、学缘和业缘关系。[①]

（1）亲缘关系。亲缘关系主要指的是家庭及其扩展开的关系网络。亲缘关系之所以会成为一种重要的社会资本来源影响因素，主要是由中国社会文化的内在结构所决定的，亦即"人情"在中国社会人际交往中的普遍性。在中国社会中，"人情根本就是一种得到文化价值所支持的社会规范。说得清楚点，人情像是一种社会'舆论'，使一个人对'自家人'都要予以照顾，对于越是亲密或关系越特殊的'自家人'，则越有帮助的义务"（金耀基，1992）。由此可以看出，中国人所看重的"关系"并不是所有关系，而是偏重其中"特殊主义"倾向的社会关系。"这个关系最有代表性的则是亲属关

① 在有关中国企业家社会关系的研究中，也有学者提出了地缘关系对私营业主创业和发展的作用，尤其是在对少数民族迁移型创业者（张继焦，2005）和"城中村"（刘林平，2005）的相关研究中。但通过访谈笔者发现，就本书所研究的新创企业而言，企业家很少提及地缘关系对其创业活动的影响作用。究其原因可能有两点：第一，就研究样本中的部分科技型企业家来说，其通常知识水平较高，且由于求学等原因已离开家乡多年，加之高知识水平带来的高社会交往层次等因素，其乡土观念已不似一般企业创业者那样强烈；第二，就研究样本中部分城市当地创业者和乡镇企业家来说，其地缘关系网络往往与亲缘、业缘和血缘关系混合在一起，并未表现出特别突出的作用。鉴于以上两点原因，本书在研究中将地缘关系从企业家社会资本来源影响因素中剔除。

系。人在亲属关系中，就有互通有无、互济缓急的‘义务’……在这样的社会系统中，人情成为维系人际关系的支柱，而纯粹的经济交换关系则不易有，甚至无法存在”（金耀基，1992）。每个生活在中国社会中的人都会感到家庭及其扩展开的关系网络对个体行动所产生的影响，即一方面，亲缘关系网络为个体行动提供了成本最低的社会资本存量；另一方面，该网络也是个体寻求外部新人际关系支持的重要基础。

（2）学缘关系。师生之情，同学之缘，被称为学缘。有的学者将学缘与业缘合在一起，认为学缘其实是业缘的一种。从表面上看，同学似是同业的延伸，但实际上由同学之情产生的学缘，不同于其他的缘分或机缘关系。学友或同学可以是不同血缘、不同地缘、不同业缘的一群人，“只要他们曾经在一起学习过，他们就可以超越国家、信仰、血统、专业，寻找到共同语言”（徐晓望，2000）。在传统中国社会，“同门”或“同年”意味着某种天然的特殊主义人际连带基础，从而容易产生更为紧密的人际关系。对于现代社会来说，师生、同学甚或是校友关系仍然具有人际关系纽带的作用。形形色色的校友会不仅是联络同学之情的松散组织，而且是寻求个人发展支点的来源之一。因为在中国的文化传统中，师生被视同父子，而同学则被看成同门之中的兄弟。由此，学缘关系就具有了行为规范的作用，当某位旧日同学需要帮助时，其他人都有责任予以援助；而对同学视而无睹则被看成是不道德的行为之一。

（3）业缘关系。同业者因为工作内容相同的缘故而聚合起来，被称为业缘关系。传统上的业缘关系通常是指行会或商会。就本书对企业家社会资本来源的分析而言，业缘关系则主要是指企业家在先前工作经历中所发展出来的与前同事和各行业从业者之间的人际关系，例如与行业专家的关系、与行业主管部门行政官员的关系、与管理专家的关系等。从社会结构与社会行动之间的关系来看，这些业缘关系应当说已经具有了很大的“自致性”，因为其中既有获得目标时所面临的结构性阻力，也有行动者通过自身努力冲破结构性压迫的能动性。但从企业家创业的实践过程出发来考虑这些关系的获取因素，它们仍然可以被视为一种先赋性社会关系。其主要原因在于，这些关系多数有可能发生在企业家创业构想或行动实施之前，是企业家在先前的经历中因工作关系而无意识构建的，关系的产生更多的是出于情感、工作性质或者任务的需要。换句话说，这些业缘关系多数是“先赋予”创业意图发生的时点的。

二、获致性关系（achieved relationship）

获致性关系是指企业家通过后天的努力，有意识地去营造、构建的人际社会关系。由于关系的建立是后成的，因此，个体的意愿、价值取向、需求、努力等因素起着决定性作用。个体可以有选择地与他人建立人际交往，有选择地投入情感，有选择地与他人保持行为等方面的一致性（陆学艺，1991）。因此，获致性关系的本质是可选择性和契约性。也正是从这个意义上，杨宜音（1995）认为获致性关系是西方人际关系的典型表现形式。

但在中国情境下，作为个体社会资本获取途径的获致性关系，却与西方保持着微妙的不同。在中国社会，人们所看重的是社会关系中的“差序格局”，并常常用不同的标准来对待和自己关系不同的人，即每个人其实每天都生活在“自己人—外人”的运作系统中而不自觉（秦海霞，2005）。但“自己人”与“外人”的界限并不是一成不变的，亲缘上的亲属并不一定总是最重要的决定因素。“关系”是可以构建的，是后天可以“获致”的，正因如此才使得“关系”大有搞头（陈俊杰，1998）。获致性关系建构过程的实质就是从“外人”交往成为熟人、朋友以至于“自己人”的过程。

大致而言，获致性关系的获取主要有三种方式：①关系认同。这里的认同也就是对“关系基础”的寻找和认同。“中国人对关系距离看得很重，亲、疏或远、近是认知的基本原则”（文崇一，1989），而这些亲疏远近的交往原则实际上内在地蕴涵了一种认同规则，亦即中国人的人际交往一般不是遵循普遍主义原则，想和谁交往就能和谁交往的。但如果双方找到了一种共同认同的东西，则他们之间很快就能达成一种共识，双方的关系也很容易建立起来。②拉关系。黄光国（1988）运用“角色套系”的概念来讨论拉关系的过程，即“个人如果期望资源支配者依照‘人情法则’将其掌握的资源做有利于自己的分配，他必须运用各种方法将对方套系在和自己有关的角色关系中，以混合型的关系和对方保持往来”。其可以分为两步：第一步是与本来没有关系的人建立关系；第二步和关系疏远的人加强关系。双方建立关系后，如一方知道另一方掌握着某种资源的支配权，具有交往的价值，则其可进一步用拜访、送礼、请客等方式来加强彼此间的情感关系，这样彼此之间的关系就算“拉”上了。③关系扩展。这是一个在现有关系网络的基础上，对关系认同和拉关系两种方式不断复制的过程，目的是不断扩大自己的关系网络，并将其渗透到不同的工具性目的领域。由于社会行动者获取社会资本变得越来越快，其关系网呈一种加速扩张的趋势，行动者经过这个过程后就真正成了丰富社会资源的拥有者（周建国，2005）。

需要特别指出的是，就本书所涉及的议题而言，笔者无意对企业家获致性关系的具体获取过程作专门讨论，毕竟本书所属的学科性质并不关注企业家获致性关系取得的动态社会过程。另外，获致性关系的构建属于行动者对偶层面的互动，其也不符合本书对企业家社会资本中观层面进行分析的界定。这里笔者之所以要列示获致性关系获取的三种方式，目的在于表明企业家获致性社会关系作为个体社会资本获取的一个重要渠道，是企业家主观努力和个体社会交往技能共同作用的结果。在一定意义上讲，中国社会中的“关系运作”行为是很具“艺术性”的人际交往手段，在不同情境下，出于不同的目的、面对不同交往对象，“关系运作”的策略多种多样。但有一点是相同的，即企业家在构建此种类型的关系时，都要付出其主观能动性努力，而具体采取了何种手段和方式，本书在此是存而不论的。

第三节　社会资本来源影响因素模型及假设

通过前面的论述可以看出，西方有关社会资本来源的理论解释并不适用于中国的实践，因此，本书主张应从个体社会关系的角度探求企业家社会资本的来源。但同时笔者的分析也指出，由于中西方人际关系观念上的差异，造成了中西方不同的个体社会资本构建基础，对中国企业家社会资本来源的探讨应从其先赋性社会关系和获致性社会关系两个角度来考察，前者体现了“关系基础”对企业家社会关系网络构建的重要性，而后者则是企业家个体能动性发挥的结果。本节即从先赋和获致两种关系入手，通过构建一个企业家社会资本获取的影响因素模型来看哪些因素能够影响到中国企业家的社会资本存量积累。

一、企业家社会资本来源影响因素模型

前面已经指出，由于关系基础、背景、目的、原则和运作等方面的差异，中西方个体社会资本的构建基础是不同的。中国社会中的个体社会资本既受到“关系基础”对交往行为的影响，同时又是行为者后天“关系运作”的产物。因此，对于中国企业家的社会资本来源而言，也应同时考虑两个方面的因素——先赋性社会关系和获致性社会关系，亦即中国企业家的社会资本获取模型可以简单地表示为：

SCO = f（ac，ah）

其中 SCO 为企业家的社会资本来源（social capital origin），ac 表示先赋性关系（ascribed relationship），ah 表示获致性关系（achieved relationship）。

该式虽然简单明了，能从根本上反映中国企业家创业过程中构建社会关系网络的基本方式，但如果进一步对 ac 和 ah 进行细分，并完成研究中的操作性量化测量就会遇到一定程度的困难。这种困难主要体现在两个方面：第一，本书对企业家社会资本的界定和探讨是以企业家“自我中心网”（ego-centric network）为基础的。而无论是先赋性关系还是获致性关系，其分析的基点都是企业家与社会交往对象之间的对偶关系形成过程。一方面，笔者无法要求企业家列出网络中所有被工具性动员的社会关系；另一方面，对于所列出的关系，笔者也无法依照个体社会资本的两类获取途径逐一对其来源进行分析。第二，就获致性社会关系而言，其代表着企业家在创业实践过程中通过个人努力所后致的社会关系网络，或者说是企业家“关系运作”的结果。尽管在前面的分析中，笔者将获致性关系的获取分为关系认同、拉关系和关系拓展三种方式，但一方面这三种形式仅是企业家获致性关系的代表形式，现实中企业家的“关系运作”方式千差万别，而运作机制也复杂得多；另一方面，就本书随后将要进行的量化分析而言，笔者很难将中国极具“艺术性”的“关系运作”过程进行完整而全面的操作性测量。

因此，基于以上两个原因，同时也出于研究的便利性考虑，本书在探讨中国企业家社会资本的来源影响因素时，以先赋性关系和获致性关系这两种个体社会资本获取途径为基本出发点，对其进行了操作性的转化，从几个代理变量（surrogate）入手来完成对这些影响因素的界定和测量（见表 4-4）。

表 4-4 关系种类和企业家社会资本来源影响因素的对应关系

关系种类		企业家社会资本来源影响因素
先赋性关系	亲缘关系	对企业家帮助最大的亲属的社会地位情况
	学缘关系	企业家的学历水平（显性人力资本）
	业缘关系	企业家创业前的管理职阶（隐性人力资本）
		企业家创业前的相关行业从业经验（隐性人力资本）
获致性关系		企业家社会胜任力
		企业家网络构建努力

（一）先赋性关系与相应的社会资本来源影响因素

（1）亲缘关系。在中国的传统文化中，“家”是一个泛化概念，其外延超越了标准意义上的家庭，而谁能够成为目标主体的“自家人”，又由于“差序格局”的存在而极富弹性。因此，对企业家亲缘关系的衡量很难做到

面面俱到。本书则借鉴我国学者在研究企业家社会关系中的传统做法（李路路，1997；戴建中，2001），将“对企业家创业活动帮助最大的亲属的情况”作为企业家社会资本来源影响因素之一。在本书中，该亲属不仅本人构成了企业家的一种社会资本；而且，企业家可以通过该亲属的引荐作用，接触到其他需要构建和动员的社会网络资源或社会资本。因此，通过了解对企业家帮助最大的亲属的情况，可以大致反映出亲缘关系在企业家社会资本获得中的作用。

（2）学缘和业缘关系。对于这两种关系，本书使用企业家的人力资本变量来作为其代理指标。按照舒尔茨（1990）的定义，人力资本是指“以较大的技艺、知识等形式体现于一个人身上而不是体现于一台机器身上的资本”。其可以分为两类：显性人力资本和隐性人力资本（Burshi et al.，2001；郭玉林，2002；Zhang et al.，2003）。前者是指构成人力资本价值的外在的、通过一般方法可以观察其价值构成或价值可以得到确定的部分；后者则指存在于个体头脑中的知识、工作诀窍、经验、创造力等。在 Becker（1993）看来，教育和技能培训是人力资本最重要的两种投资形式，因此一般而言，国外学者用受教育水平来衡量企业家的显性人力资本，而用工作经验衡量企业家的隐性人力资本。在本书中，笔者同样以受教育水平来衡量企业家的显性人力资本，并以其作为测度企业家学缘关系的代理指标，理由是企业家受教育时间越长，接触到的学缘关系网络越广泛，同时该网络成员的社会地位越高。因此，企业家的学历水平应当成为其社会资本来源的影响因素之一。此外，本书以企业家创业前的管理职阶和行业从业经验代表企业家的隐性人力资本（Davidsson & Honig，2003），并以其作为测度企业家业缘关系的代理指标，理由是企业家创业前的管理职阶越高，管理经验越丰富，则可能拥有越大的业缘关系网络，结识到更多对其后来创业有重要影响作用的外部资源掌控者；同样的道理，企业家的行业从业经验越丰富，则可能与更多的同事或同行建立起个人联系，从而拥有更为丰富的业缘网络。因此，企业家创业前的管理职阶和相关行业从业经验也构成了其社会资本来源的两个影响因素。

（二）获致性关系与相应的社会资本来源影响因素

获致性关系主要是企业家通过“关系运作”方式所获得的后致性的社会关系网络。由于很难全面反映获致性关系的获取过程和机制，而获致性关系从根本上讲是反映了企业家在社会网络建立和保持方面所付出的努力，因此，本书选择两项因素作为企业家获致性社会关系的代理指标：企业家的社会胜任力和网络构建努力。前者来源于 Baron 和 Markman（2000，2003）有关企业家社会技能（social skill）、社会胜任力（social competence）的研究思想，从心理学角度考察企业家本人社会关系能力对其建构新人际关系的影响，代表着企业家合理进行“关系运作”的潜力。后者则借鉴了西方学者有关企业家“网络行为”（networking）的研究（Witt，2004），考察企业家花费于各种社会关系联络的时间，或者说考察企业家用于建立、维护或拓展其个人网络方面的投资，其代表着企业家在“关系运作”方面所付出的努力。因此，本书对企业家获致性社会关系测量从“关系运作”行为发生的潜力和真实努力两个方面加以探讨，采用的是一种间接考察方式。而企业家的社会胜任力和网络构建努力作为影响企业家社会资本获取的两个因素，它们之间应当是一种不完全的互补关系。

由以上分析，本书认为中国企业家的社会资本获取主要有两条途径：先赋性关系和获致性关系。其中，先赋性关系包含了四个方面的社会资本获取影响因素：对企业家帮助最大的亲属的情况，其对应于企业家的亲缘关系；企业家的学历水平，其对应于企业家的学缘关系；企业家创业前的管理职阶和相关行业从业经验，其对应于企业家的业缘关系。而获致性关系则用两个社会资本获取影响因素表示：企业家的社会胜任力和企业家的网络构建努力。

本书提出的中国企业家社会资本获取影响因素模型可用如下函数表示：

$$SCO = f(ac, ah) = f[g(k, e, m, i), h(s, n)]$$

其中，g（k，e，m，i）表示先赋性关系中包含的社会资本获取影响因素；h（s，n）表示获致性关系中包含的社会资本获取影响因素；k 表示对企业家帮助最大的亲属（kinfolks）；e 表示企业家受教育的水平（education）；m 表示企业家创业前的管理职阶（managerial experiment）；i 表示企业家创业前的行业从业经验（industrial experiment）；s 表示企业家社会胜任力（social competence）；n 表示企业家网络构建努力（networking endeavor）。

二、先赋性关系的影响

在第二章中，笔者将企业家社会资本划分为两大方面：结构维度和关系资源维度，前者包括企业家社会网络的规模、异质性和密度三个指标；后者则包括企业家的商业性关系资源、制度性关系资源和其他关系资源。就本部分而言，我们先来看企业家先赋性关系中所包含的四类社会资本获取影响因素对以上社会资本的获得有何种作用。

（一）亲缘关系的影响

亲缘关系是基于血亲或姻亲而产生的关系，这种关系不同于一般的社会关系，具有长期性和稳定性，因此，亲缘关系构成了企业家社会资本中的一个重要组成部分。就亲缘关系与企业家创业行为而言，已经有大量研究证明了二者之间所具有的正相关关系。例如，李路路（1997）的研究表明，与私营企业主来往最密切的亲戚及其配偶的社会地位，对企业成功具有重要作用，因为这样的特殊主义“关系”与可以提供正式制度安排所无法提供的资源，充当了企业家的“体制资本”；石秀印（1998）通过实证分析也指出，“有当机关事业干部的‘关系最密切的’亲戚的人，更可能成长为私有企业家”。此外，还有学者指出，亲缘关系对于企业家创业机会感知（杨俊、张玉利，2004）、获取创业的资金（张玉利等，2003）、获得创业所需的人力资源（刘培峰，2005；曹建海，2002）等，都具有重要影响作用。

本书认为，企业家的私人亲缘关系除直接作为其社会资本发挥创业促进作用之外，还可作为企业家与其他社会网络成员建立联系的中介途径，即企业家借助于亲缘关系中的某些成员所拥有的社会关系网络，而与某些社会成员取得联系，并使那些本不属于自己的社会资本在经过多次的交往互动后成为创业企业家自身的社会资本，最终越过亲缘关系中的成员直接从那些社会资本中获取更多对创业有用的东西。亦即企业家通过其血缘亲属接触到了其他社会联系人，并由此获得了所需的企业外部资源。因此，从这个角度考虑，本书认为企业家的亲缘关系构成了企业家社会关系网络和社会资本的一个来源。但接下来的问题是：什么样的亲缘关系对企业家的社会资本获得最为有益呢？

事实上，在有关社会资本与地位获得的研究中，有学者已经提出，“阶层地位是人与人之间社会资本总量差异的一个关键因素”（张文宏，2005），并开始考察家庭社会经济地位（Socioeconomic Status，SES）对个体社会资本的影响。如胡荣（2003）讨论了社会经济地位对个体社会网络规模、密度、异质性以及拜年交往对象职业声望和单位声望的影响；边燕杰（2004）讨论了阶级阶层地位、职业交往活动与个体社会资本之间的关系；张文宏（2005）则检验了阶层差异对个体网络规模、异质性和网络中“结构洞”的影响。

由于人们的社会网络结构或社会资本取决于其在社会网络中的位置，而后者又决定于他们在社会经济地位结构中的不同位置，因此这些高低不等的阶层结构位置将直接影响到个体所拥有的财富、地位和声望等个人资源（Lin，2001），同时也会影响到个体社会交往的层次和对象。而在中国社会中，传统文化所强调的“家”观念泛化，使得个体社会经济地位不仅取决于自身（个人的人力资本、职业地位）及直系血亲（如父母的教育水平、职业地位）因素的影响，姻亲、远亲等旁系血亲的地位状况也会使个体社会经济地位获得产生差异，这也是所谓“一人得道，鸡犬升天”所表现出的社会现象。

因此，对企业家帮助最大的亲属，通过在企业家社会交往中的引介作用，能够间接影响到企业家的社会交往和社会资本获得。一方面，该亲属的社会经济地位会对企业家社会资本的结构维度产生影响；另一方面，其也会对企业家社会交往的关系对象选择产生影响。由此本书提出如下假设：

H1：帮助最大的亲属的社会地位会对企业家的社会资本拥有状况产生影响

H1a：帮助最大的亲属的社会地位会对企业家社会资本的结构维度产生影响

H1b：帮助最大的亲属的社会地位会对企业家社会资本的关系资源维度产生影响

（二）企业家受教育水平与社会资本的获取

“毫无疑问，个人多年所受的学校教育是和社会资本联系最为紧密的”（格拉泽，2003）。从社会资本的宏观意义上看，在影响社会资本投资的众多因子中，个体的受教育程度（以年限表示）与其社团成员资格的粗略相关数为 0.22；而且相对于高中学历者，取得大学学位的人在解决社会公众问题方面的参与率也要高 30%（Glaeser et al.，2000）。个体显性人力资本对其社会资本的促进作用可以从三个方面来解释：第一，在接受学校教育的过程中，学生不仅学习社会技能，还学习如何与人合作。学校及教师有意识地培养学生之间的合作能力，对于提高学生的社会参与能力具有重要作用。以往的研究也表明，领导者的教育程度是影响其组织技能和公共关系的一个积极因素（Chen & Qiu，1999）。第二，受教育程度可以塑造个人文化素养和品行特征，较高的文化素质有助于增加个人的社会责任感。在社会交往中，一个人是否为他人所乐意接受，其决定因素就在于个人品行特征。在这里，教育水平往往成为一种市场信号装置（Mincer，1974），或者是标示某人“等级品位”的文化资本（Bourdieu，1985）。第三，学生毕业后参与的同学会本身就是一个具有长期黏性且极易扩张社会关系的社会网络（李华民，2003）。

以上关于教育水平影响个体社会资本的解释是仅就一般意义上的个体而言的。对中国企业家的社会资本获取而言，显性人力资本所发挥的作用还体现在另外两个方面：其一，在中国，教育经历是社交网络的“准入基础”（Bian et al.，2003），更丰富的教育经历可看做进入不同阶层、不同社会侧面社交网络的“敲门砖”。企业家的学历越高，接受教育的时限越长，也就

意味着其所认识的校友和学友越多。而不同受教育阶段（如小学到研究生）所结识的同学和校友往往在参加工作后处于不同的社会阶层，掌握不同层面的社会资源。因此，更为丰富的教育经历可以使企业家拥有范围更广、异质性更高的业缘关系资源；同时业缘关系网络成员所处的不同阶层地位也使他们相互间结识的概率降低，使企业家的业缘关系网络具有更低的密度，企业家占据网络“结构洞”位置可能性也更大。

其二，信息搜寻和决策制定理论领域的学者已经指出，当信息边际收益更大时，行为者与信息源之间的接触将更为频繁（Stigler，1961）。而本书认为，企业家对信息边际收益的感知和识别则取决于其受教育水平或显性人力资本存量。事实上，企业家动员社会资本的能力不仅取决于他的动机和愿望，还取决于他是否有能力认识经济形势，能否策划和调整自身行为，将发展社会资本的欲望转变为现实。而教育程度就可以看做这种能力的指标。社会分层理论和管理学研究也显示，教育程度是能力的前提，与能力呈正相关（Blau & Duncan，1967；Lin & Bian，1991；Luo & Qiu，1997）。这就意味着，企业家所受到的教育有可能提高他开发自身社会资本的能力。边燕杰等人（边燕杰、丘海雄，2001；边燕杰，2004）在 1998 年对 188 家广州企业的调查中，用 CEO 的横向、纵向和社会关系作为企业社会资本的替代指标，并以六点定序变量表示企业家的受教育水平（从小学到研究生）。其研究发现，CEO 的受教育程度对企业社会资本差异有解释作用。CEO 教育水平每提高一个层次，企业社会资本就会增长 0.157 个非标准化系数，此增量看似很小，实际上却很大。若某 CEO 为大专学历，其所在公司的社会资本系数为 2，则 CEO 的教育程度每提高一个层次，社会资本就提高约 8%（0.175/2），而社会资本在最低和最高受教育水平之间的差异则会达 50%之多。因此，与边燕杰的研究相类似，本书也认为对创业企业家而言，显性人力资本水平对其社会资本的关系资源维度获取具有一定的解释力。

总之，企业家的显性人力资本会通过培养企业家的关系技能和文化品行、培育学缘网络、提供社交准入基础以及提高社会资本开发能力，从而影响到企业家的社会资本获得。由此本书以企业家的学历水平作为其显性人力资本的衡量指标（Davidsson & Honig，2003；Zhang et al.，2003），并提出以下假设：

H2：企业家的学历水平会对其社会资本拥有状况产生影响

H2a：企业家的学历水平会对其社会资本的结构维度产生影响

H2b：企业家的学历水平会对其社会资本的关系资源维度产生影响

（三）隐性人力资本与社会资本获取

企业家的人力资本不仅是正规教育的结果，其同时也包括了企业家在先前工作中所习得的经验。因此，宽泛的劳动力市场工作经验和独特的职业导向经验，从理论上讲也能够增加个体的社会资本（Becker，1964）。在本书中，笔者借鉴 Davidsson 和 Honig（2003）以及 Zhang et al.（2003）的研究，将企业家的隐形人力资本表示为企业家创业前所处的管理职位以及在创业企业所属相关行业的工作经验。就企业家社会资本获取而言，隐性人力资本积累代表着其业缘关系网络的丰富程度。

企业家隐性人力资本与社会资本获取之间的关系可以用林南（Lin，2001）的社会资源理论来解释。在林南看来，有价值的社会资源可以被分为社会的（职业地位—个人名誉）、经济的（社会阶级—个人财富）和政治的（权威控制—个人权力）。各种有价值的社会资源的不均匀分布形成了社会的“金字塔”形等级结构，每一种有价值的资源都限定了一个特定的等级制，同时这些等级制又朝一致性和可转换性方向发展。一致性是指不同有价值的资源或地位维度的等级位置中的占据者趋向一致——在一种资源方面拥有相对高水平位置的占据者，也倾向于在其他资源方面占据相对较高的位置，例如一个在职阶上拥有相对较高位置的人，可能在经济和权威维度上也拥有高的位置。可转换性是指当一致性无法满足时，占据者们可以进行跨维度的资源交换，如一个权力资源的占有者可以与一个财富资源的拥有者进行谈判和交易，前者通过让渡权力给后者以获得其财富。一致性和可转换性所造成的结果就是，社会交往和资源交易更多地发生在社会结构中的横向位置上，即拥有相同或相似社会位置的人更有可能发生关系。由此，林南提出了其地位强度命题，即初始位置越好，行动者越可能获得和使用好的社会资本。因为占据高位的人不仅拥有了位置本身所具有的优势社会资源，还可以以更大的概率与同样占据高位的人发生资源交换，而对方所拥有的社会资源同样也是很丰富的。我们可以从图 4-5 来看该命题的含义。图 4-5 中标有两个自我——e_1 和 e_2，其在社会结构中占有相对不同的位置，因此就其本身所占有的资源而言，$e_1 > e_2$；图 4-5 中还标有两个他人——a_1 和 a_2，也占据相对不同的等级位置，其本身所占有的资源 $a_1 > a_2$。一方面，由于资源交换更容易发生在横向位置上，因此，e_1 更容易与 a_1 发生互动，而 e_2 则很难与 a_1 发生互动（除非二者间具有其他先赋性的特殊主义关系基础）；另一方面，又由于 e_1 在资源占有上的相对优势，e_1 同样容易发起与 a_2 的互动。因此，从这个意义上说，“那些拥有好的社会位置的人，在获取和动员拥有好的社会资

源的社会关系上具有优势”，“从而获取好的社会资本的可能性更大”（Lin，2001）。

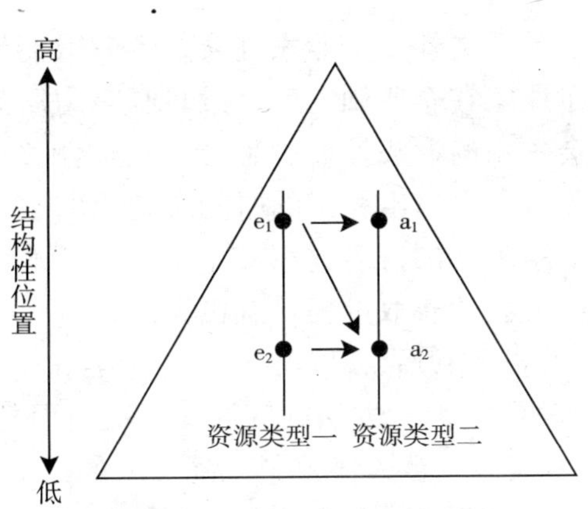

图 4–5 地位强度命题示意

在企业家的社会资本获取过程中，隐性人力资本扮演了标示其社会地位的作用。企业家创业前的管理职阶越高，相关行业从业经验越丰富，则意味着其在先前的工作中有更多的机会接触到占据高社会位置的资源拥有者，这一方面保证了企业家具有更大、更为多样化的业缘网络关系，另一方面又使其了解在创业过程中应当与哪些关键资源拥有者保持接触，即应向哪些重要的利益相关者寻求帮助。而这些资源拥有者或利益相关者既可以通过其与企业家的直接连带关系向企业家提供资源，又可以作为企业家获取间接社会连带的中介，将企业家引荐到自己的社会网络中（Seibert et al.，2001）。就像林南在社会资源理论中所说的，网络优势的发挥取决于网络联系人所拥有的资源。在一个等级制的社会结构中，企业家所具有的高管理位阶或行业从业声誉，可以为其带来更强的资源摄取和控制能力。

综上所述，以企业家创业前所处的管理职位以及相关行业工作经验表示的隐性人力资本（Davidsson & Honig，2003；Zhang et al.，2003），预示着企业家在创业前能否接触到位高权重的资源拥有者以及企业家在创业过程中是否明了应同哪些关键资源拥有者保持联系。由此，本书提出以下假设：

H3：企业家创业前的管理职位会对其社会资本拥有状况产生影响

H3a：企业家创业前的管理职位会对其社会资本的结构维度产生影响

H3b：企业家创业前的管理职位会对其社会资本的关系资源维度产生影响

H4：企业家创业前相关行业经验会对其社会资本拥有状况产生影响

H4a：企业家创业前相关行业经验会对其社会资本结构维度产生影响

H4b：企业家创业前相关行业经验会对其社会资本关系资源维度产生影响

三、社会胜任力和网络构建努力的影响

除了先赋性社会关系之外，企业家社会资本获取的另一条途径就是获致性关系，或者说是企业家在企业创立后通过自身努力所建立和维系的社会关系。从中国人际社会关系的形成发展过程看，获致性关系的建立是“关系运作”的结果，既需要企业家付出相当的时间和精力，也需要企业家运用一定的方式和技巧，其中所蕴涵的许多方面甚至是“可意会而不可言传”的。亦即企业家获致性社会关系的获取过程具有极大的多变性和潜隐性，很难用一定的模型对之进行表征和度量。事实上，在笔者的访谈过程中，在涉及“关系运作”或行业“潜规则”方面的问题时，大部分企业家都讳莫如深或“环顾左右而言他”,[①] 仅有少数人谈及了人际关系的结交和维护方式问题。

出于这种考虑，本书无意对企业家获致性社会关系的获取过程进行深入分析和解构（这也许是社会学者们所擅长的工作），而选择以企业家的社会胜任力和网络构建努力的度量来替代对此类社会关系构建过程的研究。一方面，企业家的网络构建努力表明了企业家在其社会关系网络运作和拓展方面所付出的努力，属于外化的、可观测的行为变量；另一方面，企业家的社会胜任力则属于深深根植于企业家个性特征中的、行为发生的心理基础，对该胜任力的测量可以间接反映出企业家在“关系运作”方面所具有的潜力。因此，可以说，获致性因素中的这两个维度是相互补充的，其分别反映了企业家在获致性社会关系建构过程中的行为潜能和真实努力。

（一）企业家社会胜任力与社会资本获取

1. 社会胜任力

对于企业家构建社会关系网络的个体能力问题，许多学者都给出了不同的见解。如罗家德（2002）将传统的能力智商 IQ 和情绪智商 EQ 相对应，提出关系管理智慧 NQ，并认为其包括五大能力：知道资源流管道的能力、知道资源结构并认知网络的能力、掌握行动策略点的能力、长期而全面布建关键点的能力以及管理总体关系的能力；慕继丰（2002）提出企业家的网络管理能力包括网络远景能力、网络管理能力、关系管理能力和组合管理能力；周小虎（2006）则提出企业家的网络能力由网络预见能力、网络战略定位能

① 一个典型的例子是，当笔者联系某位做医疗器械方面生意的朋友，表示要对其进行访谈时，尽管他与笔者的私交不错，但仍然婉拒了笔者的请求，他的理由是：“行业内的一些事情还是不说的好。”

力、网络经营能力和人际关系能力四大方面组成。总体而言，以上关于企业家社会网络构建能力的分析都是针对网络整体而言的，反映的是企业家在构建合理社会网络形态方面的能力需求。就本书所讨论的企业家社会资本获取途径而言，企业家社会胜任力的概念似乎更能体现微观层面上企业家获致性人际关系建立所需的能力要求，同时相对于以上网络能力概念，企业家社会胜任力也更具预测性和概念操作性方面的优势。

社会胜任力的概念最早起源于社会智力（social intelligence），即在人际关系中采取明智行动的能力（Thorndike，1920）。但自 1973 年 McClelland 等人提出胜任力概念以后，许多研究者日益使用“社会胜任力”（social competence）来表征一种与社会交往情境相联系的综合性才能，包括知识、技能、自我概念等成分，并将原来社会智力的内容看做是社会胜任力的一部分。[①] Schneider 等（1996）将社会胜任力定义为：有效的社会交往的行为能力，这种行为是基本地促使个体实现其社会目标的能力。Baron 和 Markman（2003）认为，社会胜任力是行为者与他人互动交往的效能，是对多种社会技能（social skill）共同作用效果加以整合的一个概念。谢宝珍、金盛华（2001）则将社会智力定义为：一种理解人际情境中人的感受、思想和行为及在此基础上做出适当行为的能力。它包括一系列的知识、经验和解释社会信息、解决人际问题的技能。在某种程度上，谢宝珍等人对社会智力所做的表述更接近于社会胜任力的内涵（吴东晓，2005）。

2. 企业家的社会资本与社会胜任力

在创业研究领域中，Baron 和 Markman（Baron & Markman，2000，2003；Baron，2000b）首次将社会胜任力概念引入到企业家社会网络和社会资本的分析当中，拓宽了研究思路，从而为创业研究提供了一个新的视角。他们认为，出于三个方面的理由，学者们在关注企业家社会资本的同时，还需要关注他们的社会胜任力。第一，社会资本尽管很重要，但在企业家的创业成功中，社会资本仅仅是一部分决定因素，而社会胜任力也在其中扮演着重要角色。当社会资本为企业家提供了创业所需资源的摄取通道（access）时，社会胜任力则决定了他们在进一步行动中会得到怎样的结果。他们举例说，在招聘过程中，具有高水平社会资本的人往往能够进入候选者名单，但决定其

① 与“社会胜任力”概念并行，也有学者提出了“情绪胜任力”（emotional competence）的概念，即基于情绪智力（emotional intelligence）导致高绩效地通过学习和经验而获得的能力（Goleman，1995）。从概念的内涵来看，社会胜任力与情绪胜任力存在交叉，即都包括了与他人交往、关系管理的知识和技能。但情绪胜任力的概念过于宽泛，仅表明了与情绪有关的胜任特征，缺乏情境针对性。而社会胜任力则更多地与任务特征相关联，能够表征“基于具体工作情境的知识和技能”（吴东晓，2005）。

面试表现的则是他的社会胜任力——“对候选者社会资本的考虑仅仅是筛选过程的开始而不是结束”（Baron & Markman，2000）。第二，对企业家社会胜任力的研究或许有助于我们对社会资本来源及其影响的理解。良好的声誉是如何产生的？又是什么决定了企业家社会网络的范围和深度？企业家与他人有效互动的能力可以为回答这些问题提供重要的基础。在某种程度上，社会资本与社会胜任力二者之间的关系有些类似于组织中资源存量和流量的关系（Cheng & Kesener，1997）——社会资本可以被视为积累下来的资产，而企业家与他人互动的能力则是影响该资产水平的一个因素。第三，社会胜任力所产生的影响或许要比社会资本更为广泛、更为持久。企业家的社会资本或许主要在创业早期阶段能很好地释放其影响，从而决定哪些创业者能够从风险资本家、顾客和供应商那里获得最初的资源接近通道。相反，来自社会胜任力的影响则可能在一个更为长远的基础上持续而稳定地塑造着企业家与这些人之间的关系——“风险资本家、顾客或供应商最终回应的将是企业家的实际行动——他们说了或做了什么——而不仅仅是企业家的声誉或地位”（Baron & Markman，2000）。

3. 企业家社会胜任力的维度

为了识别影响创业成功的企业家社会胜任力的维度，Baron 和 Markman（2000）遵循两条标准——与商业情境下的行为产出相关和与企业家的任务绩效相关——对以往的研究文献进行了回顾，并提出了企业家社会胜任力的四个维度：社会知觉（social perception），即准确地感知他人，包括对他人动机、个性和意图的感知；印象管理（pmpression management），即精通于使他人对自己产生正面反应的技巧，使他人对自己的外表和形象产生良好评价；表达力（expressiveness，或说服和影响，persuasion and influence），即改变他人的态度和行为，使之符合自身预期方向的能力；社会适应性（social adaptability），包括适应各种社会情境的能力以及与来自不同背景的个体顺利交往的能力。

在随后的研究中，Baron 和 Markman（2003）从社会技能量表（Social Skill Inventory，SSI；Riggio，1986）中选取了 18 个题项，并结合以情绪智力量表中的内容，开发出一个企业家社会胜任力量表。他们以企业家经济成功（financial success）为效标，通过对化妆品行业和高科技行业两组企业家的比较，检验了企业家社会胜任力的结构。研究结果显示，社会胜任力构思的四个维度在两类样本之间，显示了中度聚合效度和良好的区分效度，模型有良好的匹配。其中社会知觉在两组创业者中都与创业成功正相关；社会适应性与化妆品行业中的企业家经济成功相关；表达力与高科技行业中的企业家经

济成功相关。同时，他们还对第三组创业者进行了问卷测量，并由了解第三组创业者的人对其进行评价。研究发现，第三组创业者的两组数据紧密相关，都达到了显著水平。这表明以自我报告的方法测量创业者社会胜任力能够提供一定的效度依据。

就本书目的而言，笔者并无意对企业家社会胜任力的维度进行进一步的探讨和分析，但本书认为，企业家社会胜任力为研究企业家社会资本来源提供了一种新的途径。Duchesneau 和 Gartner（1990）很早就发现，相对于创业失败的人，成功企业的企业家在人际沟通方面付出更多，也更为有效；Vesper（1990）也将企业家有效的人际关系列为新企业创建成功的五个关键要素之一。那么企业家的这种人际交往技能是如何促成其创业成功的？在 Baron 和 Markman 的研究中，这一点他们并没有给出进一步的回答。尽管在理论分析中他们曾提出，社会胜任力可能是社会资本的来源之一（Baron & Markman，2000），但在后来的实证检验中，他们却将企业家的社会资本与社会胜任力并列起来，[①] 认为其在创业过程中“发挥着各自不同却相互补充的作用”（Baron & Markman，2003），并因此直接对企业家社会胜任力与经济成功之间的关系进行检验。

事实上，研究者们之所以会研究企业家社会胜任力，原因就在于其对企业家社会资本的产生具有尤为重要的意义。在新企业创建的过程中，很多情况下企业家与客户、供应商、员工等利益相关者所发生的社会关系都是“从零开始”（from scratch）的。而且，这种互动关系往往发生于高不确定性和低结构化的商业情境中（Carter et al.，1996；Gartner，1988；Holt，1992），社会互动的双方既不存在既有关系可依赖，也无法清楚地描述出许多成熟组织内部才存在的关系准则和角色定位。在这种情况下，企业家的社会胜任力将在关系建立过程中发挥十分重要的作用。就像 Shane 和 Cable（2002）所指出的，企业家与风险资本家的有效沟通在企业创立的早期阶段尤为关键，因为正是在这个阶段，双方预期上的分歧最有可能发生。因此，本书认为，对企业家的创业行为而言，社会胜任力的作用不仅直接体现在其对行动结果的促进作用上，而且发生于企业家的社会资本获取过程中。社会胜任力与行为产出之间虽然也存在着联系，但这种联系中含有企业家社会资本的中介作

① 在 Baron 和 Markman 最初的研究中，企业家社会资本被定义为“通过认识他人、作为社会网络成员或者被他人所认识，以及拥有良好声誉所带来的现实或潜在的资源”（Baron & Markman，2000）。但在其随后的研究中，他们却似乎将企业家社会资本仅仅简单地化为“声誉”（参见 Baron & Markman，2003）。

用，即企业家社会胜任力促进了企业家的社会资本获得，进而才会影响到企业家的创业绩效。因此，本书提出以下假设：

H5：企业家社会胜任力会对其社会资本拥有状况产生影响

H5a：企业家社会胜任力会对其社会资本的结构维度产生影响

H5b：企业家社会胜任力会对其社会资本的关系资源维度产生影响

（二）企业家网络构建努力

企业家网络构建努力来自于对企业家网络行为的研究，即网络构建努力强调的是企业家在构建其社会网络、获取社会资本方面所投入的时间和精力，表现为一定时间（每月或每周）内，企业家花费在建立、保持和扩大其社会网络方面的时间总量（Aldrich & Reese，1993），或其与（现实和潜在的）网络成员沟通交流的频率（Ostgaard & Birley，1996；Hansen，2003）。

在组织行为学的早期研究中，Bavelas（1951）和Leavitt（1962）都发现，小群体中的沟通频率与任务完成效果是积极相关的。在将他们的研究运用于正式组织中后，Snyder和Morris（1984）也报告说，同级别工作小组（peer work group）中的沟通数量与该小组的工作绩效也积极相关。在组织创立的相关研究中，Hansen（1991）同样发现，企业家与他人的网络行为互动频率与随后的企业绩效存在着正相关的关系。

笔者认为，以上研究发现皆源于网络行为（networking）对行动者社会关系数量及质量的促进作用，并经由后者促进了任务绩效。事实上，社会学的相关理论已经证明了“自我”与“他人”之间互动频率对“自我中心网络”形成的积极作用（张文宏，2005；朱旭峰，2006）。同样地，在企业家社会资本获得过程中，企业家在与他人沟通互动以及建立、保持社会关系方面的影响也是显而易见的。由此本书提出以下假设：

H6：企业家网络构建努力会对其社会资本拥有状况产生影响

H6a：企业家网络构建努力会对其社会资本的结构维度产生影响

H6b：企业家网络构建努力会对其社会资本的关系资源维度产生影响

本章小结

先前大部分有关社会资本的研究，都假设行动者处于一个先验存在的社会网络中，进而讨论社会资本对行动结果的影响，因此忽视了对社会资本来

源的分析。少数对社会资本来源的阐释，却由于缺乏对中国社会文化情境的考虑等因素而存在着不足。因此，本章提出，应从对中国式“关系”的讨论展开对企业家社会资本来源的考察。

“关系”是一个充满中国特色韵味的词汇，其原因在于中西方在人际关系观念上存在着种种差异，并由此导致了中西方在微观个体社会资本构建基础上的不同——西方以普遍主义准则为基础，遵循“相似—吸引范式”，而中国则以特殊主义准则为基础，更强调“关系基础”的作用。对中国个体社会资本来源的探讨，应考虑中国式人际关系对人际交往方式和内容的影响，考虑中西方个体社会资本的不同构建基础。因此，笔者强调应从中国人社会关系建构的角度出发来分析中国个体社会资本的获取途径，即先赋性关系和获致性关系各自对个体社会资本获得的影响。

尽管在我国传统学术研究中已展开大量有关先赋性和获致性关系对人际关系网络建构影响的研究，但这些研究大多是理论性的，缺乏数据性的实证检验。出于研究操作性和便利性的需要，本章为中国的各种社会关系类型设计了不同的代理变量，并以此为基础提出了一个企业家社会资本获取影响因素模型。在该模型中，用对企业家帮助最大的亲属的情况、企业家的学历水平、企业家创业前的管理职阶以及相关行业从业经验四个社会资本来源影响因素表示其先赋性关系的拥有情况；用企业家社会胜任力和网络构建努力的共同作用代替企业家社会资本获取的获致性关系途径。而本章所有关于企业家社会资本获取的假设也都是以该模型为基础提出的。

第五章　企业家社会资本的效用分析

在经济学界，已有很多学者注意到，忽略人际关系是经济学的一个缺陷，并试图将人际关系引入经济分析（王询，2000）。正是从这个意义上，本书认为，企业家创业的成功不仅取决于他对商业法则的运用，同时也受制于他是否善于处理与商业联系人之间构成的、蕴涵商业性和社会性因素在内的人际关系网络。企业家社会关系网络的建构及个体社会资本的运用是非常重要的，尤其在中国社会文化环境的深厚土壤之中，社会资本成了企业家“成功”的社会网络基础（石秀印，1998）。

事实上，通过社会网络获取外部资源和寻求竞争优势，被认为是“创业的实质”，以及决定新创企业发展迅速与否的重要因素（Jarillo，1989；Wilson & Appiah-Kubi，2003）。然而，就目前来看，关于中国企业家个体社会资本对新创企业绩效影响的实证研究尚不多见。该领域还有很多问题尚未达成一致，如新创企业的绩效如何界定与衡量、企业家社会资本各维度与新创企业绩效究竟有怎样一种关系等。本章的分析即主要围绕这两个大问题展开。

第一节　新创企业绩效评价指标分析

在实践中，绩效指标起着“指挥棒”的作用（张体勤，2002）。就创业研究而言，创业绩效作为最重要的因变量，是检验各创业理论是否有效的标准（沈超红、罗亮，2006），如果没有正确的方法衡量绩效，创业理论的发展将受到阻碍（Murphy，Trailer & Hill，1996）。

然而，遗憾的是，如何对创业绩效的结构维度进行界定，却是学术界所面临的一个难题（Chakravarthy，1986）。其主要原因在于，如何选择恰当的绩效评价指标来衡量创业行动产出。以组织层面的绩效评价为例，评估新创企业的成功与失败时，研究者就面临着诸多困难（Chakravarthy，1986），如难以获取可靠的数据和缺乏可比性（Kunkel & Hofer，1991），创业领域中缺少有关绩效的信息与指导原则（Brush & Vanderwerf，1992；Chandler & Jansen，1992）等。因此，就本书而言，对创业绩效的界定便从选取何种具体指标来评价创业绩效的角度展开。

Murphy 等人（1996）对 1987~1993 年创业研究领域所有以创业绩效为因变量的 71 篇实证文献进行回顾分析后发现，有 31 篇仅仅采用了一维或二维的绩效维度分析，而没有一篇文献中的绩效结构维度用到了五维到八维的分析。其研究发现，任何单一维度的绩效测量都不可能说明创业研究中的差异化现象，多维绩效测量才能在一定程度上说明企业真正面临的商业问题。

本书采纳 Murphy 等人的观点，认为新创企业绩效是一种多维结构。同时，对于新创企业绩效的结构维度构成及其测量方法，本书还参照 Venkataraman 和 Ramanujam（1986）所提出的组织绩效分类框架，并结合沈超红（2006）对创业绩效指标的回顾性研究，提出了如图 5-1 所示的新创企业绩效三维评价框架，并以此框架为基础对新创企业的绩效进行衡量。

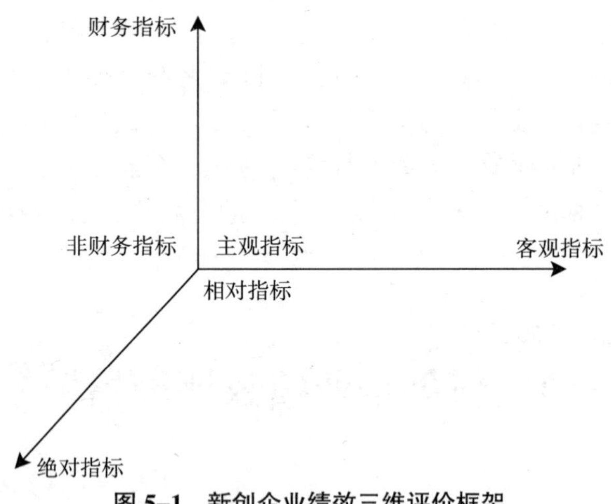

图 5-1 新创企业绩效三维评价框架

一、财务指标与非财务指标

（一）财务绩效指标

在西方企业开始进行组织绩效评价以来，财务指标一直为研究者和企业管理者所重视。总体上看，财务指标可细分为基于会计的财务指标和基于市

场的财务指标（Becker & Olson，1987）。两类财务指标的主要区别在于：前者受会计方法、折旧和非现金交易等的影响，容易造成失真；而基于市场的财务指标，如市场份额，则不受以上因素的影响，反映公司的当前成果和未来潜力（Chakravarthy，1986；Hall et al.，1988）。越来越多的研究者认为，基于市场的财务指标更为可取（Hax & Majluf，1984；Venkataraman & Ramanujam，1986）。

常用的财务绩效指标有很多，Robinson（1998）认为应该用八个指标来测量新创企业的绩效，即销售增长率、销售收入、净利润、息税前收益、销售利润率、资产收益率、投资回报率、股票收益率。其中销售增长率在创业研究中使用最为普遍（Feeser & Willard，1990；Macgee，1995；Ensley，2002），而企业的盈利状况在创业绩效的相关实证研究中同样也扮演了重要角色（Peters & Waterman，1982）。

（二）非财务绩效指标

虽然财务指标对创业组织的绩效考核非常重要，但单独依靠财务数据不能有效反映出无形资产及其产出的价值（Huselid，1995；Kaplan & Norton，2001a，2001b），也不能有效反映和界定企业的总体绩效水平（Quinn et al.，1983；Chakravarthy，1986）。尤其对新创企业而言，使用财务指标的障碍更大。有些常用的财务指标，如利润等，可能由于初期公司无利润或负利润造成使用不便；而另一个重要的问题是新创企业不愿或无法提供比较准确的财务数据（Sapienza et al.，1988）。此外，企业的成功应该同时包括财务上的和非财务上的成功。财务指标通常解释了企业过去的经营状况，而无法更好地显示公司未来的发展潜力。非财务绩效体现的恰恰是公司运营的过程绩效，许多非财务因素由于关系到新创企业未来的持续发展能力，因此也应被纳入绩效评价中。

组织绩效评价中所运用的非财务指标常与企业的运营绩效相关，其包括很多内容，如顾客满意（Haber et al.，1999；Cavalluzzo et al.，2004）、产品质量（Hofer，1987；Kaplan，1983）、市场份额和顾客增加量（Sexton，1986；Shaker et al.，2002）、雇员数量（Cooper et al.，1994；Yusuf，2002）等这些最终导致财务绩效的更广泛的因素。

（三）生存绩效与成长绩效

Chrisman 和 Bauerschmidt（1998）指出，在考查创业绩效时，应注重生存和成长两个维度绩效。创业绩效区别于一般组织绩效的关键就在于新创业务就像新生儿一样，首先必须能存活下去，然后它必须不断成长以逐步适应激烈的市场竞争，在成长的过程中不断提升自身的抗风险能力。他们对创业绩效的认识得到了较多创业研究者的认同，但对于这两个维度测量指标的选取却存在着争议。对于生存绩效，目前有以下几种测量思路（丁岳枫，2006）：①某一时点上企业还没有清算破产就是“生存”（Shane，1996）。②采用纵向数据，追踪创业企业的历史根据企业的生存年限判断其生存绩效（Bates，1998）。③从企业目前的生存年限及未来至少持续八年以上的可能性两个方面来衡量企业生存绩效（Ciavarella，2004；龚志周，2005）。由于前两种测量思路的数据收集比较困难，因此，现在不少研究者倾向于采取第三种测量思路，即通过让企业家主观预测企业持续经营八年的可能性来衡量新创企业的生存绩效。

企业成长性也是创业研究中常用的一个指标。Tsai 等（1991）、Brush 和 Vanderwerf（1992）以及 Chandler 和 Hanks（1993）均认为，成长是考察创业绩效的一个重要指标。从现有的实证研究看，成长绩效的操作性定义主要包括财务指标增长和获利潜能增长两个方面：前者包括销售额、净利润、资产额的增长等；后者则包括市场份额、员工人数等的增长。许多新创企业由于市场战略定位的需要，往往在创立后的一段时间内处于非营利状态，但实际上却很具市场潜力。此时单纯用财务指标的增长数据难以说明真实问题，因此可考虑用市场份额、员工人数等指标来反映企业未来的获利潜能（Wiklund et al.，2003）。

（四）创新绩效

除了以上提到的生存和成长绩效外，随着企业成长理论的进一步研究，有学者认为，不应仅从量的角度来反映企业成长，同时也要从质的角度对成长进行评价（张玉利，2004），如公司的创新能力、公司的市场营销能力、公司的产品和服务声誉等（范柏乃等，2001；王竹，2003）。因此，企业的创新能力作为创业最核心的特征，也被纳入到新创企业的绩效评价当中。事实上，在很多研究中，判断一个企业是否是创业型企业，就是看其是否比同行业其他公司更多地推出新产品和开拓新市场（Carland et al.，1984；Schollhammer，1982；Miller，1983；Jennings，1990）。企业在技术、产品、服务上创新的速度和能力反映了公司的创业精神和创业能力。尤其对技术型的小型新创企业而言，由于创新是企业获得持续竞争的关键变量（Blundell et al.，1999；Capon et al.，1990；Urban & Hauser，1993），创新绩效比生存绩效更能反映企业的创业、创新情况，并且对处于不同绩效水平的企业更具

区分性。

以往文献中研究创新绩效的论述较多，但在创新绩效指标的构建方面却仍有争议。目前影响较为广泛的是经合组织（OECD）创新调查委员会（CIS）（1993）所提出的两个创新绩效指标：新产品销售收入在总销售收入中的占比和产品生命周期各阶段占比以及创新产品的总数，后者反映了被引入市场的新产品或新服务的数量。但是OSLO手册认为，单纯用创新产品总数来衡量企业的创新绩效是无意义的，而合理的是采用“创新产品数占企业产品数量的比例”来刻画企业的创新绩效和创新力度（官建成，2004）。

二、客观指标与主观指标

使用客观的财务指标似乎是评价绩效最简单的方法，但是这些数据有时是企业的机密，很难从应答者中获得（Sapienza & Grimm，1997；Brush & Wanderwerf，1992；Sapienza et al.，1988）。Covin和Slevin（1989）认为小企业不能也不愿意提供你所需要的信息，在有些情况下，小企业的客观的财务数据是不对外公开的，所以很难确认财务绩效数字的准确性。并且绝对的财务绩效指标受到具体行业因素的影响，如比较不同行业小企业的客观财务数据指标可能会引起误导。为克服与财务指标有关的数据的可获得性、准确性问题，人们采用了广泛的主观指标来评价企业的绩效。如Chakravarthy（1986）在其研究中让公司高管对公司声誉进行评分；Delaney和Huselid（1996）使用主管评价法来测量如顾客满意度和销售增长等财务和非财务信息；Brouthers和Bakos（2004）采用10点量表让管理者对销售收入、市场份额、市场营销能力等进行满意度评分。新创企业的客观财务数据较难获得，因此在测量新创企业绩效时，研究者通常采用让企业家进行评分的方式来获取相关信息（如Li，2001；Zahra et al.，2002）。采用主观评价指标，研究者可以通过灵活的问卷题项设计获得更为有用的信息，克服客观数据的一些局限性。

在采用主观指标还是客观指标对绩效进行测量的问题上，曾有不少人质疑主观指标的信度和效度问题。但Venkataraman和Ramanujam（1986）、Chandler和Hanks（1993）以及Li（2001）等人通过研究认为，在测量销售增长率、利润增长率等财务指标时，主观和客观方法高度相关，主观的绩效衡量（企业家报告的绩效测量）相当可靠与有效。而Wall等人（2004）则专门研究了用主观评价方法来衡量企业财务绩效的效度问题。在研究中，他们运用主观及客观两种测量方法，对英国制造及服务行业的3个独立样本进行了财务绩效的测量。结果显示，主观评价法对企业绩效的测量具有较好的聚合效度、辨别效度和构思效度。由此他们提出，当客观绩效数据不易获得（如某些企业不愿向调查者透露具体财务数据）或无法获取企业特定层次的独立客观数据（如公司事业部、分支机构的独立财务数据）时，可以考虑直接使用同样具有较高测量效度的主观评价数据来替代客观绩效数据。

三、绝对指标与相对指标

按照是否进行企业间的比较可以将绩效测量指标分为绝对指标和相对指标。在创业研究中，有学者指出使用相对指标具有一定的局限性。如 Ucbasaran 等人（1996）认为，创业绩效也许更多的是一个主观概念，其依赖个人的期望、愿望和企业家个人的技能，而不同创业者的认知和行为不同，期望水平不同，其各自的绩效水平本身就不一样。但就目前创业研究领域中的实证性文献来看，仍有许多学者采用了相对绩效的测量方式。如 Li（2001）采用了相对于竞争对手的获利指标来衡量新创公司的财务绩效；吴东晓（2005）在创业社会胜任力的相关研究中，使用相对指标测量公司绩效；丁岳枫（2006）在有关创业组织学习对创业绩效的影响研究中同样也使用了相对绩效指标。

事实上，沈超红（2006）认为，在创业研究中使用相对于行业内有意义的竞争对手的相对绩效指标，有两个明显的优点：第一，可以排除外界不可克服因素的影响。如排除行业的不景气和宏观政策的改变的影响，而直接将绩效的好坏归因于组织自身的因素，因为竞争对手面临着同样的行业、同样的宏观环境。与有意义的竞争对手相比的绩效测量方式，就像实验研究中的对照一样，能有效排除外界因素的干扰。第二，便于跨行业、跨阶段的比较。因为不同行业不同创业阶段有不同的绩效常模（norm），与有意义的竞争对手相比类似于常模间的比较，这样便于检验创业实践与创业理论的外部效度。如用相对绩效指标可以检验创业导向（entrepreneurial orientation）中的先动性（proactive）、风险承担（risk-taking）和创新性（innovative）与绩效之间的正相关关系是否具有普适性，是否有很强的预测力。而如果使用基于单个企业禀赋的绝对绩效指标，那么将无法比较相对于自身机会成本的绩效。

四、本书对新创企业绩效指标的选取

从以上讨论可以看出，创业绩效指标的选取是创业研究中的重点和难点之一，绩效指标选取不当会导致整个研究结论的偏差和失误。

创业绩效是一个多维度的概念，单一的绩效指标无法全面反映组织的经营状况。从目前创业研究中有关新创企业绩效的评价内容来看，既包括企业盈利能力、销售增长率等财务指标，也包括企业生存、企业成长和企业创新等非财务指标，其中企业成长与财务指标之间存在着一定的交叉。从新创企业绩效的评价方式来看，近年来多数学者倾向于使用企业家主观评价的方式，也有部分学者在主观评价中使用了相对绩效的评价方法。

就本书而言，尽管笔者承认“能否生存下来”是新创企业绩效评价的一个非常重要的维度，但考虑到研究的时限与成本因素，本书目前无法对企业生存采用纵向的数据跟踪调查。[①] 因此，本书并未将生存绩效纳入新创企业绩效的维度结构当中，对新创企业绩效测量指标的选取则采纳了丁岳枫（2006）的主张，即创新绩效和经营成长绩效是比较好的创业绩效指标。

创新绩效反映了企业新业务开发的数量和质量，它对本书的研究对象——新创企业具有尤为重要的意义。囿于规模和实力上的限制，新创企业难以通过规模化策略取得市场竞争优势。因此，企业要获得长期的生存和发展，必须具备一定的持续创新能力，通过寻求产品或业务方面的差异度在市场中立足。在创业绩效的设置上包含相关指标，可成为引导公司管理层和员工的指针，指引人们朝着高绩效的目标行动。

而经营成长绩效则是企业现时财务状况和未来获利潜能的反映（Wiklund et al.，2003），其综合了传统组织绩效测量中的财务和非财务指标。正像 Ireland 等人（2005）所说的，企业成长绩效和财务绩效是相辅相成的。有效成长有利于企业财务绩效的实现，财务绩效提供了更多资源来培养和开发企业的核心竞争能力。同时，优秀的财务绩效有利于企业更好地分配资源来实现企业成长。成长绩效和财务绩效间的这一关系在新创企业中则更为显著，即通过快速成长来实现企业的财务绩效。Wiklund 和 Shepherd（2005）也指出，由于企业很可能通过牺牲长期成长来换取短期利润（Zahra，1991），研究者应当在研究中将绩效的这两个不同维度整合起来。

就新创企业绩效指标的评价方式而言，本书则采纳沈超红（2006）的建议，使用主要竞争对手的相对绩效指标，请企业家根据主观评价作答。具体测量指标设置见下一章的研究测量部分。

---

① 丁岳枫（2006）在其研究中指出，“‘是否能够持续经营’实际上反映的是创业者的主观感受，而不能反映出企业的实际绩效状况”。她认为“对于生存绩效测量的最好方法是采用纵向数据。比如，对企业进行纵向追踪，从而判断新业务在一定的时间后是否还能继续生存；或者是采取历史数据，判断若干年前创建的业务到现在是否存在。在横断面研究中，不适合采用这样的指标”。而 Brüderl 和 Preisendorfer（1998）在其有关“网络成功假设”的经验性研究中，对生存绩效的测量即采用了跟踪研究的方式。

第二节 结构维度对新创企业绩效的影响

Neergaard 和 Madsen（2004）认为，尽管创业研究领域的社会资本定义种类繁多，“但可确定的一点是，社会网络在社会资本的形成中发挥了重要作用，甚至对社会资本的测量常常采用了对社会网络形式和内容进行测量的方法”。事实上，在西方企业家社会资本的相关研究中，绝大多数学者都采用企业家的社会网络作为其社会资本的代理变量（proxy）加以测量，这也迎合了 Burt（1997）对社会资本价值（the value of social capital）的界定——“网络形式和网络内容的函数”。现有的创业研究结果大都表明，企业家社会资本或社会关系网络对新创企业成长是至关重要的，因为它为企业家提供了获得必要外部资源的机会。

考虑到我国目前尚鲜有直接针对企业家社会关系网络结构与新创企业绩效间关系的实证性探讨，本节的目的即在于分析我国企业家社会资本结构维度的组成部分——网络的规模、异质性和密度——对新创企业绩效可能产生的影响。

一、网络规模对新创企业绩效的影响

网络的规模就是在企业家创业过程中，通过一定的方式资助企业家或与企业家合作以帮助其完成创业活动的人数（Hansen，2000）。事实上，社会网络规模与社会资本之间关系的问题，在 Bourdieu（1986）最初的社会资本讨论中即有所提及。在 Bourdieu 看来，个体拥有的社会资本的多少取决于两个因素：一个是“行动者可以有效地加以运用的联系网络规模的大小”；另一个则是网络中每个成员“以自己的权力所占有的资本的多少”（Bourdieu，1986）。

在社会学领域中，已有众多的学者将网络规模视为个体社会资本的构成要素之一，进行了实证性的研究。如胡荣（2003）、边燕杰（2004）、张文宏（2005）、王卫东（2006）等，均在研究中提到了行动者网络规模作为个体社会资本测量指标之一的必要性，并认为：一个人的社会网络规模越大，其所拥有的社会资本越丰富，越可能在社会行动中占据优势地位（Lin，1982，2001；胡荣，2003；张文宏，2006）。

在企业家网络研究的文献中，已有一些证据表明，企业家更大的网络规

模与新企业绩效之间存在着某种联系，因为更多的网络联系人与更高的资源动员可能（availability）是相关的（Hansen，2000）。Falemo（1990）发现，扩张型企业（其销售额在上四分位点之上）的经理人，相对衰退企业（其销售额在下四分位点之下）的经理人，会与更多公司以外的人保持联系，而这些人能够为企业的产品开发和市场营销导入资源。Hansen（1995）发现，当以企业成立一年后的每月薪水发放总量来衡量企业成长时，企业组织形成阶段所产生的社会结构和社会过程能够在一定程度上解释新创企业成长时的巨大差异。他发现，网络规模、组织孕育阶段内部的相互联系程度以及孕育阶段成员间沟通的频率都与新创企业的成长正相关。Aldrich，Rosen 和 Woodward（1987）发现，网络规模是唯一与绩效显著相关的变量。Cromie 和 Birley（1992）注意到，"如果创业者能够拓展其社会网络或者在网络中占据中心位置，那么他就有可能发现额外的资源和机会，而这将有助于企业成长"，而且"狭窄的社会联系基础可能会限制创业者寻求新市场机会的能力"。Greve（1995）发现，就创业的三个阶段（意图、计划和已经开始运营企业）而言，处于后期阶段的创业者较之处在创业前期阶段的人，往往具有更大的网络规模，这也从一个侧面证实了网络规模对创业结果的重要性。Ostgaard 和 Birley（1996）对于新创企业成长的研究则表明，企业家网络规模尽管与企业销售额增长或利润额增长之间没有显著关联，但却与销售额和利润的绝对值显著相关。此外，网络规模与雇员规模的扩大也具有显著的相关关系。

对于企业家社会网络规模何以能够促进新创企业绩效的问题，我们可以从信息获取和资源获取两个角度来分析。首先就信息获取来看，如果我们假设具有明确目标指向性的信息搜索很困难，而信息获取中的机会又非常重要（March & March，1978），那么企业家网络成员数量的增加就会显著提高获取有用信息的机会。其次，Nohria 和 DiMagio（1992）对企业家搜寻和添加其网络成员的过程研究指出，企业家会通过扫描潜在资源拥有者、辨识接近候选人的可能性和结交他们这三个步骤来逐步增加其社会网络中的成员数量。而每增添一位网络成员，也就意味着企业家获得了新的外部资源。

事实上，企业家的社会网络往往由多种不同身份背景的成员组成。更大的社会网络意味着企业家在为其产品或服务选定目标客户和供应商时具有更大的可能性，而他们与目标客户和供应商之间又往往具有社会性的连带关系（Batjargal，2000）。这种连带关系将有助于企业销售的稳定性，并最终有助于企业成长。因为企业家的网络嵌入为商务谈判和协商提供了一个更具弹性的空间，使企业家能够将这种无形的社会连带转化为销售收入或其他有形收益。企业家与供应商之间良好的互动则能使他们以更低的价格购买原材料和其他生产投入，并将最终有利于企业边际利润的提高。此外，企业家更大的社会网络规模也意味着他们在结识外部行业专家和技术专家方面有更高的可能性，这将有助于企业家从外部获取新的知识和技术信息，从而有助于企业的产品和技术创新。

综上所述，本书认为，网络规模预示着企业家从社会网络中获取资源的广度（Aldrich & Reese，1993；Hansen，1995；Hoang & Antoncis，2003）。企业家更大的社会网络规模将有利于新创企业的经营和运作。由此本书提出以下假设：

H7：企业家社会网络的规模与新创企业绩效正相关

H7a：企业家社会网络的规模与新创企业的经营成长绩效正相关

H7b：企业家社会网络的规模与新创企业的创新绩效正相关

二、网络异质性对新创企业绩效的影响

网络异质性指的是一个社会网络中全体成员（不包括自我）在某种社会特征方面分布的差异化状况（张文宏，2005）。就企业家的社会资本或社会网络而言，网络成员的异质性预示着企业家与不同身份背景的成员个体进行交往互动的程度（Batjargal，2000）。

Kilduff 和 Tsai（2007）认为，网络的异质性理论在社会科学研究中具有很长的历史，其最早可追溯到 Simmel（1950）关于一位占据社团中心位置的外来者依旧保持对原属社团忠诚的讨论。这位外来者的角色与他/她嵌入于其中的群体关系既近又远。那些担当外来者角色的人，可以利用其与原属群体相对较远的关系，以及与现群体相对较近的关系，作为中间人在两个群体之间起调节作用。因此，外来者也就扮演了“交换者”的角色，能把新消息、新发明、新知识等带入那些相对封闭的经济群体中。受 Simmel 思想的启发，Granovetter（1973，1982）进一步拓展了异质性理论，并提出了“弱连带的力量”命题。而正像本书第三章所阐述的，对企业家社会资本结构维度的测量中，网络异质性指标是标示企业家网络中弱连带数量的一个代理（proxies）变量（Hoang & Antoncic，2003；Witt，2004）。

与网络规模类似，网络异质性对企业家创业行为所具有的意义也表现在信息获取和资源获取两个方面。就信息获取而言，Granovetter 的“弱连带的力量”命题已经对弱连带所具有的信息“桥”作用进行了详细阐述，本节不再赘述。而就网络异质性所具有的资源获取功能而言，则可以通过图 5-2 来表述。

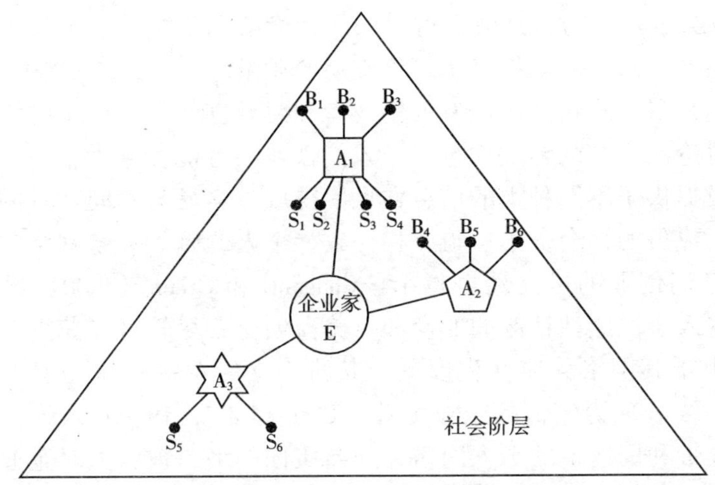

图 5-2　处于不同社会阶层或社会组织中具有不同特征的网络成员

在图 5-2 中，当个体进入企业家的社会网络时，他不仅仅是这个网络中的一个点，而且他也将其他网络关系带入了这个网络中。企业家 E 在同 A_1、A_2 和 A_3 建立起直接网络关系的同时，也通过 A_1、A_2 和 A_3 与其他人建立了间接的联系。由于 A_1、A_2 和 A_3 本身具有不同的特征，来自不同的社会阶层和社会群体，因此，企业家 E 不仅可以直接使用 A_1、A_2 和 A_3 的个体资源，而且可以利用到 B_1~B_6 和 S_1~S_6 的资源。由于"一个人同时参加了很多其他群体，身上带有很多其他群体的印记，因此当一个人加入一个群体的时候又把他所隶属的群体的关系带到这个刚刚参加的群体中来"。可见，"一个人和另一个人建立的关系不是点与点之间的关系，也不是人与人之间的关系，而是网络之间的关系，是一个人带着其他群体的关系印记来和其他人发生关系的"（周雪光，2003）。当企业家的社会联系人来自许多不同的社会阶层或社会群体，即网络成员异质性程度很高时，也就意味着企业家将有更高的能力来获得和调动更多的社会资源。这也正是林南（2005）所说的，社会资本的资源异质性"反映了自我通过跨越结构等级位置的社会关系可触及的资源的纵向幅度，代表着通过自我关系最高和最低可触及的资源幅度"，"通过社会关系所提供的资源的类型、层级和数量的异质性，组成了对社会资本的好的获取的一个重要标准"。

在组织管理领域当中，已有部分研究证实了企业家或管理者社会网络异质性对企业绩效或工作绩效的影响作用。如在一项有关银行业务的研究中，Mizruchi 和 Stearns（2001）发现，在银行家对某项交易进行确认时，其对稀疏（sparse）的个人社会网络的运用程度与交易的最终缔结积极相关。

Mizruchi 和 Stearns 认为，这或许可以归结为稀疏网络提供了更为多样化的关于该项交易的观点，从而提高了最终交易的质量。Renzulli（2000）等通过对北卡罗来纳州研究三角园区已有的创业者和想要创业的人历年的资料研究发现，个人讨论网络中的异质性越强，人们创业的可能性越大，因为网络的异质性为成员提供了不同种类的信息，也使得成员容易与不同背景的人建立联系，提高了成员的社会资本；与此相一致，个人的聊天关系网络中亲戚的比例越高，人们创业的可能性也越小。Chaganti 和 Green（2000）通过研究表明，高度嵌入于民族性社区的亚裔和拉美裔创业者尽管可以获得较高的销售收入，但由于其网络异质性程度低，其所创立的企业往往规模小、现金流少，从而最终表现为较低的企业绩效。Uzzi（1997，1999）认为，一个同时平衡了强连带和弱连带的个人网络，如异质性网络，被认为对企业家的成功尤为重要。Hansen 和 Witkowski（1995）则发现，那些在其企业初创阶段网络联系超出美国以外的创业者，在其随后的企业经营中更有可能发生海外经营行为。此外，Baum 等人（2000）对加拿大生物技术产业新创企业的研究也支持了网络异质性的作用，即新创企业联盟伙伴的差异性对于企业后来的财务绩效（以收入来衡量）和创新能力（以捕获创意来衡量）都会产生积极效果。

事实上，除了对新创企业的经营成长绩效产生影响以外，本书认为，社会网络异质性对企业的创新行为也会发生作用。弗泰恩和阿特金森认为，在新经济中，社会资本已经成为科技创新的关键因子（转引自李惠斌，2000）。创新是一个互动学习的过程，而外部技术信息的获取往往是小型创业企业从事产品创新和技术创新的第一步。企业家社会资本的重要功能之一就是通过其社会关系网络获取外部的关键信息。Barr（2000）认为，完成信息共享依赖于拥有一个多样化的网络系统，依赖于从网络的更远层次获得二手信息和三手信息。因此，企业家社会网络节点的丰富程度和多样化程度就成为传递创新所需的信息、激励企业创新行为的关键一环。

企业创新所需要的信息主要包括市场信息、技术信息以及国家鼓励创新的政策信息等（张方华，2005）。企业家社会网络异质性在企业创新方面所发挥的作用，则主要表现在其为创新提供了多元化的信息获取渠道。企业家可以通过其与其他国内企业（Alter & Hage，1993）、合作伙伴（Abernathy et al.，1993）、行业协会（Swan & Newell，1995）当中相关人员的社会性联系获得相关信息，也可以通过保持与供应商和客户之间的密切联系来增加它们作为创新信息来源的重要性（Hakansson，1992；von Hippel，1986；Siegel et al.，1993；Rothwell，1992），而且有学者指出，即便是竞争对手，企业家也

可通过其社会关系，从它们那里获取到有用的市场需求和技术发展方面的信息（Chiesa et al.，1996）。Baum 等人（2000）的研究表明，一开始就具有多样化联盟伙伴的生物技术公司，其销售收入的增长会更快，也会获得更多的专利技术。陈劲等（2001）在对企业社会资本与技术创新绩效间关系的研究中，将企业社会资本分为横向、纵向与外部实体三个方面，并通过实证分析发现：企业这三个方面的社会资本与企业新产品产值、新产品数量、新产品销售额等指标之间存在着显著性。这就从一个侧面表明，企业外部诸多的利益相关者都会对企业创新绩效产生影响，而新创企业的企业家作为组织的主要外部“联络者”，其与各种外部利益相关者联系的多样化程度也将直接影响到企业在产品开发和技术创新方面的绩效表现。

正如边燕杰（2004）所说的，社会网络的差异化程度越高，其潜藏的社会资本质量就越大。因此，本书认为企业家社会网络的异质性程度反映了网络成员在社会阶层地位、职业背景等方面的差异化程度，更具异质性的网络形态意味着企业家能够获取更丰富的信息和更多元化的资源，也意味着新创企业有更大的可能性来把握市场信息、技术信息和动员外部互补性资源，从而企业的经营成长绩效和创新绩效表现更佳。由此，本书提出以下假设：

H8：企业家社会网络的异质性与新创企业绩效正相关

H8a：企业家社会网络的异质性与新创企业的经营成长绩效正相关

H8b：企业家社会网络的异质性与新创企业的创新绩效正相关

三、网络密度对新创企业绩效的影响

自我中心网中的密度概念，指的是网络中成员之间（不包括“自我”，见第三章）相互联系的密切程度，它反映了企业家在其社会网络中的相对位置（中心的或边缘的）。一个所有成员之间都相互认识的网络，其密度是很高的（密度=1.0或100%，其可被定义为一个“帮派”）。这就意味着成员之间在很大程度上是可以共享信息的。由于信息在高密度网络中的传递速度很快，因此也就意味着高密度网络中信息交叠的程度很高，或者换句话说，存在着大量的信息冗余。低密度网络则意味着某社会网络成员之间相互熟悉的程度较低，因此出现信息冗余的可能性也很小。正像本书第三章中所论述的，企业家社会网络密度是对 Burt（1992）“结构洞”理论测量的一个替代指标（Hoang & Antoncic，2003）。因此，就网络密度对新创企业绩效的影响而言，我们可从“结构洞”的含义及其功能的角度来阐述。

与“弱连带”的概念不同，结构洞并不是对主体与他人间对偶关系的定性描述，而是对网络整体结构连接性的一种阐释。从本质上讲，结构洞理论强调的是网络中成员之间联系的断裂，即当网络成员相互之间不存在相互关系的时候，结构洞就出现了。结构洞的重要性程度取决于网络中冗余性关系的减少程度。我们可以通过图 5-3 来看结构洞和冗余性关系的具体含义。

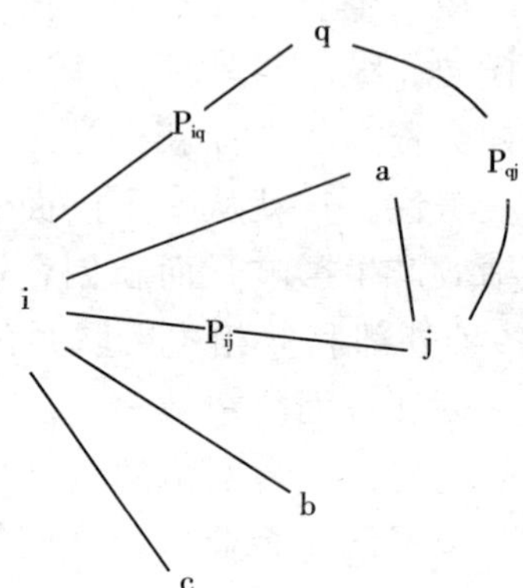

图 5-3　自我中心网中的结构洞

在图 5-3 中，行动者 i 是主体，其自我中心网中包括了五名成员或者说“他人”——q、j、a、b、c。图中的连线表示他们之间所建立的联系，而结构洞反映的是网络成员间连线的缺失。值得注意的是；尽管某些网络成员间不具有直接的联系，但他们却可以通过与同一个第三人之间建立关系而间接联系起来。例如，尽管 q 和 a 没有直接的关系，但他们却可以通过 i 或者 j 间接地联系起来。尽管该图所要体现的是主体 i 的网络结构，但其他网络成员间存在的联系却会对 i 的网络收益产生重要影响，因为这种成员间的联系有可能反映出主体 i 网络中所具有的冗余性联系。在图 5-3 的网络中，主体 i 与成员 q 和 a 的关系相对其与成员 j 的关系来说就是冗余的。原因在于，i 从 q 和 a 处得到的信息同样也可以从 j 处获得。如果保持网络联系是不需要成本的，那么现有的冗余对 i 网络的效率与效能不会产生什么实质性的影响。但问题在于，现实中建立网络联系却是一件需要耗费时间和精力的事情（在图中用 P 表示）。如果 i 保持现有网络形态不变的话，那就意味着他要投资相当的成本用于与 q 和 a 的关系，得到的却是与从 j 那里一样可以得到的资源；同样地，j 与 q 和 a 的联系也意味着无论 j 向 i 提供了什么样的资源，他都可以从 q 和 a 那里得到同样的东西，这就降低了 i 网络的竞争优势。因此，从 i 的观点来看，最理想的网络状态就是与尽可能多的网络成员建立联系（降低自身对结构洞的依赖），而同时这些网络成员之间却又相互没有联系（增加自己对结构洞位置的占据）。

Burt 认为，考虑到网络中的不同行为者为企业经营提供了不同的资源，

具有高冗余性关系或低结构洞数量的网络，就有可能在网络中传递冗余性的资源。从效率的角度看，由网络中结构洞缺乏所导致的冗余是尤其不利的，因为企业家与网络成员保持关系是需要成本的，亦即企业家需要有一定时间和精力上的付出。考虑到任何社会行动者在时间和精力上的投资都是有限的，因此，Burt 认为，富于结构洞的网络在为特定企业提供多样化信息和机会方面是很有价值的。该价值很大程度上来源于两个方面：信息优势和控制优势。

就稀疏社会网络所具有的信息优势而言，某人的社会网络成员之间熟悉程度越低、互动越少，这些网络成员所提供的信息和知识就越具有非冗余性。具有这种非冗余社会联系的经理人，其社会接触的范围更广，其社会联系人也往往能够接触到更为多样化的信息和知识（Moran，2005）。无论信息提供形式是当前的新闻和闲谈，还是更具实质性的数据或 know-how，信息的非冗余性都使得信息更为有价值，因为它可使企业家更为迅速地得到信息，更容易地发现差异或不同，以及在控制信息传播时更具选择性。企业家对有价值信息的广泛接触，使得他们能够更快地发现更多的机会，并能在更宽泛的范围内对机会进行评价，这样就会促进其新创企业绩效的提升。

同时，稀疏的社会网络还可帮助企业家在市场竞争中控制局势，获得 Simmel（1950）所谓的“第三方”（tertius）控制权，即作为互不联系的“他人”之间的第三人，企业家可以从这种位置上“坐收渔利”（tertius gaudens），而“他人”之间的竞争增加了作为第三方的企业家的时间、精力和其他资源，并提高了企业家自身资源的稀缺性。因此，结构洞位置提升了企业家自身资源的价值，同时也提升了他们的声誉和权力（Cialdini，1988：226）。通过使用适当的渠道进行沟通，企业家也能够更好地吸引别人的积极关注以及其他稀缺性资源的投入。具体而言，Moran（2005）认为，第三方处于一种可以“见人说人话、见鬼说鬼话”的位置上（“multi-vocal” position），而企业家则可利用这种位置优势使他的社会网络成员产生这样一种印象，即企业家的时间和资源是很宝贵的，是具有竞争性的，于是企业家就可以通过这种方式获得更高的声望和更大的权力（Burt，1992）。随着“正确的、暧昧的或无序的信息通过第三方在两个联系人之间流动”（Burt，1992），稀疏网络中的企业家能够提高自己在“社会市场空间”中的谈判能力和讨价还价能力，从而获得更大的操纵性、影响力和控制权（Padgett & Ansell，1993）。

信息收益和控制收益除了对企业经营绩效产生影响之外，近年来还有学者探讨了稀疏网络在企业创新方面所具有的作用，即更高地接触多样化信息和 know-how 的能力同样也有助于企业家提升企业的创新绩效（Hargadon & Sutton，1997）。Nahapiet 和 Ghoshal（1998）认为，稀疏网络的信息收益主要存在于三个方面：通道、时机和传播，而这三个方面可以提高当事人组合、交流智力资本的机会以及当事人通过组合/交流智力资本获取价值的期望，从而有利于企业创新。Greve（1995）认为，低密度网络会保护基本的商业思想。运用网络意味着企业家需要与其他许多人讨论他们的商业思想和创新观点，这也意味着他们的思想有可能被其他人复制。而在低密度网络中，每一位联系人并不认识其他网络成员，因此，他们可能不会看到企业家自身资源如何完成与外部互补性资产组合的过程。这就使得企业家可以与其他网络成员讨论其思想和观点，并获得互补性资产，而不必担心与之讨论的人会窃取他们的观点。Moran（2005）则指出，稀疏网络使企业家具备了更高的自主性及更强的控制力，从而有助于他们完成当前的任务、履行职责和进行创新。就像 Bower（1970）和 Burgelman（1983）所说的，更高的自主性和操控力让经理人可以摆出一副创新者的样子，使那些最初难以判断的项目获得通过并持续更长时间，同时又能够保护这些项目以免其弱点过早暴露。

综上所述，企业家低密度的社会网络由于存在更多的结构洞效应，因而能够产生更大的信息收益和控制收益。正像 Burt（1992）所说，寻求信息和市场上互补性资源的企业家，应当设法建立起自己与其他互不关联的经济行动者之间的“桥梁”型弱连带关系。因此，本书提出以下假设：

H9：企业家社会网络的密度与新创企业绩效负相关

H9a：企业家社会网络的密度与新创企业的经营成长绩效负相关

H9b：企业家社会网络的密度与新创企业的创新绩效负相关

第三节　关系资源维度对新创企业绩效的影响

当前大多数学者都认为社会制度是繁荣经济的重要因素（North，1990；Easterly & Levine，2002；Rodrik et al.，2003；Acemoglu & Johnson，2003）。同样地，在创业研究领域中，Boettke 和 Coyne（2003）也指出，“在鼓励创业方面最为重要的两个‘核心’制度就是清晰的财产权利和完善的法律条例”。Licht 和 Siegel（2005）认为，制度环境对创业行为之所以重要，是因为“人们对清晰法律权利的普遍尊重以及掌权者缺乏专横的寻租行为（如收受贿赂），将减少交易中的特殊性风险，降低交易成本。而作为经济变革主要代

理人的企业家对这些因素是尤其敏感的”。但考虑到创业现象在中国的强劲增长势头（GEM2005）以及当前转轨过程中落后的制度结构（Peng & Luo，2000），学者们不禁产生了迷惑：“中国如何能够在保留这样一种制度秩序的前提下还能获得如此高的创业生成率？”部分原因可能就在于企业家在创业活动中所培养的、跨越组织边界的人际关系，这些作为其社会资本组成部分的关系可以替代正式的制度性支持，并使得企业家能够在动荡的环境中接近所需要的资源（Peng & Heath，1996；Peng & Luo，2000）。

一、商业性关系资源对新创企业绩效的影响

企业家的外部商业性关系资源主要是指其与其他企业高层经理人之间的私人社会关系状况。依照 Peng 和 Luo（2000）以及 Collins 和 Clark（2003）的观点，企业家的商业性关系资源或关系网络主要包括客户方、供应商、同行竞争对手以及其他行业企业的经理人等。企业家较强的商业性关系资源意味着企业家认识的商业伙伴数量众多，或企业家与他们保持着密切的私人联系。而这种联系对新创企业绩效的影响则主要存在于两个方面：一是丰富的商业性关系资源降低了企业的市场交易成本，提高了企业的市场运作效率；二是企业家与众多商业伙伴的社会性交往，为企业家提供了更多互动学习的机会，使企业家获得了更多的市场信息和企业发展所需的管理、技术方面的知识。

（一）降低交易成本

企业家商业性关系资源作为其社会资本的一个组成部分，对于市场交易费用的节约具有不可替代的功能。它能节省信息收集、询价的费用，而社会纽带和人与人之间的信任则可以降低讨价还价、契约制定和执行中所发生的交易费用，从而有助于契约的实施（Almond & Verba，1963；Fukuyama，1995）。我们可以从“关系契约”的角度来看商业性关系资源如何降低了企业的交易成本。

“关系契约”是一种不完全的长期契约，其并不考虑所有未来的具体情况，但契约方之间过去、现在和预期未来的个人关系影响着契约的长期安排（Macneil，1974）。Williamson（1996，1998）认为，在没有专用性投资且交易频率不高时，交易双方维持长期关系的意义不大，双方的具体身份也不重要，因而市场治理相对有效；但高度资产专用性条件下，交易失败导致专用资产拥有者的损失会很大，此时关系的持久性是有价值的，因而交易双方的具体身份就变得重要起来。所以，在具有高度专用性资产且交易需要经常进

行的条件下，关系契约有相对优势。关系契约作为维系长期交易的一种治理机制，优点在于其固有的灵活性。在交易双方相互信任和义务一致的前提下，关系契约能使企业根据变化对契约做出迅速、灵活的调整，其目的在于维系长期交易的互惠性本身，而非形式上的书面协定。这种灵活性使关系契约比市场交易（arm-to-length）更能承受不利因素的影响，因为其提供了更细致的信息传递，蕴涵着交易双方相互协调并迅速解决问题的机制安排（Uzzi，1997）。关系契约所包含的长期交易关系为交易双方提供了一种相互依赖和保险，从而有利于降低不确定性、机会主义行为和交易成本。

然而，Williamson 的关系契约理论是由资产专用性引起的，本质上是一种隐含的自我实施机制（Klein & Leffler，1981），即关系是由资产专用性和多次交易需要诱导出来的。该模型有两个与现实不符的隐含条件：存在虽不完全却相当良好的法律制度体系，以及对专用投资决策缔约前双方关系存量的忽视（刘世定，1999）。现实中，中国企业家之所以选择使用关系契约降低企业的市场交易成本，提高交易效率，并非仅由于资产的专用性投资，其同时也是企业家对现有商业关系资源存量利用的理性考虑，以及应对外部宏观市场规制结构不规范的被迫选择。我们可借鉴刘仁军（2006）提出的关系契约分析框架来看这个问题。

Williamson 的模型中隐含了两个假设：①仅当含有资产专用性（K > 0）的交易，机会主义才会发生，而通用性技术的交易（K = 0）无须抵押品作保证。②交易对象的搜寻成本为零。然而，在现实中，交易外部制度体系不一定是完善的，如果缺乏完备法律体系和一般社会道德的约束，为了防止机会主义行为的侵害，即便没有专用资产且频率很低的交易也常常会嵌入到特殊的人际关系中进行（刘世定，1999），而且交易者搜寻交易对象也是需要付出一定成本的。因此，如果此时企业家动用其商业性关系资源来完成某项交易就会起到两种作用：①作为抵押品保证交易的顺利进行。交易双方对私人关系的珍视和维护可以克服不诚实和欺诈等机会主义行为，并部分替代物质抵押品来保证专用性资产交易顺利完成。②降低搜寻和履约等交易成本。由于信息的不完备，一项专用性资产的交易者要找到合适的交易伙伴是要花费成本的，而企业家在其商业性关系资源所及的范围之内搜寻交易对象，则可因相互“知根知底”和义务规范降低交易的搜寻和履约成本。

但是，由于建立和保持私人关系同样是需要成本的，任何人的社会网络范围都有限。如过分依赖企业家的商业性关系资源，将交易对象限定在企业家社会交往范围内，则有可能造成专用性资产的贬值和企业交易效率的下降。从这个角度看，资产专用性效率的降低是企业家动员其商业性关系资源

的成本。而如果企业跨出企业家个体商业性社会资源从更大范围内选择交易伙伴的话，由于宏观环境中市场制度的不完善，“逆向选择”和“道德风险”发生的高几率则会增加企业交易的搜寻成本和履约成本。因此，对于企业而言，是否动员企业家的商业性关系资源完成交易，是由专用性资产贬值成本和市场性交易的成本共同决定的。

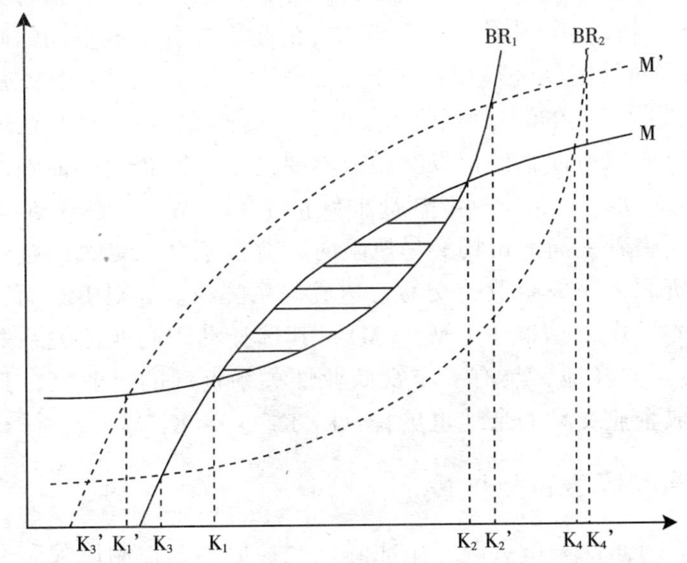

图 5-4　企业家动员其商业性关系资源达成关系契约的决策

图 5-4 说明了企业家是否动员其商业性关系资源完成交易的决策问题。BR_1 和 BR_2 分别是企业家具有不同商业性关系资源情况下（$BR_1 < BR_2$），动员这些关系资源完成交易所造成的效率损失曲线。M 是企业家不运用个体商业性关系资源而完全依靠市场机制寻找交易伙伴时所发生的搜寻成本和履约成本之和。根据这两类成本的性质，商业性关系资源动员所造成的效率损失是资产专用性 K 的凸函数；而交易成本则是资产专用性 K 的凹函数。当资产专用性水平处于一定范围内时（如对 BR_1 而言，其范围为 $K_1 < K < K_2$），企业家会动员其商业性关系资源搜寻交易对象，并与其达成关系契约；而当资产专用性程度太低（$K < K_1$）或太高（$K > K_2$）时，企业家就会选择使用市场机制，到市场上去寻求交易伙伴。另外，如果企业家拥有更为丰富的商业性关系资源，其效率损失曲线就会右移（BR_2），则企业家在社会关系网络中选择交易伙伴的余地越大，企业家通过市场机制寻求交易伙伴的动机越低，因为企业家可以在更大的资产专用性范围内达成关系契约。在图 5-4 中，企业家商业性关系资源丰富程度为 BR_1 和 BR_2 时，其动员关系资源达成交易的范围

分别是 K_1K_2 和 K_3K_4。

以上是在交易双方关系存量或者说企业家商业性关系资源丰富程度方面对企业家交易决策的影响。下面我们考虑加入宏观制度性因素时，企业家的交易选择决策会有怎样的变动。正如当前中国企业家所经历的，在制度转型时期，经常会出现长期缺乏有效正式规范的过渡形态。市场信用的缺失、法律机制的不健全和社会道德的缺乏使得企业在市场交易中面临着更高的风险和不确定性。同时考虑到国有企业和私营企业承受着十分不同的政府管制政策，面临着不同的制度环境（周雪光，2005），制度性因素对民营企业市场交易成本提高所造成的影响可能要大得多（尉建文，2006）。在这种转型背景下，创业企业家所面临的市场交易成本要高于一般企业所面临的交易成本（Choi et al.，1999），即图 5-4 中 M 曲线的上移（M'）。从图 5-4 中可以看出，当企业面临着更高的市场交易风险时，企业家会从更大的范围内动员其商业性关系资源来完成企业的交易，达成关系契约。如对 BR_1 而言，在面临不同交易成本状况的情况下（M' > M），其选择动用商业性关系资源的范围 $K_1'K_2' > K_1K_2$。同样地，具有更丰富商业性关系资源的企业家，其选择使用关系契约完成企业交易的余地也更大（$K_1'K_2' > K_3'K_4'$）。

（二）提供信息和知识

企业家的商业性关系资源除了能降低交易成本、控制风险和不确定性因素外，还能够为企业家提供更多的市场信息以及企业发展所需的管理、技术方面的知识。企业家构建商业性关系资源网络的价值，最直接地体现在该网络为企业家提供了来自组织之外的信息和知识，而这些信息和知识对组织当前和未来的竞争优势有着深刻的影响（Keegan，1984；Athanassiou & Nigh，1999）。市场既是企业创新所需信息的起点，也是检验企业创新能否成功的终点。企业的产品和技术创新来源于市场和客户的需求，也取决于能否满足市场需求。所以，综合利用市场中反映出来的各种信息，是企业家动员其商业性关系资源的一项重要功能。通过与商业关系网络中成员的联系、沟通，企业家可以从供应商那里了解未来的供应状况、从客户方经理人那里了解潜在的需求变化，甚至可以从竞争对手那里获取他们对市场和政策的看法。这些信息的获取与共享能力对企业的创新具有重大的推动作用（Zogut & Zander，1992）。企业家与其市场性关系资源的信任与长期交往，一方面促进了相关信息的交流与共享，另一方面也确保了信息的价值性、真实性和低成本，避免了虚假信息的干扰。此外，由于商业性关系资源中的供应商、客户方、竞争对手及其他企业经理人并不处于同一行业或同一地区，企业家从各个渠道所获取的信息或许有时候看起来并不相关，但即便如此，这些信息还是能够帮助企业家及其创业团队成员打破思维定式，运用全新的方法来将这些信息与组织的现有资源相结合，从而创造出新的知识（Smith & Di Gregorio，2002），从而在更广泛的行动方案中进行最终的战略决策（Walsh，1995），获得新的竞争优势。

善于创新的组织总是在组织之外更广泛地寻求新知识，于是企业家的商业性关系资源在某种程度上可以被看做是一个搜寻和获取新知识的“论坛”。嵌入在商业性关系资源网络中的企业家，从战略意义上说是外部商业信息的一个交汇点，他能够独享大量的信息和知识（Salk & Brannen，2000；Westphal & Milton，2000 ；Collins & Clark，2003）。企业家通过与商业人士的社会交往以及企业与其他单位的重复合作与互动学习，可以汲取新创企业发展所需要的新知识，实现知识的转移与商业化。面对日益复杂多变和趋于饱和的市场环境，企业的创新越来越依赖于从客户需求和市场动态中产生灵感。而市场中的许多知识都是以隐性和未编码的形态存在，知识的特性和知识转移难度要求企业家只有通过与外部商业伙伴紧密而持续的交流才能完成知识的流动过程。正如 O’Hagan 和 Green（2004）所说的，企业间的知识转移取决于它们互动的数量和质量。企业家与其商业性社会资源良好的社会交往状况，可促成组织间产生长期而持续的互动，而这种互动不仅推动了显性知识的转移，更加速了隐性知识和技能在组织间的流动（Powell & Brantley，1992），尤其是与领先客户的紧密联系，能够获取与技术创新相关的技术知识（Shaw，1991）。

此外，企业家还可以通过其商业性关系资源获取当前竞争对手的相关信息。这些信息可能不是直接从竞争对手那里了解到的，而是通过企业家对商业性关系资源中多方面信息的综合分析而获得的。供应商、客户、协作厂商、其他行业企业经理人以及以前的竞争对手等都可能在信息提供上存在着交集，于是企业家可以通过这些信息的交集觉察到现有竞争对手的部分信息。借助于这些信息，企业家及其创业团队成员能够分析、思考本企业现有产品的优点、缺点、机会和威胁，在现有技术基础上提高产品竞争力或改进组织营销模式，在完善自身的同时，攻击现有竞争者的弱点。正像访谈中一位企业家所说的：“做企业不单要思考自己做什么，还要收集竞争对手的信息，知道他们在思考什么以及他们可能会做什么。”而企业家的商业性关系资源无疑为其了解这样的信息提供了重要渠道。

最后，企业家在与其商业性关系资源网络成员的交往联系中，可以获得供应商、客户方、同行竞争者以及其他行业企业在管理模式、管理经验方面的信息。由于商业性关系资源这种不同渠道的交叠性以及企业家与商业伙伴间的亲密关系，使得信息的准确性得到一定的保证。虽然各商业性关系资源所在组织的规模、年龄、行业、发展历史等方面有所差异，但这些企业内部管理方面的知识和经验却存在一定的共通性。同时，这些相互交叠的信息也为企业家提供了认识并思考多种管理模式的机会。企业家根据这些有关新管理模式和管理技巧方面的信息，可以对组织如何更高效率地利用现有知识、人员和能力等资源进行创新性的思考，并不断在提高企业运营效能方面进行新的尝试。

综上所述，企业家的外部商业性关系资源除了通过缔结关系契约的方式降低企业外部经营中的交易成本外，还能够为企业家提供有关市场、技术和管理方面的信息和知识，并因此推动了企业的内部运作效率和创新能力。因此，本书提出以下假设：

H10：企业家商业性关系资源与新创企业绩效正相关

H10a：企业家商业性关系资源与新创企业经营成长绩效正相关

H10b：企业家商业性关系资源与新创企业创新绩效正相关

二、制度性关系资源对新创企业绩效的影响

企业家的制度性关系资源主要指企业家所建立的与各类政府部门人员的关系网络，这些人员主要来自于各级政府部门、企业所在行业主管部门以及工商、税务等行政管理部门（Peng & Luo，2000）。一位企业家曾直言不讳地说："讲政治对于中国企业家来说，的确是很重要的一种能力。在中国就要了解中国的国情。企业家要能把握国家的方针政策，清楚了解每一阶段的法律法规。只是单纯地为做企业而做企业，是做不好的。企业家可以不从政，但是不能不关心政治。我们是在中国做企业，不是在美国或者日本，要想摆脱政治、摆脱党的领导，把企业做大，几乎是不可能的。现在改革开放的程度越来越高，但还是不能脱离党的领导。这是企业的立足点。"（转引自苏小和，2004）这种现象的存在固然与中国几千年的官僚文化相关，但同时也与企业家所面对的社会现实密切相关。"在中国目前转型经济的情况下，政府环境是民营企业外在环境的重要组成部分，对企业的生存和发展以及企业之间的竞争都发挥着至关重要的作用。因此，如何应对政府环境，处理与政府的关系也就构成了民营企业战略决策和经营行为的重要方面。"（张建君、张志学，2005）

在西方文献中，政府与企业间通过特殊关系发生利益输送的研究多被归于企业政治策略（Corporate political strategy）讨论框架，即企业为谋求有利

于自己的外部环境而影响政府政策与法规制定和实施过程的策略（田志龙等，2003）。其基本的理论逻辑为，企业通过政治行为来借助政府权力，以谋取企业自身的利益（Mitnick，1993），如政治捐款（political action committee contribution）、游说（lobbying）、公关广告（advocacy advertising）、基层动员（grassroots mobilization）等（Baysinger et al.，1985；Keim & Zeithaml，1986；Sethi，1982）。而政治策略的总体目标则是创造有利于企业生存和持续成功的公共政策结果（Baysinger，1984；Keim & Baysinger，1988）。目前，企业的政治策略已被认为是企业战略的一个组成部分和帮助企业获取竞争优势的来源之一（Schuler，1996；Baron，1996；Light，1998；Hillman & Hill，1999）。

然而，与西方不同，在中国情境下，企业的政治策略更多的是指企业通过接近和发展与政府（官员）的特殊关系而取得资源、得到保护或避免麻烦的做法与行为（张建军、张志学，2005）。或者更明确地说，是企业家通过建立与政府官员的特殊个人关系来取得对本企业的好处。在西方，通常是良好的公司业绩帮助公司建立起对政府的影响力；在中国，则通常是企业家与政府部门人员所建立的良好社会关系帮助企业获得更佳的业绩。中国企业政治策略的主体是单个的企业（家），运用的手段是大量灰色的或非法的方式（如行贿或变相行贿等），策略的运用目标则是谋取对企业本身的直接好处（而非通过影响公共政策制定来谋取利益）。正是从这个意义上，本书认为企业家与各类政府人员所构建的制度性关系资源，是企业运用政治策略获取各种支持与庇护的主要方式。

此前已有相当数量的研究证实了中国企业家在各级政府中寻找“关系”对企业经营绩效的影响（Nee，1982；Walder，1985；Xin & Pearse，1996；Peng & Luo，2000）。而之所以出现这种现象，则可能由于两个方面的原因：一是中国人际关系的特殊性导向；二是转型经济为企业经营带来的不确定性。就前者而言，正如“差序格局”所表现的，中国人会根据关系的亲疏远近而确定不同的对待方式〔费孝通，1948（1998）〕，因此“中国人往往没有‘公’与‘私’的明确分野，而只有对关系远近的亲疏判断”（杨宜音，1995）。于是当“关系”产生的义务性取代了制度所应有的作用时，社会中稀缺资源的配置也显现出“差序格局”的特点（孙立平，1995）。此时，制度在面对“关系”时便显得有些多余，或者说制度只有当义务性消失后才有意义。“而当‘关系’存在的时候，制度和正式规范往往会大打折扣，以表示关系的亲密程度”（翟学伟，2007）。就转型经济给企业经营所带来的不确定性而言，则主要表现于政府对经济的干预和对企业行为的规制两个方面。政府对经济的干预和对稀缺资源的控制虽然较改革前有了巨大变化，但与成熟市场经济相比，仍然保持着对许多关键资源的控制。而政府的行政性审批和所出台的产业政策等，同样影响着企业的经营领域和经营战略。此外，虽然法律规定了私营企业的合法地位，但其“国民待遇”还没有得到很好的落实。由于规制、规则模糊而粗放，政府对企业监管的随意性仍然普遍存在。这一方面为政府和企业双方都提供了监管行为的操作空间，另一方面也为官员行使“合法伤害权”（吴思，2001）提供了机会。①

正是这些文化和制度上的特点决定了企业家在创业过程中动员其制度性关系资源的重要性。对作为弱势群体的新创企业而言，其企业家通过与各类政府人员建立起千丝万缕的私人关系网络，可以获取企业发展所需的政府支持、庇护，并在信息和稀缺资源方面获得优先使用权。企业家制度性关系资源对新创企业绩效的影响主要表现在以下几个方面：

第一，通过企业家的制度性关系资源，新创企业可获得政府的政策扶持与庇护。以新企业的技术创新为例，尽管政府介入技术创新的方式不同，但其在企业创新方面仍具有重要的推动作用，如资金资助和贴息贷款等。企业家可通过其构建的制度性关系资源网络获得中小企业技术创新基金、高新技术产品出口退税等政策性扶持措施，也可以通过政府搭桥或列入技改项目，如科技攻关项目、产学研联合开发工程等寻求和发展企业合作伙伴。此外，企业家的制度性关系资源还可帮助企业得到政府产业政策方面的支持。如温州市政府近年来出台了一系列政策帮助企业做大做强。那些被选定为重点的企业可享受到特殊优惠，如可得到一位政府领导的对口支援、到一些政府部门办事走“绿色通道”等。而一些企业为了被列为重点企业，就会努力搞好与政府的关系（张建君、张志学，2005）。除获得政府的直接资助和支持外，企业家还可通过其制度性关系资源得到政府的庇护。Wank（1996）通过其对厦门私营企业的研究表明，目前中国私营企业与政治权力的关系已从“单向依赖”发展为“共存依赖”。企业家可以通过结识政府官员避免政治和政策对企业的任意干涉，获得权力的庇护；而政府官员则希望创业型企业能够不断成熟壮大，能够更好地解决当地的就业，增加当地的税收，提高当地的GDP，从而提高自己在当地的政绩。于是，这种“双赢”动机的出现为企业

① 所谓“合法伤害权”，也称“低风险伤害能力”，即政府官员以强大的国家机器为后援，行使者个人承担的成本很低，风险很小，而造成的伤害能力却很大。官员所拥有的“合法伤害权”很大，使得那些心术不正的官员有机可乘（吴思，2001）。并且这些人在行使“合法伤害权”的时候并非直来直去，而是采取“委婉”的方式。如果没有确凿的证据，没有办法通过诉诸法律之类的显规则进行回击。企业家在创业过程中所遇到的相关部门“刁难”的情况，基本上可归于“合法伤害”范畴。

家寻求制度性关系资源的权力庇护提供了机会，从而保护了个人财产，减少了行政权力对企业的不必要干扰。

第二，通过企业家的制度性关系资源，新创企业可获得发展所需的稀缺资源。新创企业普遍规模较小且企业历史较短，不具备大型企业在国家经济中举足轻重的身份，也没有较强的谈判能力。要获得与大型企业相同的稀缺资源，必须借助于与资源拥有者具有更亲密的私人社会关系。而就当前所处的经济转型阶段而言，政府手中无疑仍掌握着大量的这种稀缺资源，如商业机会、土地、行政许可、执照、技术监督、国标、行标等。有学者指出，虽然在转轨过程中国家行政权力在资源配置中的控制在放松，但主导地位依然存在，特别是一些特许资源（李路路，1995；石秀印，1998；戴建中，2001）。由于政府所掌控资源的有限性和稀缺性，不可能对所有企业均等分配，政府官员对企业的了解以及企业家与政府官员之间关系的融洽程度就成为企业能否获得这些资源的决定因素。通过增加或限制企业的资源，政府的政策和规则也可以影响到企业经营战略的转变（Scott，2005）。考虑到转轨经济中企业在获取资源时所面临的不确定性环境（Pfeffer & Salancik，1978），企业家自然会与政府人员保持一种“不成比例的密切关系”（Child，1994）。

第三，通过企业家的制度性关系资源，可获得新创企业发展所需的相关信息。政府在经济转型期制度博弈的主导地位非常明显。其作为市场主体的宏观管理方，必然占据着经济改革和转型的主导地位，掌握着比较全面的各类信息。这些信息包括：技术政策信息，它反映了政府鼓励或限制发展哪些技术或产品，从而决定着企业创新的方向；产业政策信息，它反映出政府在产业发展方面的政策取向，能够影响企业的经营发展方向；生态环境政策信息，它反映了政府鼓励发展哪些环保产品，限制哪些落后的、对环境产生副作用的产品，从而使企业通过发展符合政策的环保产品，获取国家的投资倾斜或优惠政策等。所有以上政策信息对降低企业技术创新的风险和经营方向的不确定性都起到了积极作用，提高了新创企业经营战略的预见性和技术创新的目的性。

综上所述，由于中国文化中人际关系的特殊导向性以及经济转轨阶段的制度性因素都决定了企业家与各级政府人员构建关系网络对新创企业经营所具有的重要影响。通过企业家制度性关系资源，新创企业可以获得政策的支持与庇护、得到企业发展所需的关键资源和政策信息。因此，本书认为，企业家制度性关系资源的丰富程度会对新创企业的绩效产生积极影响。

H11：企业家制度性关系资源与新创企业的绩效正相关

H11a：企业家制度性关系资源与新创企业的经营成长绩效正相关

H11b：企业家制度性关系资源与新创企业的创新绩效正相关

三、其他关系资源对新创企业绩效的影响

企业家其他关系资源主要包括两个方面：企业家在获取金融资源方面的社会关系状况和企业家在获取技术资源方面的社会关系状况。

（一）企业家在获取金融资源方面的社会关系状况

企业家囿于自身财富的限制，往往需要在创业过程中获得外部的资金支持以把握创业机会，这就使得创业融资问题成为创业活动的重心之一（Evans & Leighton，1989；Casson，1982）。然而，由于资金供求双方之间存在的信息不对称性（Amit et al.，1990；Barry，1994；Gompers，1995），企业家的外部融资常常面临着困难。因此，经济学者们提出金融签约理论（financial contracting theory），以证明通过契约权力分配、阶段性投资和风险转移等方式，可以引导通过克服信息不对称的方式做出自我选择并披露相关信息（Gompers & Lerner，2000）。但 Shane 和 Cable（2002）认为，通过契约方式解决创业融资问题鲜有成功，经济学对创业融资现象提供的理论解释并不完整。而随着新经济社会学的发展，社会资本和社会网络理论则能够为创业融资问题提供新的手段（林剑，2006a）。

在创业融资活动中，一个突出的现象就是外部资金主要来源于创业者既有的社会关系网络。全球创业观察（GEM）2005 年的报告显示，在 34 个参与调查的国家和地区中，2003 年创业企业的外部资金提供者有 49.4%来自紧密家庭成员，26.4%来自朋友和邻居，7.9%来自同事，6.9% 是其他亲戚，6.9%是陌生人。可见，企业家的社会网络对创业融资活动的影响很大。事实上，就我国目前科技型新创企业的发展而言，由于企业规模和实力小、信誉低以及创新活动的高风险性等原因，企业很难从银行等正式途径获得贷款，加之风险投资体系发展不健全，因此，资金短缺已成为科技型企业创新、创业的一个主要障碍（傅家骥，1998）。相对于大企业而言，新创企业更希望"从外部寻求资金来弥补自身投入的不足"（Freel，1999），而企业家的社会关系网络则成为新创企业获取金融资本支持的重要途径。

在有关通过社会关系网络融资的研究中，Chakravarty 等（1999）根据社会关系网络对企业融资行为的影响提出了关系融资理论，认为社会资本可以使银行获得小企业软性信息从而减少信息不对称程度。"声誉机制"和"社会惩罚"起到了抵押品的作用，使得金融机构的放贷行为有了保障。企业家在

获取金融方面的社会关系网络不仅可以增加企业获取资金的机会，更可以降低资金的获取成本（Uzzi，1999）。而在国内学者有关投融资领域的研究中，张杰（2001）则解释了外生性金融中介在转轨经济中的不对称效率递增现象。他认为，在转轨经济中，外生性金融中介因排斥私人借方而成为一个风险打包装置，私人贷方和国有借方则在国家信用的使用中成为最大的受益者。因此，在目前的正式金融制度安排下，私人借方被忽视以及其需求的客观存在，为社会网络发挥作用提供了空间，也促成了我国非正式金融（informal finance）的大量涌现。张军（1997）则发现，民间借贷最初都是从亲朋好友和邻里之间的借贷链扩展出去的，因为信息不对称问题、履约问题等在小圈子里一般不严重。随着区域工业化进程的加快和家庭小工业向规模经营的迈进，资金需求随之增大，借贷链条不断延展，非正式金融市场逐渐形成。在创业研究领域中，张玉利和杨俊（2003）对国内 11 个城市的 MBA 和大众群体的调查发现，在成功创业者的融资渠道选择上，单一融资方式中源于企业家社会关系网络的融资比率显著高于其他融资方式，如风险投资和银行贷款。林剑（2006b）认为，社会网络对创业融资会产生正面影响，而在中国转型期，社会网络还成为正式制度的有效补充。而且，他通过案例研究的方式发现，企业家社会网络主要通过网络中的信息机制、互惠机制和文化认同机制对创业融资产生影响。边燕杰（2006）根据对珠三角地区 830 家创业企业资金来源和融资渠道的交互分类表明，当资金来自于企业家社会网络（61.8%）或家庭/个人（28.9%）时，其融资主要依靠社会关系；当资金来源于正式组织时（9.3%），社会关系网络也是重要的融资渠道（7.2%），仅有少数企业没有使用关系（2.1%），因此，社会关系网络是占支配地位（97.1%）的筹资方式，融资渠道是高度网络嵌入的。在随后进行的回归分析中，边燕杰发现，国有、集体和外资企业主要是依靠正式组织获得投资，而个体和私营企业则依赖于企业家个人的社会关系网络获得投资。

企业家在金融资源获取方面的社会关系状况对新创企业绩效的影响主要表现在：其可以带来企业财务资源的增加，而企业财务资源又是企业建立其他有形和无形资源的基础，是企业能够用来支持和执行其战略的不同形式。它表现为可支付能力的资产（Ireland et al.，2003），可以用来购买其他形式的生产性资源（Hansen & Wernerfelt，1989）。新创企业在有了充足的资金支持后，就有了引进技术或设备进行技术创新的基础，同样也可以吸引和招聘高层次的管理和技术人才，并在创新活动失败及经营运作失误方面有更强的承受能力。另外，在新创企业将产品推向市场的过程中，强大的资金优势可以为产品的市场推广、营销渠道和销售组合的建立以及产品知名度、美誉度的提高提供坚实后盾，从而进一步增强企业的市场控制能力。

（二）企业家在获取外部技术资源方面的社会关系状况

新创企业获取外部技术资源的途径有很多种，除与其他企业达成战略性技术研发联盟外，还可以通过企业家个人与其他企业（如国有企业或竞争对手企业）的技术人员、高校和科研机构行业技术专家等的私人社会关系来获得。企业家在外部技术资源获取方面的社会关系丰富程度也会对新创企业绩效产生影响，其主要表现在以下三个方面：

第一，这种与技术资源相关的社会关系可以使新创企业以较为便捷的方式和较低的成本获得企业发展所需的技术机会和市场信息。Prescott 和 Visscher（1980）认为，知识和信息是企业很重要的资产，它们会影响到企业的生产可能性曲线，同时对这些资产的拥有也会影响到企业的技术创新能力。尤其对技术型的新创企业而言，其对信息和知识的拥有状况会直接影响到企业能否获得市场中的竞争优势（Johannessen et al.，1999）。缺乏市场信息是企业创新成功的最大障碍之一（Vesper，1990）。无论在企业内部还是在企业之间，对信息的不断搜寻是企业持续创新的必要条件（Chang & Chen，2004），尤其是企业经营发展所需要的技术发展信息和竞争情报信息。而企业家的社会关系网络则是企业家乃至整个新创企业重要的信息通道，它不仅为企业家提供了非正式的私人信息，也可以通过企业家对相关技术交流研讨会、技术产品展示会等方式成为企业技术信息和市场信息的正式来源。而在企业家社会关系网络中，由于信任与信誉机制的作用，其提供的信息比其他渠道更准确、更稳定、更快捷。企业家作为新创企业整体运营的宏观把握者，在对新信息进行筛选和甄别后，则能够迅速将其与企业当前的资产、技术、人员水平相结合，形成企业新的知识或技术能力。正如 Borg（2001）所说，只有通过对各种信息的充分利用，企业才能获取新的市场机会，并开发出新的产品和服务。

第二，企业家与技术资源相关的社会关系可促进新创企业的知识学习与转移，从而整合企业内外部的技术资源。知识与知识获取是企业提高竞争力的一个关键因素（O'Hagan & Green，2004），不断从外部获取知识对企业的技术创新有着显著的推动作用（Cooper，1979）。但正如 Barney（1991）在资源基础理论中所展现的，知识通常具有隐性和社会复杂性等特点，因此难以实现企业间的转移。而企业家与技术相关的社会关系则可以看成一个有助于提高企业外部知识吸收能力的网络。Greve & Salaff（2001）认为，以企业家社会关系网络为载体的社会资本对于企业知识的学习和信息传播提供了一个

很好的交流平台。企业家与外部各种技术专家的良好社会关系，促成了组织与外部知识源的高度信任。而信任正是分享隐性知识的先决条件，是知识交流、转移最为重要的前提（Boiral，2002）。企业家与技术资源相关的社会关系，推动了外部技术源与企业内部人员频繁的沟通与互动，从而促进了企业从外部获取和整合知识的能力，加速了企业组织学习的过程，从而最终提高了企业的产品水平和技术能力。

第三，企业家与技术资源相关的社会关系可以降低新创企业研发费用，有助于识别和增加企业互补性资产，从而提高企业的战略地位。随着技术发展的日趋复杂和环境不确定性的增加，技术创新的风险越来越大，人们逐渐认识到依靠单一企业来完成创新任务已日趋困难。技术创新不是一个简单的、线性的过程，其具有复杂的反馈机制，并受到许多因素的影响。企业是在与其他组织的相互作用和影响下，开展技术创新活动的。Håkansson（1987）以及 Cook 和 Morgan（1998）指出，单个企业很难具备独立创新的能力，而且创新也不是在真空中进行的，企业的创新必须要依赖于其他组织的合作才能进行。Kline 和 Rosenberg（1986）通过实证分析也指出，创新是一个互动的过程，其中包括企业与其周围不同经营主体间的联系，这些关系包括正式和非正式的企业网络。为了提高创新能力，新创企业通常会通过与其他组织和个人建立各种合作关系来获取各种信息、知识和其他资源，以节约交易费用、节省研发投入，减少信息搜索成本和决策成本（Maskell，1999；张方华，2005）。这些组织和个人可以是大学、科研机构和技术服务部门及其中的人员，也可以是供应商、客户甚至竞争对手中的研发人员。因此，企业家通过其技术资源相关的社会关系，使得各种组织和个人以企业为中心结成一个技术性网络，并能够获取到多种互补性资源和研发技术，以缩短新产品的研发周期，增强科技与市场间的联系，提高企业在创新过程中的灵活性和企业对外部市场环境中不确定性的适应能力。企业家通过其社会关系网络，与外部技术资源达成合作创新，既可以缓解企业内部资源有限的约束，还可以降低企业的研发成本并提高企业实施创新的速度（Kessler & Chakrabarti，1996）。

总之，企业家在其他关系资源方面的丰富程度，为新创的科技型企业提供了企业生存和发展所需的金融资源和技术资源，其在一定程度上满足了新创企业在经营、创新方面的资金需求，有利于企业从外部获取相关信息、技术，从而提高了新创企业的经营成长绩效和创新绩效。由此，本研究提出以下假设：

H12：企业家其他关系资源与新创企业绩效正相关

H12a：企业家其他关系资源与新创企业经营成长绩效正相关

H12b：企业家其他关系资源与新创企业创新绩效正相关

本章小结

在实践中，绩效指标有着指挥棒的作用。尽管以往研究中，对创业绩效结构的组成争论不一，但学者们大都认同创业绩效是一种多维结构。在回顾前人研究的基础上，本章从一个三维评价框架出发提出了本研究对新创企业绩效的测量方法，即将新创企业绩效划分为经营成长绩效和创新绩效两个维度，并以相对指标和企业家主观评价的方式进行测量。

在界定了新创企业绩效及其构成后，本章承袭第三章中对企业家社会资本的维度划分方法，探讨了企业家社会资本对新创企业绩效的影响，即结构维度中企业家网络规模、网络异质性和网络密度对新创企业绩效的影响，以及关系资源维度中企业家商业性关系资源、制度性关系资源和其他关系资源对新创企业绩效的影响，并相应提出了所要验证的假设。

第六章　企业家社会资本来源及影响的实证研究

第三、第四章主要探讨了企业家社会资本的来源以及企业家社会资本对新创企业绩效所产生的影响，并提出了社会资本来源——企业家社会资本——新创企业绩效之间的相互关系，从而形成了理论研究中一个完整的I-P-O（Input-Process-Output）模式（Mathieu，Heffner，Goodwin & Cannon-Bower，2000）。然而，前述探讨都是建立在理论分析和概念模型的基础之上，为了探究模型假设结果的正确性，需要有实证数据来进行检验。本章即从实证的角度出发，运用从企业家创业实践中所获取的数据，检验第三、第四章各理论假设的正确性。

第一节　量表设计与变量测量

一、问卷设计过程

定量分析的一个重要工作就是在定性分析基础上正式提出一个测量工具，并通过一定的手段收集数据以进一步验证所提出的各个假设。由于本研究属于企业家个体层面的研究，所需数据无法从公开资料中获得，因此本研究的数据采集使用了问卷调查的方式。而如何设计一个严谨有效的测量问卷，并通过对足够数量可靠样本的调查来获取假设检验所需的资料就成为定量研究的关键。

为确保测量工具的效度及信度，本研究在各概念的可操作性定义及方法上尽量采用国内外现有文献使用过的量表（见表6-1）。根据Churchill（1979）以及Dunn和Seaker（1994）等学者的建议，量表测量题项采取以下流程开发：①题项通过文献回顾和与企业界的经验调查/访谈形成。②与学术界专家讨论。③与企业界专家讨论。④通过预测试对题项进行纯化，最终问卷定稿。依此建议，本研究的问卷设计经历了以下阶段：①国外相关文献阅读与半结构化访谈相结合。通过阅读大量相关文献，吸收与本研究有关的内容，同时结合半结构化访谈所获取的初步资料，设计相关题项。②征求学术团队意见。将所设计的问卷初稿向笔者所在学术团队中的各位专家征询有关题项设计、题项措辞和问卷格式等方面的意见。根据团队专家对问卷初稿的意见进行修改，形成调查问卷二稿。③征询成功创业企业的企业家意见，与5位成功的创业企业家进行深入交流，征求他们对本书主要问题的意见。④预测试。将所设计的问卷在小样本范围内进行预测试，根据预测结果的效信度分析，以及预测试对象的反馈和建议，对调查问卷作进一步修改，在此基础上形成问卷的最终稿。

二、避免产生偏差的措施

调查问卷包括填空题部分和选择题部分，选择题部分采用 Likert 五点量表来表示，根据 Berdie（1994）的研究经验，选择项超过五级，一般人难有足够的辨别力，因此五点量表是较为可靠的。每个题项用中等长度的句子（16~24 个字）表示，符合 Andrews（1984）的建议。由于问卷应答者的回答主要建立在主观评价之上，因此可能会导致问卷结果出现偏差的问题。Fowler（1988）认为主要存在四个基本原因可能导致问卷应答者对题项做出非准确性的回答：①应答者不知道所提问问题答案的信息。②应答者不能回忆所提问问题答案的信息。③虽然知道某些问题答案的信息，但是应答者不想回答。④应答者不能理解所问的问题。虽然我们无法完全消除以上四个因素可能导致的问题，但仍在问卷设计中采取了以下一些措施尽量降低它们对获取准确答案的负面影响：①为防止第一种原因带来的问题，本问卷要求协助笔者进行调查的调研人员限定问卷填答对象为企业家本人。②为防止第二种原因带来的问题，本问卷的填答对象基本以新创企业（成立时间在 42 个月之内）为主。③为防止第三种原因即自愿性带来的问题，本问卷在调查问卷卷首语中告知应答者，凡问卷填答完整者可得到《企业管理制度全集》和《企业合同文本大全》电子版作为礼物，以激发答卷者的兴趣和意愿，同时卷首语还向应答者明确，本问卷纯属学术研究目的，内容不会涉及企业的商业机密问题，所获信息也不会用于任何商业目的。④为防止第四种原因带来的问题，本调查问卷的设计经历了预测试阶段，从之前听取来自学术界专家和企业界人士的意见到预测试，对问卷的表达方式和遣词造句都进行了斟酌修改，以尽量排除题项难以理解或所表达的意思不够明确的可能性。

此外，为避免同一时间、同一地点、由相同回答者填答自陈式量表（self reproach）所可能产生的共同方法变异（common method variance，CMV），本书采纳 Podsakoff 等人（2003）的建议，在问卷编排设计方面进行了隐匿受访信息、隐匿题项意义、平衡项目顺序等处理。

三、变量的测量

本书所设计的变量主要包括四个方面：企业家社会资本来源影响因素、企业家社会资本、新创企业绩效及控制变量。各变量的可操作性定义及其具体题项情况如下：

（一）企业家社会资本来源影响因素

依据本书第四章所做的分析，其包括以下几个方面的影响因素：对企业家帮助最大的亲属的情况、企业家学历水平、企业家创业前的管理职位、先前的相关行业从业经验、企业家社会胜任力及企业家的网络构建努力。对于亲属情况，依据李路路（1997）、石秀印（1998）、周玉（2005，2006）的研究，本书选择以“创业过程中，对企业家帮助最大的亲属在单位中的职务”进行衡量。对企业家的显性和隐性人力资本水平，则采用了 Jo 和 Lee（1996）、Zhang 等人（2003）以及 Davidsson 和 Honig（2003）在其研究中的处理，采用五点量表表示。对于社会胜任力，本书使用了 Baron 和 Markman（2003）所设计的企业家社会胜任力量表，共四个维度 17 个题项，并以该量表的总分表示企业家的社会胜任力状况。对于企业家的网络构建努力，本书依据 Aldrich 和 Reese（1993）、Ostgaard 和 Birley（1996）、Hansen（2000）以及朱旭峰（2006）等人的研究，采用“企业家平均每周用于社会交往的时间占全部工作时间的比例”予以测量。

（二）企业家社会资本

其被操作化为企业家社会网络的结构特性和企业家与各外部利益相关者的关系状况，即企业家社会资本的结构维度和关系资源维度。

1. 结构维度

依据西方文献的通常做法，本书对企业家“自我中心网”的测量则采用了“定名法”方式，即根据研究的要求，让每位被访者提供自己社会网络成员的姓名、个人特征以及这些成员的相互关系等信息，从而使研究者可根据网络成员的相关信息对网络中的社会资本进行测量。具体而言，本书使用“核心讨论网”的方法，要求企业家回答“过去半年中总共与多少公司以外的人讨论过有关企业发展方面的重要问题（用姓氏或简称指代他们）”，并进一步探询这些讨论对象的情况、企业家与讨论对象关系的情况以及讨论对象之间关系的情况（Greve，1995；Ostgaard & Birley，1996；Hansen，2000；Collins & Clark，2003；Yoo，2003；Moran，2005）。

（1）网络规模。其以企业家所回答的“核心讨论网”的人数确定。根据Marsden（1987）对美国GSS问卷的研究显示，美国人“核心讨论网”的规模平均为3.01，Sawyerr和McGee（2001）对企业家“核心讨论网”的研究则显示，其平均网络规模为4.8。尽管边燕杰（2004）提出，中国人的关系网规模要大于定名法所限定的3~5人，但张文宏（2006）对北京城市居民的调查显示，其“核心讨论网”的规模仅为3.1人。由于研究结论不一致，而目前尚缺乏有关我国创业企业家“核心讨论网”人数的研究加以借鉴，因此，本书尽管在提问中，要求企业家尽可能多地列出这些曾与之讨论过的人，但在问卷中留出的空项为7人。

（2）网络异质性。在被访者列出了这些网络成员后，我们进一步要求其提供每一位成员的背景信息（如性别、教育程度、工作单位性质等），以测算其网络成员的多元化程度。具体而言，我们认为来自不同工作单位性质的网络成员有可能会对企业家提供特别大的帮助，因此以成员所属单位性质为对象来表示网络异质性。对于具体测算方式，我们采用了异质性指数（IQV），即样本总体中实际观察到的变异量与因变量可能存在的最大变异量间的比值。其标准计算公式为（Ruan，1993；李沛良，2001）：

$$IQV=\frac{k(N^2-\sum f^2)}{N^2-(k-1)}$$

其中，k是类别或组数；N是样本数；Σf^2是将各类别次数之平方的总和。

由于本书考虑的是个案中网络成员在人口统计特征上的变异程度，其被定义为企业家网络中两位网络成员随机分属于不同类别的可能性（Yoo，2003），因此，本书的IQV指数遵循了Agresti和Agresti（1977）以及Yoo（2003）的计算方法：

$$IQV=\frac{1-\sum_i P_i^2}{1-\frac{1}{k}}$$

其中，P_i是种类i在观测量中出现的比率；k是观测量中出现的种类的总类别数。在本书中，笔者遵循了Marsden（1978）的建议，即对网络异质性的测量排除了主体本身。IQV值的范围在0（同质性最大）到1（异质性最大）之间。

（3）网络密度。对企业家网络密度的测量，本书使用了以下策略。我们要求企业家用一个4级尺度评价其网络成员之间相互熟悉的程度（CGSS，2003）。"1"表示不认识，"4"表示非常熟悉。由于计算自我中心网密度与计算社会中心网密度的方法不同，本书遵从Scott（1991）和McCarty（2005）的建议，并未将企业家与其网络成员的熟悉程度包括在网络密度计算之内。对于企业家网络密度的计算方法，我们使用了Mizruchi和Stearns（2001）所提出的计算工具：

$$D_i = \frac{\Sigma S_{jk}}{2(N^2 - N)}$$

其中，D_i表示第i位企业家自我中心网络的密度；S_{jk}表示企业家i的网络中成员j与成员k关系的密切程度；N表示企业家网络中成员的数量，即网络规模；而2（N^2-N）则是企业家i的网络中成员间最大可能联系数量（N^2-N）/2与关系程度最高评价尺度4的乘积。Mizruchi和Stearns（2001）已经注意到，该网络密度测量公式等同于一般意义上的整体网密度测量公式，即网络中成员间实际联系的数量与最大可能联系数量的比值。

2. 关系资源维度

在本书中，企业家的关系资源维度主要包括三个方面：商业性关系资源、制度性关系资源和其他关系资源。量表设计参照了石秀印（1998）、边燕杰和丘海雄（2000）、Peng和Luo（2000）、边燕杰（2004）、杨鹏鹏（2005a）、王霄和胡军（2005）以及张鸿萍（2006）等人的研究，以企业家与客户方经理人、供应商经理人、同行经理人以及其他行业企业经理人的私人关系状况作为其商业性关系资源的衡量指标；以企业家与各级政府部门人员、行业主管部门人员及工商、税务等行政管理部门人员的私人关系状况作为其制度性关系资源的衡量指标；以企业家与资金提供者和行业技术专家的私人关系作为其他关系资源拥有状况的衡量指标。

（三）新创企业绩效

根据本书在第五章第一节中的讨论，以经营成长绩效和创新绩效两个维度来操作化地测量新创企业组织绩效。

就创新绩效而言，本书借鉴了官建成（2004）对技术创新中创新绩效的测量指标，即用三种最主要的可用于横向比较企业创新性能的指标来测度：①新业务的开发数量。②新业务数量占企业业务数量的比重。③新业务销售收入占总销售收入的比重。根据丁岳枫（2006）的观点，在本书中，创新绩效测量并没有使用"新产品"的说法，而采用了"新业务"这一术语。原因在于，这是比“新产品含义更广的一个概念，其不仅包括新产品开发和使用，还包括新市场的开拓、新生产方式的使用等”。让企业家根据企业实际与同行主要竞争对手进行比较，从而给出相对于主要竞争对手的评价。

经营成长绩效反映了新创企业经营和发展的总体状况。许多实证研究表明，创业绩效主要以创业公司的成长目标来体现（Ensley & Banks，1992；Siegal et al.，1994；Chandler & Hanks，1994）。根据 Murphy（1996）、Brush 和 Vanderwerf（1992）、Chandler 和 Hanks（1994）以及丁岳枫（2006）的研究，本书选取四个成长性指标和一个整体竞争力判断指标来测量企业的经营绩效，即公司市场份额增长情况、公司销售总额增长情况、公司利润增长情况、公司员工数量增长情况和公司整体竞争力。与对创新绩效的评价方式相同，对于新创企业经营绩效，同样请企业家根据与主要竞争对手的比较给出相对评价。

（四）控制变量

以往的研究显示，社会人口特征（如性别、年龄等）对人们的社会网络结构会产生不同的影响（Laumann，1966；Fischer，1982；Van der Poel，1993；Ruan，1993；张文宏，2005）。创业领域中也有学者指出，企业家先前的创业经历和工作年限会对其创业行为产生影响（Stuart & Abetti，1990；Bates，1995；Robinson & Sexton，1994；Gimeno et al.，1997；Colombo & Grilli，2005）。可预见的是，曾有过创业经验或具有丰富劳动力市场经验（labor market experience）的企业家，其再次创业过程中可能知道从谁那里能够获得何种帮助，因此，企业家的创业经历也可能会对其社会关系网络构成和结构产生影响。基于以上原因，本书在检验影响企业家社会资本来源的因素时，将以企业家的性别、创业年龄（企业家现时的年龄减去企业成立的年数）、创业前的工作年限、是否有创业经历作为控制变量。

在有关企业绩效影响因素的实证研究当中，企业的年龄、规模（以雇员数表示）和行业特征（制造业与服务业）是常被学者们所使用的控制变量。在本书中，我们沿袭了这个传统处理方式。除此之外，相关研究还显示个体社会网络的规模也会对其网络的异质性和密度等结构特征产生影响（Ruan，1993；Yoo，2003）。因此，在检验网络异质性与密度的影响和被影响因素时，本书还将网络规模增加为控制变量之一。

第二节　数据收集

一、数据收集过程

在研究中，对于样本的选择，本书主要采取了以下三个标准：①企业为企业家本人所创办，非转制企业或家族继承。②成立时间符合全球创业观察（GEM）对新创企业的认定，即创建后不得超过 42 个月。③部分虽不符合 GEM 认定标准，但企业成立时间不长（8 年以下），企业家能够清晰回忆企业初创时情形的企业。[①]

调查问卷定稿后，笔者即展开了调研工作。由于调查对象的特殊性，具体的调研方式分两种：①笔者充分动员了自身的社会关系网络，由熟人介绍，笔者进入企业，或者由笔者的亲戚、朋友、同学亲自到新创企业进行调查。鉴于本书可能会涉及企业家经营活动的某些机密或敏感问题，要了解相对比较真实的资料，只有通过选择较为熟悉的关系企业，才能取得良好的调查效果。②由笔者所雇用的两名经济学专业硕士研究生协助笔者进行调查。在调查前，笔者对他们进行了培训，包括详细介绍调研项目的目的和理论模型、问卷中每一题项的含义、调研当中的基本流程和技巧、调研的组织方式和主要联系人等。并特别强调，此次调研的问卷填写对象必须是新创企业的企业家本人，否则宁可取消该单位的问卷调研。调查开始时，调研人员对问卷中的有关问题进行解释，并指导被调查者填写问卷。在调研时遵循以下标准：①在访问人指导下，由企业家当场填写。②填满率低于 95%的问卷视为无效。③请填写人依照第一反应填写。④问卷中连续多次出现相同的回答视作无效。

整个问卷调研过程从 2007 年 4 月开始，持续到 2007 年 11 月结束，历时 8 个月。问卷调研区域主要集中在济南、淄博等地的软件园区、开发区和创业服务中心以及泰安市中小企业局下属企业。本次调研共发放问卷 130 份，回收 130 份，其中有效问卷 122 份，占回收问卷的 93.8%。无效问卷 8 份，

① 尽管基于回忆的回答有可能出现事后偏见和记忆缺失（hindsight biases and memory decay）问题（Dadivdsson & Honig，2003），但 Yoo（2003）认为这种情况对创业相关的问题而言，发生的可能性很小。由于企业家常常为创业过程付出了极大的努力和心智，使得他们对创业过程中所发生的事常难以忘怀。对企业家而言，创业的过程往往“就像发生在昨天”（Yoo，2003）。

问卷无效的原因主要是问卷填满率低于95%以及回答几乎完全一致的答卷，占回收问卷的6.2%。应当说由于采取了人员入户调研方式，问卷回收率还是比较高的。

二、样本特征

其中，从填答问卷的企业家的情况来看，多数为男性企业家，共99位，占样本总量的81.1%。企业成立时，创业年龄在30岁以下的占26.2%，30~39岁的占45.9%，40~49岁的占22.1%，50岁以上的有7位。从企业家创业的动机（薛红志等，2003）来看，样本中大多数的企业家（88.5%）属机会拉动型创业，仅有14位企业家属于贫穷推动型创业。

从样本的地域分布看，122个样本中有40个来自济南地区，30个来自泰安地区，52个来自淄博高新技术创业服务中心。在样本企业中，属制造行业的占56.6%，服务业企业的占43.4%。企业成立时间在1年以下的占8.2%，成立时间在1~2年的占25.4%，成立时间在2~3.5年的占42.6%，成立时间超过3.5年的占23.8%。此外，从被调查企业的性质来看，传统企业与科技型企业数量大体相当，分别占47.5%和52.5%。

本调查所采集样本的相关情况如表6-1所示。

表6-1　样本特征

企业家特征		人数	百分比（%）	样本企业特征		数量	百分比（%）
性　别	男	99	81.1	地域范围	济南	40	32.8
	女	23	18.9		淄博	52	42.6
创业年龄	30岁以下	32	26.2		泰安	30	24.6
	30~39岁	56	45.9	所属行业	制造业	69	56.6
	40~49岁	27	22.1		服务业	43	43.4
	50岁以上	7	5.7	成立时间	1年以下	10	8.2
创业动机	机会拉动	118	96.7		1~2年	31	25.4
	贫穷推动	4	3.3		2~3.5年	52	42.6
					3.5年以上	29	23.8
				企业性质	传统企业	58	47.5
					科技型企业	64	52.5

第三节　测量模型的有效性

在社会调查中，为了从反映的现象中深入研究一些本质性或理论性问题，研究者除询问一般的事实之外，还常常设计询问有关被调查者态度或意见的问题，以测量较为抽象的“态度”、“看法”、“观念”等（杜慕群，2004）。这就产生了测量所得数据的信度和效度。因此，在进行各项研究假设的验证之前，本书首先对量表中涉及企业家“态度”、“看法”等问题的部分进行效度和信度的检验。其主要包括三个方面：对企业家社会胜任力的测量、对企业家社会资本关系资源维度的测量和对新创企业绩效的测量。

一、效度检验

所谓“效度”，是指一种测量工具能够测出所测量事务的特质或功能的程度。对效度的测量包括内容效度（context validity）和建构效度（construct validity）两个方面。其中，内容效度是指测量工具所能涵盖研究主题的程度。由于本书采用结构式问卷作为研究工具进行数据资料收集，问卷题项设计过程中，尽量利用以往学者的研究量表或结论，设计结果也经过与导师、学术团队成员及企业界人士的多次讨论，因此，本书所用的问卷具有一定程度的内容效度。而建构效度是指测量工具能够衡量某一理论概念的程度。Kerlinger（1986）认为可用因子分析来检测量表的建构效度。因子分析可帮助我们判断同一变量的不同测度题项之间是否存在较强的相关性，并合并为几个较少的因子，以简化数据的基本结构。就本书而言，主要就是通过因子分析，判断同一变量的不同测度项是否比较准确地反映了被测度变量的特性，以致将这些题项合并为一个因子（命名为测度变量）。并在此基础上，利用因子得分之和进行相关分析和回归分析，以检验理论假设是否成立。本书使用 SPSS13.0 软件，对调查问卷中相关分量表的因子分析过程如下。

首先，对 Baron 和 Markman（2003）所设计的企业家社会胜任力量表进行一次探索性因子分析。样本充分性的检验结果显示，KMO 测试系数为 0.774，样本分布的 Bartlett’s Test 的卡方检验值为 928.859，显著性水平为 0.000，表明原始数据适合做因子分析。对原始数据用主成分分析法提取因子（特征值大于 1），并用最大变异转轴法（Varimax）进行因子旋转后的分析结果如表 6-2 左侧所示。

表 6-2　企业家社会胜任力的探索性因子分析

题项	第一次因子分析					题项	第二次因子分析			
	1	2	3	4	5		1	2	3	4
Q39	0.867					Q39	0.880			
Q38	0.845					Q38	0.845			
Q37	0.753					Q40	0.747			
Q40	0.701					Q37	0.740			
Q44	0.683					Q44	0.731			
Q42	0.595					Q42	0.649			
Q34		0.886				Q34		0.892		
Q49		0.881				Q49		0.877		
Q41		0.792				Q41		0.786		
Q40		0.680				Q40		0.704		
Q46			0.767			Q46			0.761	
Q48			0.703			Q48			0.702	
Q43			0.666			Q33			0.685	
Q33			0.659			Q43			0.654	
Q45				0.906		Q45				0.907
Q47				0.897		Q47				0.898
Q35					0.816					

从因子分析结果可以看出，运用主成分分析法共提取出 5 个因子，其中第 5 个因子仅包含 Q39 一个题项，层面所涵盖的题项内容太少，故将之删除较为适宜。同时，由于题项删除后的因子结构也会改变，因而需要再进行一次因子分析，以验证量表的结构效度（吴明隆，2001）。第二次因子分析前的样本充分性检验结果显示，KMO 测试系数为 0.784，样本分布的 Bartlett's Test 卡方检验值为 955.425，显著性水平为 0.000。同样运用主成分分析法并结合最大变异转轴法（Varimax）进行分析后的结果如表 6-2 右侧所示。第二次因子分析的结果显示，因子负载情况比较好，都在 0.65 以上，且累积方差百分比为 68.227%，说明本书对这些变量的测量是有效的。根据题项所包含的含义：第一个因子载荷的是社会适应，第二个因子载荷的是表达力，第三个因子载荷的是社会知觉，第四个因子载荷的是印象管理。需要指出的是，尽管除印象管理因子外，其他因子所包含的题项与 Baron 和 Markman（2003）的量表存在着差异，但本书的因子分析结果却与庄明科等（2004）对社会技能量表中国版的初步修订结果大致相同。出现这种差异的原因可能在于中国文化的独特性（庄明科等，2004）。鉴于本书的目的并非详细探讨企业家社会胜任力的维度构成，而仅将其作为企业家社会资本来源的一个代

理变量，因此笔者认为目前的因子分析结果是可以接受的。

其次，对企业家社会资本的关系资源维度进行探索性因子分析，以检验其结构效度。样本充分性检验显示，KMO 系数为 0.820，样本分布的球形 Bartlett's Test 卡方检验值为 698.421，显著性水平为 0.000，原始数据适宜做因子分析。采用主成分分析法后的检验结果如表 6-3 所示：

表 6-3　企业家社会资本关系资源维度的探索性因子分析

题　项	商业性关系资源	制度性关系资源	其他关系资源
Q26	0.903		
Q29	0.873		
Q31	0.860		
Q30		0.873	
Q23		0.813	
Q28		0.812	
Q24			0.878
Q27			0.823
Q25			0.782

因子分析结果显示，因子负载状况良好，都在 0.75 以上，且它们的累积方差百分比为 80.489%，说明本书对这些变量的测量是有效的。根据题项所包含的含义，各因子名称的界定如表 6-3 所示。值得注意的是，在本书原先的研究设计中，题项 Q25 是附着在企业家商业性关系资源因子上的，但最终的因子分析结果却表明，其事实上附着于其他关系资源因子上。

最后，对新创企业绩效进行探索性因子分析。采用主成分分析法，发现样本充分性检验的 KMO 值为 0.831，Bartlett's 球形检验的卡方值为 533.767，并达到显著性水平，适宜做因子分析，且累计解释方差百分比达到 69.507%。因子分析的结果见表 6-4。

表 6-4　企业家社会资本关系资源维度的探索性因子分析

题　　项	经营成长绩效	创新绩效
Q57	0.862	
Q56	0.796	
Q51	0.723	
Q55	0.717	
Q53	0.679	
Q54		0.880
Q52		0.807
Q50		0.738

二、信度检验

数据的信度又称为数据的可靠性，指的是一组项目是否在测量同一概念，其是衡量数据质量的非常重要的指标。本书采用 Cronbach's α 系数并结合纠正条目的总相关系数（Correcte-item Total Correlation，CICT）对企业家社会胜任力、企业家社会资本关系资源维度和新创企业绩效等分量表及其各构想层面的信度分析结果如表 6-5 所示。

表 6-5 信度分析结果

量 表	测项中最小的 CICT 值	Cronbach's α 值
企业家社会胜任力		0.881
社会适应	0.593	0.756
社会表达力	0.514	0.796
社会知觉	0.457	0.744
印象管理	0.707	0.822
社会资本的关系资源维度		0.874
商业性关系资源	0.711	0.861
制度性关系资源	0.818	0.927
其他关系资源	0.625	0.829
新创企业绩效		0.879
经营成长绩效	0.570	0.865
创新绩效	0.586	0.805

表 6-5 的信度分析结果显示，测量企业家“态度”、“观点”的三个分量表，各因子的 Cronbach's α 系数都在 0.756 以上，大于 0.7 的可接受水平；各测项的 CICT 值都在 0.457 以上，高于 0.35 的可接受水平（Nunally，1978，转引自张方华，2005）。因此，可以认为本书所收集的数据是相当可靠的，适合在此基础上进行下一步的假设检验分析与讨论。

第四节 样本总体变量间关系的回归分析

根据本章第二节的研究方法所获取的有效样本，本节将利用所有 122 家样本企业的数据对第四章、第五章所提出的假设进行实证检验。实证检验所采用的基本方法为最小二乘法回归（OLS regression）。考虑到交互作用的影

响，在对所有控制变量和自变量进行 OLS 回归时，都需要进行层级回归（Aiken & West，1991；Cohen et al.，2003；Van Der Vegt，2005）。

一、相关性分析

相关性分析是指对两个变量之间关联程度的分析，通过相关性分析可以明确两个变量之间的关系，它是多元回归分析的基础。我们可以通过相关分析初步判断变量间可能存在的关系。表 6-6 给出了本书的理论假设所涉及各变量间的零阶相关。

相关表中的第 1~7 项为本书的数据分析中的控制变量。从表 6-6 中可以看出，企业家创业时的年龄与其创业前的工作年限（$r = 0.740$，$p < 0.001$）、有否创业经历（$r = 0.253$，$p < 0.001$）显著相关。此外，创业年龄也与企业家创业前的职位等级（$r = 0.200$，$p < 0.05$）、制度性和其他关系资源丰富程度（$r = 0.244$，$p < 0.001$；$r = 0.226$，$p < 0.05$）有显著的相关性，这意味着创业时年龄更长的企业家，有更为丰富的隐性人力资本，具有更多的商业性关系资源和其他关系资源，其所创企业的经营绩效表现也更好。同样地，企业家创业前的工作年限也表现出类似特性。样本企业的公司年龄则与企业家的学历（$r = 0.237$，$p < 0.01$）、先前的相关行业从业经验（$r = 0.265$，$p < 0.01$）以及企业家用于社会交往的时间（$r = 0.193$，$p < 0.05$）显著相关。而样本企业的规模则与企业家创业前的职务（$r = 0.240$，$p < 0.01$）、社会交往时间（$r = 0.191$，$p < 0.05$）、商业性关系资源（$r = 0.279$，$p < 0.01$）、其他关系资源（$r = 0.285$，$p < 0.01$）和企业经营绩效显著正相关（$r = 0.286$，$p < 0.01$）。这或许意味着拥有更丰富人力资本和社会关系资源的企业家，其企业经营规模更大，创新能力也更强。此外，由于本书以哑变量方式对样本企业的行业特征进行了处理（1 = 制造业；0 = 服务业），相关表中则显示出制造业中的新创企业，其企业家创业前的职务往往较高（$r = 0.211$，$p < 0.05$）。

针对本书理论探讨中所提出的理论假设，则可以从前面的表格中得到如下信息：

就企业家社会资本来源的各影响因素而言，对企业家帮助最大的亲属的职位状况与企业家商业性关系资源（$r = 0.365$，$p < 0.01$）和制度性关系资源（$r = 0.200$，$p < 0.05$）的丰富程度呈现正相关关系，这与假设 H1b 部分一致，但后者相关程度和显著程度不似前者那样高。企业家创业前的管理职位与其网络规模（$r = 0.214$，$p < 0.05$）、制度性资源（$r = 0.340$，$p < 0.01$）及其他资源（$r = 0.181$，$p < 0.05$）的丰富程度正相关，与假设 H3 部分一致。企业家创业前的相关行业经验与其社会网络规模（$r = 0.428$，$p < 0.001$）、异质性（r =

表 6-6 零阶相关

变 量	1	2	3	4	5	6	7	8	9	10	11	12	13	14	15	16	17	18	19	20
1. 创业年龄																				
2. 性别	0.44																			
3. 工作年限	0.740**	0.013																		
4. 曾否创业	0.253**	0.094	0.153																	
5. 公司年龄	–0.110	0.006	–0.059	0.148																
6. 公司规模	0.131	–0.155	0.085	–0.055	0.072															
7. 所属行业	0.112	–0.050	0.111	–0.094	0.050	0.204*														
8. 亲属职位	0.102	0.129	0.039	0.032	0.033	–0.109	0.060													
9. 学历	–0.059	–0.140	–0.122	–0.023	0.237**	0.115	–0.041	–0.003												
10. 创业前职务	0.200*	0.127	0.222*	0.134	0.012	0.240**	0.211*	0.036	0.171											
11. 原工作相关性	0.054	–0.059	0.007	–0.052	0.265**	0.134	0.046	–0.064	0.067	0.298**										
12. 社会胜任力	0.141	0.079	0.125	–0.145	–0.165	0.134	0.006	–0.016	–0.082	0.050	0.161									
13. 交往时间	0.090	0.036	0.102	–0.051	0.193**	0.191*	0.057	0.051	0.184*	0.290**	0.222*	0.284**								
14. 网络规模	0.100	0.028	0.075	0.068	–0.205*	0.034	0.044	0.033	0.044	0.214*	0.428**	0.174	0.285**							
15. 网络异质	0.082	–0.066	0.096	–0.015	–0.1684	0.108	–0.005	0.006	0.006	0.136	0.362**	0.186*	0.211*	0.410**						
16. 网络密度	–0.009	–0.041	–0.046	–0.051	0.028	0.141	0.004	–0.070	0.067	0.079	0.042	0.274**	0.249**	–0.036	0.309**					
17. 商业性关系资源	0.170	–0.047	0.131	–0.068	–0.004	0.279**	–0.032	0.365**	0.142	0.150	0.251**	0.336**	0.381**	0.226*	0.280**	0.176				
18. 制度性关系资源	0.247**	–0.044	0.244**	–0.072	–0.085	0.140	0.033	0.200*	0.156	0.340**	0.288**	0.076	0.376**	0.215*	0.270**	–0.021	0.523**			
19. 其他关系资源	0.250**	0.079	0.226*	–0.031	0.000	0.285**	0.011	0.014	–0.024	0.181*	0.264**	0.423**	0.523**	0.211**	0.227*	0.126	0.409*	0.476**		
20. 经营绩效	0.156	0.003	0.146	0.012	–0.0269	0.148	0.096	0.084	0.129	0.206*	0.398	0.254*	0.432**	0.357*	0.437**	0.101	0.240**	0.442**	0.431**	
21. 创新绩效	0.177	–0.003	0.075	–0.061	–0.071	0.286**	0.076	0.187*	–0.195*	0.218*	0.270**	0.301**	0.408**	0.357**	0.307**	0.190*	0.551**	0.344**	0.414**	0.577**

注：$^{*}p < 0.05$，$^{**}p < 0.01$。

0.362，$p<0.01$）及商业性（$r=0.251$，$p<0.01$）、制度性（$r=0.288$，$p<0.01$）和其他（$r=0.264$，$p<0.01$）关系资源的丰富程度显著正相关，与假设H4部分一致。企业家的社会胜任力与其社会网络的异质性（$r=0.186$，$p<0.05$）、密度（$r=0.274$，$p<0.01$）及商业性关系资源（$r=0.336$，$p<0.01$）和其他关系资源（$r=0.423$，$p<0.01$）的丰富程度正相关，从而与假设H5部分一致。社会交往时间衡量的是企业家的网络构建努力，其与网络的规模（$r=0.285$，$p<0.01$）、异质性（$r=0.211$，$p<0.05$）、密度（$r=0.249$，$p<0.01$）及商业性（$r=0.381$，$p<0.01$）、制度性（$r=0.376$，$p<0.01$）和其他关系资源（$r=0.523$，$p<0.01$）的丰富程度都呈正相关，从而与假设H6相一致。

就企业家社会资本各维度要素对新创企业绩效的影响而言，经营成长绩效与企业家社会网络的规模（$r=0.357$，$p<0.05$）、异质性（$r=0.437$，$p<0.01$）及企业家商业性（$r=0.240$，$p<0.001$）、制度性（$r=0.442$，$p<0.01$）和其他关系资源（$r=0.431$，$p<0.01$）的丰富程度呈显著正相关关系。而新企业的创新绩效则与网络规模（$r=0.357$，$p<0.01$）、异质性（$r=0.307$，$p<0.01$）、密度（$r=0.190$，$p<0.05$）及企业家商业性（$r=0.551$，$p<0.01$）、制度性关系资源（$r=0.344$，$p<0.01$）和其他关系资源（$r=0.414$，$p<0.01$）的丰富程度正相关。

上述由简单相关所得到的信息尽管能够提示两变量间的关系方向，但并不能用于确定理论假设的结果。理论假设尚须同时考虑其他变量，并用层级回归作进一步检验。

二、企业家社会资本来源影响因素的回归分析

这里，笔者分别以社会资本来源各影响因素（变量进入顺序为：对企业家帮助最大的亲属的职务、企业家的学历水平、创业前的管理职务、相关行业经验、社会胜任力水平和社会交往时间）为自变量，以企业家社会资本各维度要素（网络规模、网络异质性、网络密度、商业性关系资源、制度性关系资源和其他关系资源）为因变量，采用层级多元回归模型分析社会资本结构维度各来源影响因素的作用。为消除多重共线性问题，还对方差膨胀因子（VIF）进行了检验，结果显示，所有VIF值都比较理想，基本可以拒绝多重共线性问题。回归结果见表6-7，其中前三组回归模型是有关企业家社会资本结构维度来源影响要素的分析，后三组是有关企业家社会资本关系资源维度来源影响因素的分析。

表 6-7 企业家社会资本来源影响因素的回归分析结果

（1）因变量：网络规模（自变量 $VIF_{max}=1.318$）							
创业年龄	0.128（0.918）	0.125（0.888）	0.120（0.853）	0.111（0.800）	0.061（0.472）	0.047（0.366）	0.054（0.421）
性别	0.032（0.351）	0.030（0.320）	0.038（0.399）	0.007（0.072）	0.043（0.488）	0.034（0.391）	0.031（0.361）
原工作年限	−0.004（−0.030）	−0.003（−0.019）	0.007（0.053）	−0.036（−0.258）	0.022（0.171）	0.019（0.147）	0.006（0.047）
曾否创业	−0.103（−1.081）	−0.103（−1.075）	−0.102（−1.071）	−0.120（−1.272）	−0.802（−0.930）	−0.065（−0.726）	−0.059（−0.664）
亲属职务		0.020（0.218）	0.020（0.209）	0.019（0.206）	0.046（0.543）	0.049（0.573）	0.040（0.469）
学历			0.055（0.589）	0.009（0.091）	0.014（0.165）	0.021（0.235）	−0.008（−0.090）
创业前职务				0.212（2.191）*	0.078（0.828）	0.079（0.836）	0.044（0.466）
相关行业经验					0.401（4.494）**	0.388（4.292）**	0.369（4.098）**
社会胜任力						0.089（1.013）	0.046（0.505）
交往时间							0.167（1.804）!
R^2	0.020	0.021	0.024	0.063	0.205	0.212	0.235
ΔR^2	0.020	0.000	0.003	0.039	0.142	0.007	0.022
Adjusted R^2	−0.013	−0.021	−0.207	0.006	0.149	0.149	0.166
F	0.609	0.493	0.466	1.099	3.648**	3.357**	3.407**
（2）因变量：网络异质性（自变量 $VIF_{max}=1.280$）							
创业年龄	−0.032（−0.236）	−0.028（−0.211）	−0.022（−0.162）	−0.023（−0.167）	−0.053（−0.409）	−0.090（−0.700）	−0.087（−0.681）
性别	−0.051（−0.566）	−0.048（−0.521）	−0.059（−0.635）	−0.060（−0.647）	−0.028（−0.312）	−0.063（−0.708）	−0.061（−0.686）
原工作年限	0.099（0.758）	0.096（0.732）	0.080（0.610）	0.078（0.583）	0.121（0.944）	0.116（0.920）	0.104（0.826）
曾否创业	−0.066（−0.706）	−0.066（−0.706）	−0.168（−0.728）	−0.070（−0.734）	−0.056（−0.622）	−0.021（−0.235）	−0.019（−0.212）
网络规模	0.321（3.522）**	0.324（3.515）**	0.330（3.579）**	0.328（3.495）**	0.224（2.351）*	0.195（2.071）*	0.183（1.941）!
亲属职务		−0.026（−0.279）	−0.026（−0.288）	−0.026（−0.283）	−0.005（−0.054）	−0.003（−0.036）	−0.013（−0.149）
学历			−0.096（−1.046）	−0.099（−1.049）	−0.104（−1.156）	−0.091（−1.025）	−0.108（−1.203）
创业前职务				0.015（0.153）	−0.063（−0.658）	−0.065（−0.697）	−0.088（−0.920）
相关行业经验					0.319（3.275）**	0.296（3.092）**	0.290（3.033）**

续表

(2) 因变量：网络异质性（自变量 $VIF_{max}=1.280$）							
社会胜任力						0.217（2.395）*	0.192（2.073）*
交往时间							0.107（1.121）
R^2	0.125	0.126	0.134	0.135	0.215	0.256	0.265
ΔR^2	0.125	0.001	0.009	0.000	0.080	0.041	0.009
Adjusted R^2	0.085	0.077	0.078	0.069	0.147	0.184	0.186
F	3.112*	2.585*	2.373*	2.061*	3.191**	3.576**	3.373**
(3) 因变量：网络密度（自变量 $VIF_{max}=1.280$）							
创业年龄	0.061（0.438）	0.064（0.454）	0.064（0.449）	0.058（0.405）	0.050（0.347）	-0.014（-0.101）	-0.008（-0.063）
性别	0.031（0.331）	0.034（0.359）	0.036（0.361）	0.019（0.193）	0.028（0.279）	-0.033（-0.353）	-0.029（-0.314）
原工作年限	-0.045（-0.331）	-0.048（-0.346）	-0.047（-0.336）	-0.068（-0.487）	-0.057（-0.402）	-0.066（-0.502）	-0.091（-0.700）
曾否创业	-0.139（-1.417）	-0.139（-1.413）	-0.139（-1.405）	-0.149（-1.500）	-0.145（-1.461）	-0.084（-0.893）	-0.080（-0.862）
网络规模	-0.143（-1.495）	-0.140（-1.450）	-0.141（-1.444）	-0.159（-1.617）	-0.187（-1.786）!	-0.238（-2.403）*	-0.262（-2.687）**
亲属职务		-0.023（-0.241）	-0.023（-0.239）	-0.021（-0.216）	-0.015（-0.156）	-0.012（-0.134）	-0.033（-0.372）
学历			0.005（0.052）	-0.020（-0.208）	-0.022（-0.222）	0.002（0.016）	-0.035（-0.378）
创业前职务				0.123（1.207）	0.102（0.971）	0.098（0.995）	0.050（0.503）
相关行业经验					0.085（0.793）	0.045（0.448）	0.033（0.336）
社会胜任力						0.375（3.940）**	0.323（0.3376）**
交往时间							0.228（2.308）*
R^2	0.036	0.036	0.036	0.049	0.055	0.178	0.218
ΔR^2	0.036	0.001	0.000	0.013	0.006	0.123	0.040
Adjusted R^2	-0.009	-0.017	-0.027	-0.023	-0.026	0.099	0.135
F	0.805	0.675	0.574	0.686	0.678	2.247*	2.612**

续表

（4）因变量：商业性关系资源（自变量 $VIF_{max}=1.318$）							
创业年龄	0.206（1.505）	0.150（1.167）	0.139（1.086）	0.134（1.050）	0.104（0.834）	0.059（0.499）	0.069（0.595）
性别	−0.043（−0.476）	−0.088（−1.035）	−0.068（−0.790）	−0.084（−0.971）	−0.062（−0.740）	−0.090（−1.118）	−0.094（−1.203）
原工作年限	0.000（−0.002）	0.027（0.217）	0.053（0.424）	0.031（0.243）	0.065（0.529）	0.055（0.472）	0.037（0.328）
曾否创业	−0.136（−1.449）	−0.133（−1.524）	−0.133（−1.532）	−0.142（−1.637）!	−0.119（−1.404）	−0.064（−0.777）	−0.055（−0.693）
亲属职务		0.365（4.268）**	0.362（4.278）**	0.362（4.284）**	0.379（4.602）**	0.387（4.948）**	0.374（4.920）**
学历			0.145（1.706）!	0.121（1.385）	0.124（1.468）	0.144（1.793）!	0.104（1.314）
创业前职务				0.111（1.253）	0.031（0.337）	0.033（0.384）	−0.015（−0.176）
相关行业经验					0.242（2.809）**	0.197（2.379）*	0.171（2.111）*
社会胜任力						0.293（3.635）**	0.232（2.861）**
交往时间							0.234（2.810）**
R^2	0.049	0.178	0.198	0.209	0.261	0.339	0.383
ΔR^2	0.049	0.129	0.020	0.011	0.052	0.078	0.044
Adjusted R^2	0.016	0.143	0.156	0.161	0.208	0.286	0.327
F	1.505	5.024**	4.741**	4.308**	4.984**	6.377**	6.883**
（5）因变量：制度性关系资源（自变量 $VIF_{max}=1.318$）							
创业年龄	0.193（1.439）	0.164（1.232）	0.150（1.141）	0.137（1.088）	0.111（0.897）	0.112（0.894）	0.122（1.008）
性别	−0.041（−0.465）	−0.065（−0.737）	−0.040（−0.451）	−0.082（−0.967）	−0.064（−0.762）	−0.063（−0.750）	−0.068（−0.829）
原工作年限	0.122（0.929）	0.136（1.054）	0.168（1.306）	0.109（0.873）	0.139（1.130）	0.139（1.126）	0.119（0.996）
曾否创业	−0.136（−1.482）	−0.135（−1.491）	−0.134（−1.506）	−0.159（−1.852）!	−0.139（−1.646）	−0.140（−1.620）	−0.130（−1.562）
亲属职务		0.191（2.163）*	0.188（2.162）*	0.187（2.245）!	0.201（2.460）*	0.201（2.447）*	0.187（2.347）*
学历			0.178（2.033）*	0.113（1.315）	0.116（1.378）	0.116（1.365）	0.072（0.862）
创业前职务				0.293（3.346）**	0.224（2.476）*	0.224（2.465）*	0.171（1.907）*
相关行业经验					0.208（2.425）*	0.209（2.395）*	0.180（2.120）*
社会胜任力						−0.005（−0.005）	−0.071（−0.837）

续表

(5) 因变量：制度性关系资源（自变量 $VIF_{max}=1.318$）							
交往时间							0.257 (2.936) **
R^2	0.089	0.124	0.155	0.230	0.268	0.268	0.321
ΔR^2	0.089	0.035	0.030	0.076	0.038	0.000	0.053
Adjusted R^2	0.058	0.087	0.111	0.183	0.217	0.210	0.260
F	2.860*	3.296**	3.509**	4.874**	5.182**	4.566**	5.251**
(6) 因变量：其他关系资源（自变量 $VIF_{max}=1.318$）							
创业年龄	0.210 (1.555)	0.212 (1.561)	0.212 (1.548)	0.206 (1.510)	0.167 (1.319)	0.122 (0.973)	0.139 (1.229)
性别	0.078 (0.880)	0.081 (0.894)	0.082 (0.893)	0.062 (0.671)	0.083 (0.918)	0.049 (0.584)	0.042 (0.552)
原工作年限	0.086 (0.648)	0.084 (0.635)	0.086 (0.638)	0.058 (0.429)	0.092 (0.694)	0.080 (0.645)	0.047 (0.423)
曾否创业	−0.015 (−1.139)	−0.105 (−1.136)	−0.105 (−1.131)	−0.116 (−1.255)	−0.094 (−1.029)	−0.026 (−0.305)	−0.011 (−0.141)
亲属职务		−0.018 (−0.198)	−0.018 (−0.199)	−0.018 (−0.204)	−0.002 (−0.025)	−0.008 (−0.096)	−0.015 (−0.206)
学历			0.008 (0.087)	0.012 (0.240)	−0.019 (−0.208)	0.006 (0.068)	−0.067 (−0.856)
创业前职务				0.137 (1.447)	0.058 (0.594)	0.061 (0.670)	−0.026 (−0.311)
相关行业经验					0.238 (2.568) *	0.183 (2.091) *	0.135 (1.708) !
社会胜任力						0.356 (4.187) **	0.246 (3.095) **
交往时间							0.424 (5.189) **
R^2	0.081	0.081	0.082	0.098	0.148	0.263	0.407
ΔR^2	0.081	0.000	0.000	0.017	0.050	0.115	0.144
Adjusted R^2	0.050	0.042	0.034	0.043	0.087	0.204	0.354
F	2.583*	2.057	1.701	1.771	2.450**	4.443**	7.618**

注：①! < 0.1，* < 0.05，** < 0.01，变量报告数值为标准化回归系数，括号中为 t 值；②为避免网络规模过小对网络异质性和密度所产生的影响，排除了规模小于 3 的 7 个个案，并将网络规模加为控制变量。

（一）对影响社会资本结构维度各因素的讨论

表 6-7 中每组回归方程的第一步是对控制变量的回归分析，其后逐步加入自变量进行分析。首先就企业家社会网络的规模而言，企业家的创业年龄、性别、创业前的工作年限和过去的创业经历等对其社会网络规模都没有显著相关关系，这意味着四个控制变量对因变量的影响很小。在自变量当中，帮助最大的亲属的职务、企业家的学历水平及社会胜任力对其社会网络规模并未表现出显著影响。而企业家创业前的职务与网络规模具有显著正相关关系（$\Delta R^2 = 0.039$），但在加入创业前的相关行业经验这一自变量后，则这种贡献程度变得不太明显。考虑到回归方程本身的显著性因素（F 值未达到显著），创业前职位的影响是可以忽略不计的。而企业家的行业从业经验则对其社会网络规模有显著影响（$\Delta R^2 = 0.142$），且其显著性一直保持到加入所有其他自变量之后。此外，企业家用于社会交往的时间对因变量也具有一定的影响作用（$\Delta R^2 = 0.022$），但似乎显著性不高（$\beta = 0.167$，$p < 0.1$）。在对因变量进入顺序进行反向调整后，则发现交往时间与网络规模之间表现出显著的相关性（$\beta = 0.273$，$t = 3.058$，$p < 0.01$），并能够使回归方程解释力 R^2 发生 7.3%的变化。这说明企业家社会交往时间对其网络规模有一定的作用，只是作用不太稳定。

其次，从企业家社会网络的异质性来看，在所有控制变量中，仅社会网络的规模对其异质性始终在 0.1 以下的显著性水平有影响作用，这也证明了 Ruan（1993）和 Yoo（2003）的观点，即以网络异质性作为解释和被解释变量时，应首先控制住网络规模所产生的影响。就自变量而言，对企业家帮助最大的亲属的职务、企业家的学历水平、创业前的管理职阶及花费在社会交往上的时间对社会网络异质性均无显著影响。而企业家创业前的相关行业从业经验（$\beta = 0.319$，$p < 0.01$）及其社会胜任力水平（$\beta = 0.217$，$p < 0.05$）则都与网络异质性显著相关，前者能够增加 R^2 8%的变化，后者能够增加 R^2 4.1%的变化。

最后，从企业家社会网络的密度来看，控制变量中，社会网络规模的影响随着其他自变量的进入，表现得越来越显著（最终 $\beta = -0.262$，$p < 0.01$），这同样证明了 Ruan（1993）和 Yoo（2003）的观点。而自变量中，帮助最大的亲属的职务、企业家的学历水平、创业前的职务、相关行业经验均未表现出显著的相关性。而企业家的社会胜任力水平（$\beta = 0.375$，$p < 0.01$）则能够使回归方程解释力提高 12.3%，社会交往时间（$\beta = 0.228$，$p < 0.05$）也可以使 R^2 提高 4%。

在理论探讨部分中，笔者曾经假设企业家创业前的管理职位、创业前的相关行业经验、社会胜任力水平和网络构建努力会对其社会资本结构维度产生影响。从数据分析结果来看，假设 H4a、H5a 和 H6a 都获得了部分支持。其中，行业经验对其网络异质性有显著而稳定的影响，社会胜任力对网络异质性和密度有显著影响，交往时间则对网络规模和密度产生影响。而假设 H1a、H2a 和 H3a 则未获得支持。值得注意的是，三组回归模型中所有自变量仅对网络规模的回归具有较高解释力（共解释了 21.5%的变化），后两组回归模型的自变量部分则仅分别解释了 14%和 18.2%的变化。这说明企业家社会资本结构维度的来源中，相当一部分是由其他因素引起的。对此的一个可能解释是，本书对企业家社会资本结构维度的测量使用了“定名法”，其提供的是企业家有关重要事件的“核心讨论网”，并未将其相对较弱的社会关系包含在内（林南，2005；赵延东、罗家德，2005）。而这些关系亲密的网络成员往往是企业家在以往多年的社会经历中逐渐积累下来的，决定他们能否进入企业家核心讨论网的更可能是脾气、心智相投等因素。因此，企业家亲属所引荐的弱连带关系人进入核心讨论网的可能性较小，从而使亲属社会地位状况对企业家社会网络结构的影响不明显。此外，“核心讨论网”中的亲密成员都是企业家现时的重要事件讨论对象，过往的同学关系尽管在企业家需要时能够对企业家予以帮助，但其却有可能不在企业家当前的密切朋友圈子之内。

（二）对影响社会资本关系资源维度各因素的讨论

表 6-7 中后三组回归方程，是各自变量对企业家社会资本关系资源维度影响的分析。首先从企业家的商业性关系资源来看，企业家的创业年龄、性别等四个控制变量与因变量之间均无显著相关性，由此可认为控制变量对企业家商业性关系资源的作用很小。就自变量而言，帮助最大的亲属的职务对企业家与商业联系人交往的影响最为突出，其回归方程解释力 R^2 增加了 12.9%，且随着其他自变量不断进入回归方程，这种影响作用始终十分稳定。因此可以推断，对企业家帮助最大的亲属的职务越高，其能够向企业家引荐的商业联系人也会越多。此外，企业家的社会胜任力（$\beta = 0.293$，$p < 0.01$）及用于社会交往的时间（$\beta = 0.234$，$p < 0.01$）也对其商业性自由的丰富程度表现出显著影响作用，其分别解释了回归方程变异的 7.8%和 4.4%。这意味着企业家具有更高的人际交往能力，在人际关系网络构建方面投入更多的努力，其将会拥有更为丰富的商业性关系资源。在自变量进入过程中，企业家创业前的相关行业经验也对其商业性资源有显著影响作用（$\beta = 0.242$，$p <$

0.01)，虽然随着社会胜任力和交往时间两个自变量的进入，其显著性有所降低，但仍能够反映回归方程5.2%的变化。此外，企业家的学历水平一开始进入回归方程时表现出弱显著性影响（$\Delta R^2 = 0.050$），随着企业家创业前职务、相关行业经验两个自变量进入，其显著性消失；但随着社会胜任力变量进入回归方程，该自变量再次显示出弱显著性，说明企业家的学历水平有可能也会影响其商业性关系资源拥有状况，但这种影响极不稳定。

其次，就企业家的制度性关系资源而言，四个控制变量中，只有企业家有否创业经历在第四步回归中表现出一定的影响作用，且影响作用为负（$\beta = -0.159$，$p < 0.1$），但并不明显。其后这种作用消失，表明以往的创业经历对企业家结识制度性关系资源的作用很小。自变量当中，企业家创业前的职务对其制度性关系资源丰富程度的影响最大（$\Delta R^2 = 0.076$），另外是企业家用于社会交往的时间（$\Delta R^2 = 0.053$）和创业前在相关行业的工作经历（$\Delta R^2 = 0.038$）。这表明企业家在创业前的职务越高，对目前所处的行业领域越熟悉，越有利于其结识相关政府部门的人员，并在需要时寻求他们的帮助。而帮助最大的亲属的职务（$\beta = 0.187$，$p < 0.01$）以及企业家创业前的相关行业经验（$\beta = 0.180$，$p < 0.05$）也与其制度性关系资源具有一定程度的相关性。此外，企业家的学历水平在最初进入回归方程时也对因变量有所贡献（$\beta = 0.178$，$p < 0.05$，$\Delta R^2 = 0.030$），从而在某种程度上证明了学历是社交圈子“准入基础”或“敲门砖”（Bian et al.，2003；朱旭峰，2006）的观点。但随着其他自变量的进入，这种影响作用消失，则说明其影响是不稳定的。需要特别指出的是，与理论探讨预想的有所不同，企业家的社会胜任力水平对其制度性关系资源丰富程度没有任何影响作用。也就是说，无论企业家人际交往能力高低如何，企业家与政府部门人员的私人关系状况都不受其影响。对此可能的解释是，政府官员在与企业家交往的过程中可能看重的并不仅仅是情感方面的关系或者说“人怎么样”，更重要的是其他某些因素。这也从一个侧面证实了Wank（1996）的“共存依赖”观点，即一方面，企业家通过与政府官员的结交获得“庇护”；另一方面，政府官员则借助企业家对地方经济的贡献获得政治升迁或直接从企业家那里进行寻租，谋取经济利益。

最后，从企业家的其他关系资源来看，四个控制变量均与其没有显著相关关系，意味着控制变量对因变量的影响很小。在自变量中，亲属职务、企业家学历、创业前职务对其他关系资源的拥有状况均无显著作用。而企业家在相关行业的从业经验一开始具有显著影响作用（$\beta = 0.238$，$p < 0.05$，$\Delta R^2 = 0.050$），但随着后两个自变量的进入，其显著性一开始消失，后来又有所提高，说明相关行业的经验对企业家其他关系资源获取的影响尽管有，但却不

太稳定。而企业家的社会胜任力水平（$\beta = 0.246$，$p < 0.01$）和社会交往时间（$\beta = 0.424$，$p < 0.01$）则与其他关系资源有显著相关关系，其分别使回归方程的解释力 R^2 增加了 11.5%和 14.4%。

在理论探讨部分中，笔者曾提出，企业家创业前在相关领域中的从业经验以及企业家在构建社会网络方面所付出的努力将会对其社会资本的关系资源维度产生影响。从数据分析结果来看，假设 H4 和 H6 都获得了经验支持。从其余自变量对因变量的影响来看，假设 H1b、H2b、H3b 和 H5b 都仅获得了部分支持。其中，帮助最大的亲属的职务对企业家制度性关系资源有不太稳定的影响，而对其商业性关系资源有稳定而显著的影响；企业家的学历水平仅对其制度性资源丰富程度有不太稳定的影响；企业家创业前的职务对其制度性资源有较大影响；而社会胜任力水平则对企业家的商业性和其他关系资源有稳定而显著的影响。从后三组回归模型的比较来看，首先是各因变量对企业家商业性关系资源的解释力最强，决定系数 R^2 达到 33.4%（调整后的 R^2 为 31.1%）；其次是企业家的其他关系资源，共提高了回归方程 32.6%的解释力（调整后的 R^2 为 30.4%）；最后是企业家的制度性关系资源，共解释了因变量 23.2%的变异量（调整后的 R^2 为 20.2%）。

三、企业家社会资本对新创企业绩效的影响分析

前面分析了企业家社会资本各维度来源的影响因素，本部分则主要就有关企业家社会资本对新创企业绩效影响的假设进行定量检验。这里我们以企业家社会资本的各维度（变量进入顺序分别为：网络规模、网络异质性、网络密度和商业性关系资源、制度性关系资源、其他关系资源）为自变量，以新创企业绩效（经营成长绩效和创新绩效）为因变量，采用层级多元回归模型进行解释。为保证模型本身的科学性，我们在回归后同样对方差膨胀因子（VIF）进行了检验，结果显示 VIF 值都比较理想，基本可拒绝多重共线性问题。回归结果见表 6-8，其中前两组回归模型分析了企业家社会资本结构维度对新创企业绩效的影响作用；后两组模型则分析了社会资本关系资源维度对新创企业绩效的影响作用。

（一）结构维度对新创企业绩效的影响

与前述回归方式相同，表 6-8 中各组回归方程的第一步是对控制变量的分析，其后逐步加入自变量进行分析。首先来看企业家社会资本结构维度各因素对新创企业经营成长绩效的影响。公司规模、公司年龄和所属行业三个控制变量均未表现出对因变量的显著影响作用。而就企业家社会资本结构维

表 6–8 企业家社会资本对新创企业绩效影响的回归分析结果

	(1) 因变量：经营成长绩效（自变量 VIF_{max}=1.285）				(2) 因变量：创新绩效（自变量 VIF_{max}=1.285）			
企业年龄	−0.038（−0.404）	0.026（0.288）	0.081（1.012）	0.079（0.980）	−0.087（−0.957）	−0.018（−0.202）	0.006（0.069）	−0.001（−0.008）
企业规模	0.133（1.394）	0.120（1.311）	0.033（0.410）	0.024（0.298）	0.282（3.050）**	0.267（3.071）**	0.230（2.658）**	0.206（2.384）*
所属行业	0.024（0.252）	0.030（0.327）	0.037（0.462）	0.036（0.458）	0.006（0.066）	0.012（0.141）	0.015（0.179）	0.014（0.172）
网络规模		0.318（3.479）**	0.162（1.932）!	0.176（2.042）*		0.343（3.933）**	0.276（3.073）**	0.314（3.457）**
网络异质性			0.507（5.991）**	0.490（5.582）**			0.217（2.397）*	0.170（1.836）!
网络密度				0.062（0.748）				0.173（1.968）!
R^2	0.020	0.117	0.336	0.339	0.084	0.197	0.237	0.264
ΔR^2	0.020	0.097	0.219	0.003	0.084	0.113	0.040	0.026
Adjusted R^2	−0.006	0.085	0.305	0.303	0.059	0.168	0.202	0.223
F	0.759	3.652**	11.027**	9.246**	3.403*	6.752**	6.784**	6.447**
	(3) 因变量：经营成长绩效（自变量 VIF_{max}=1.578）				(4) 因变量：创新绩效（自变量 VIF_{max}=1.578）			
企业年龄	−0.083（−0.404）	−0.030（−0.342）	−0.006（−0.075）	−0.010（−0.127）	−0.087（−0.957）	−0.076（−0.987）	−0.070（−0.907）	−0.074（−0.971）
企业规模	0.133（1.394）	0.001（0.010）	−0.003（−0.029）	−0.041（−0.456）	0.282（3.050）**	0.112（1.358）	0.111（1.346）	0.075（0.904）
所属行业	0.024（0.252）	0.055（0.627）	0.0591（0.702）	0.0672（0.804）	0.006（0.066）	0.046（0.587）	0.047（0.599）	0.054（0.700）
商业性关系资源		0.419（4.611）**	0.247（2.452）*	0.215（2.135）*		0.538（6.630）**	0.495（5.2541）**	0.465（4.939）**
制度性关系资源			0.328（3.366）**	0.253（2.443）*			0.082（0.901）	0.011（0.1137）
其他关系资源				0.198（2.003）*				0.186（2.014）*
R^2	0.020	0.179	0.256	0.283	0.084	0.346	0.351	0.374
ΔR^2	0.020	0.159	0.077	0.027	0.084	0.261	0.005	0.024
Adjusted R^2	−0.006	0.149	0.222	0.243	0.059	0.322	0.321	0.339
F	0.759	5.987**	7.505**	7.096**	3.403*	14.527**	11.764**	10.754**

注：①$^{*}p<0.05$，$^{**}p<0.01$，$!<0.1$，变量报告数值为标准化回归系数，括号中为 t 值；②为了避免网络规模过小对网络异质性和密度所产生的影响，排除了规模小于 3 的 7 个个案。

度的三个子维度来说，企业家社会网络的规模能够解释因变量9.7%的变化（$\beta = 0.318$，$p < 0.01$），尽管其显著性水平随着后两个自变量的进入有所波动，但仍不妨碍说明企业家的社会网络规模越大，其在必要时可寻求帮助的人数越多，新创企业的经营成长绩效表现越好，因此假设H7a获得了支持。相对于网络规模，企业家社会网络异质性则对新创企业经营成长绩效则有着更强的解释力，其能够解释因变量当中21.9%的变异量（$\beta = 0.507$，$p < 0.01$）。企业家社会网络成员越是来自不同的单位，其提供新创企业所需的互补性稀缺资源的能力越强，并使企业因此而受益，从而假设H8a获得支持。此外，本书曾经预期，企业家社会网络的密度越小，从而其中所包含的“结构洞”数量越多，企业经营成长绩效表现越好，但令人遗憾的是，实证检验中网络密度与新创企业经营成长之间并未表现出明显的相关关系。因此，假设H8a未获得支持。

其次，就新创企业的创新绩效来看，控制变量中尽管企业年龄和行业属性与因变量无任何显著相关性，但企业的规模却始终对新创企业的创新绩效有着强烈的影响作用。这说明规模较大的企业，由于自身实力较强，同时拥有较多的“组织宽裕”（Organizational Slack）资源，因此，其创新能力也较强（Bourgeois，1981；March，1981；Damanpour，1987）。在自变量当中，企业家社会网络的规模、异质性及密度均能够对新创企业创新绩效产生影响，但三者的影响程度不同。影响最大的是企业家社会网络的规模，其能够解释回归方程11.3%的变异，且随着另外两个自变量的进入，其影响作用始终保持在0.01的显著性水平上，说明企业家“核心讨论网”的成员越多，其接触外部商业信息和技术信息的可能性越高，获取外部资源支持的可能性也越大，从而新企业的创新绩效表现更好，假设H7b获得支持。社会网络异质性对新企业创新绩效的影响力度居中，其使得回归方程解释力R^2增加了4%，尽管随着网络密度进入回归方程，其影响的显著性有所降低，但仍不妨碍其对新创企业创新绩效的贡献，假设H8b获得支持。

最后，与本书的预期相反，企业家社会网络密度尽管会对创新绩效产生影响，但影响方向为正（$\Delta R^2 = 0.026$），而变量的显著性也较低（$\beta = 0.173$，$p < 0.01$），说明其作用并不稳定。因此，假设H9b未获得支持，且有可能结论相反。

（二）关系资源维度对新创企业绩效的影响

表6-8中下半部分反映的是企业家社会资本关系资源维度对新创企业绩效影响作用的回归结果。从回归结果可以看出，企业家的商业性关系资源

($\beta = 0.215$，$p < 0.05$)、制度性关系资源($\beta = 0.253$，$p < 0.05$)和其他关系资源($\beta = 0.198$，$p < 0.05$)都对新创企业的经营成长绩效有显著影响作用，从而假设 H10a、H11a 和 H12a 皆得到了支持。从三者作用效果的比较看，商业性关系资源对经营成长绩效的影响最大，其解释了回归方程 15.9%的变异量；企业家的其他关系资源影响其次，对决定系数 R^2 的贡献为 7.7%；制度性关系资源对决定系数的贡献则为 2.7%。

就对新创企业创新绩效的影响来看，控制变量中企业规模一开始同样对因变量表现出了显著影响，但随着自变量的进入，这种影响消失，说明相对于自变量而言，规模对新企业创新绩效的影响作用要小得多。而自变量中，企业家的商业性关系资源则对新企业创新绩效有着巨大的影响作用，其为回归方程解释力 R^2 贡献了 26.1%，且影响的显著性始终十分稳定，说明企业家与供应商经理人、客户方经理人及其他企业经理人的私人关系状况，能够影响到企业家对市场机会信息的摄取和产品创新机会的把握，由此假设 H10b 得到验证。此外，企业家的其他关系资源同样表现出对新企业创新绩效的显著影响作用($\Delta R^2 = 0.024$)，其影响力虽然要比商业性关系资源小得多，但仍不妨碍假设 H12b 获得支持。在理论分析部分，笔者曾预期，企业家与政府部门人员的密切交往会有利于其获得企业发展所需的各种信息，从而能够降低企业技术创新的风险和经营方向的不确定性。但最终的实证结果却表明，企业家的制度性关系资源对新企业的创新绩效并无明显作用，因此假设 H11b 未获得支持。

第五节　不同企业性质间比较的回归分析

学术界通常以样本容量(n)等于 30 为界，将 $n > 30$ 的样本称为大样本，并将此时样本的抽样分布可近似地看做正态分布。本书所获得的总体样本数量为 122，其中传统企业 58 家，被各地市科技厅(局)认定为科技型企业的 64 家，各自均满足了大样本要求。因此，为进一步分析本书所提的假设在不同企业类型中的适用情况，本部分将对科技型企业和传统企业进行比较，以探求不同类型企业的企业家社会资本来源及对新创企业绩效的影响作用有何不同。

一、各观测变量在两类企业家间的差异

为分析不同类型企业及企业家在各社会资本来源影响因素、社会资本不同维度及新创企业绩效等方面上的差异，我们首先将对各观测变量进行独立样本 T 检验。其中，当企业类型为 1 时，表示其为科技型企业；当企业类型为 0 时，则表示其为传统企业。不同企业类型的独立样本 T 检验结果如表 6-9 所示。

表 6-9 社会资本来源各影响因素的独立样本 T 检验

变量	类型	Mean	Std. D	T	变量	类型	Mean	Std. D	T
亲属职务	1	2.5469	1.08276	-0.466	网络异质	1	0.7463	0.32301	-1.441
	0	2.6379	1.07112			0	0.8178	0.21951	
学历	1	3.7656	0.77136	2.439*	网络密度	1	0.5964	0.20060	0.758
	0	3.4483	0.65353			0	0.5686	0.20385	
原职位	1	3.1563	0.89476	2.512*	商业性关系	1	10.1563	2.45091	1.473
	0	2.7241	1.00513			0	9.5345	2.18620	
行业经验	1	3.3750	1.04654	-0.908	制度性关系	1	10.2500	2.26078	1.406
	0	3.5690	1.28571			0	9.6034	2.80938	
社会胜任力	1	55.6094	7.52481	1.115	其他关系	1	9.7969	3.15816	1.691!
	0	54.1207	7.18592			0	8.7931	3.39638	
交往时间	1	3.1565	0.89073	3.414**	经营成长绩效	1	17.8281	3.33121	2.502*
	0	2.9483	0.94447			0	16.3103	3.36237	
网络规模	1	4.9375	1.61221	0.536	创新绩效	1	10.4688	2.32927	1.872!
	0	4.7931	1.33454			0	9.7241	2.03300	

从表 6-9 可以看出，不同类型的企业在企业家学历水平、创业前的职务、企业家用于社会交往的时间、企业家其他关系自由丰富程度以及企业的经营绩效和创新绩效等方面表现出一定的差异性。其中，相对于传统企业而言，新创企业的企业家在学历水平、创业前职务、社会交往时间这几个变量维度上得分较高，且差异显著。同时，科技型新创企业的经营成长绩效也显著高于传统新创企业。而在企业家其他关系资源丰富程度以及新企业的创新绩效方面，科技型企业也高于传统企业，显著性程度没有前者那样高。

以上的独立样本 T 检验结果表明，不同类型企业的企业家在社会资本来源影响因素、社会资本维度及企业绩效方面有所不同，因而有必要对各变量间的关系在两种类型企业的样本上进行进一步的分析。因此，笔者下面将分别就两种企业类型的样本进行回归分析，以探求变量间关系的差异性。

二、两种类型企业回归分析的比较

这里我们仍然利用层级回归的方式分别对两种类型的新创企业进行回归分析。回归所使用的各控制变量、自变量和因变量与第四节相同，不同之处在于当控制变量第一步进入回归方程后，这里我们不再让自变量逐一进入，而采用逐步回归（Stepwise）方法对第二步进入的自变量进行分析。为避免多重共线性问题，回归过程中我们还对方差膨胀因子（VIF）进行了检验，结果显示 VIF 值都比较理想，可拒绝多重共线性问题。回归结果见表 6-10 和表 6-11。

表 6-10 是有关企业家社会资本来源影响因素在两种类型企业间回归结果的比较。从表中可以看出，就企业家社会网络的规模来说，企业家创业前的职务（$\Delta R^2=0.066$）和企业家用于社会交往的时间可以解释科技型企业家社会网络规模的大小，两者与网络规模皆呈正相关；唯一能对传统企业家社会网络规模具有解释作用的则是企业家创业前对相关行业领域的熟悉程度，其能够解释回归方程 39.9%的变异，且方程（2）的决定系数 R^2 要高于方程（1），表明现有因变量对传统企业家社会网络规模的解释力更强。解释变量在两类企业间出现差异的可能解释是，相对于传统企业家，科技型企业家往往会专注于独特的产品领域，多数会在相关领域中进行创业，其朋友圈子的大小因此并非取决于以往的行业从业经历，而取决于企业家能否脱离他们所醉心的“研究性朋友圈子”，从更宽泛的意义上选择自己的网络成员。因此，那些创业前职位相对较高且具有一定管理经验的科技型企业家，由于能够摆脱专业领域的限制，愿意花费更多的时间与非相关领域的人员进行交往，他们所具有的“核心讨论网”规模就会更大。

从企业家社会网络异质性来看，科技型企业家与传统企业家相似的一点是，二者的相关行业经验都对其网络异质性具有显著解释力，前者解释了回归方程 7.6%的变异，后者则解释了 14.4%的变异。这表明无论对科技型企业还是传统企业，企业家创业前对相关行业的熟悉程度对于提升网络成员异质性水平都是重要的。此外，对科技型企业家而言，其社会胜任力也与网络成员的单位异质性之间显著正相关，其能够提高回归方程 7.4%的解释力。由此得到的启示是，尽管两类企业家网络成员都是其过去长期商业性交往的产物，但对科技型企业家群体而言，那些具备更高人际交往技能的人更可能突破固定的专业圈子，结识到更多来自不同单位背景的网络成员。

表 6–10　企业家社会资本来源影响因素的回归结果比较

控制变量（略）	1. 因变量：网络规模（VIF_{max}=1.228）				2. 因变量：网络异质性（VIF_{max}=1.152）				3. 因变量：网络密度（VIF_{max}=1.389）			
	（1）科技企业		（2）传统企业		（3）科技企业		（4）传统企业		（5）科技企业		（6）传统企业	
	Beta（Std.E）	ΔR^2	Beta（Std.E）	ΔR^2	Beta（Std.E）	ΔR^2	Beta（Std.E）	ΔR^2	Beta（Std.E）	ΔR^2	Beta（Std.E）	ΔR^2
亲属职务												
学历												
创业前职务	0.285（2.276）*	0.066										
相关行业经验			0.636（6.007）**	0.399	0.290（2.509）*	0.076	0.383（3.030）**	0.144				
社会胜任力					0.301（2.561）*	0.074					0.388（2.755）**	0.201
交往时间	0.388（3.394）**	0.171									0.275（2.112）*	0.064
R^2	0.272		0.425		0.388		0.216		0.077		0.301	
Adjusted R^2	0.195		0.370		0.304		0.138		−0.011		0.216	
F	3.541**		7.699**		4.616**		2.756*		0.879		3.520**	
控制变量（略）	4. 因变量：商业性关系资源（VIF_{max}=1.108）				5. 因变量：制度性关系资源（VIF_{max}=1.228）				6. 因变量：其他关系资源（VIF_{max}=1.144）			
	（7）科技企业		（8）传统企业		（9）科技企业		（10）传统企业		（11）科技企业		（12）传统企业	
	Beta（Std.E）	ΔR^2	Beta（Std.E）	ΔR^2	Beta（Std.E）	ΔR^2	Beta（Std.E）	ΔR^2	Beta（Std.E）	ΔR^2	Beta（Std.E）	ΔR^2
亲属职务	0.382（3.773）**	0.145	0.243（2.090）*	0.053								
学历					0.309（2.675）*	0.079						
创业前职务												
相关行业经验	0.364（3.516）**	0.115			0.328（2.812）**	0.179			0.301（2.822）**	0.058		
社会胜任力	0.281（2687）**	0.072							0.352（3.261）**	0.096		
交往时间			0.510（4.479）**	0.286			0.478（4.012）**	0.220	0.258（2.390）*	0.174	0.537（4.668）**	0.278
R^2	0.442		0.402		0.369		0.316		0.428		0.361	
Adjusted R^2	0.373		0.328		0.302		0.274		0.375		0.298	
F	6.344**		5.484**		5.565**		4.614**		5.997**		5.660**	

注：①! < 0.1，* < 0.05，** < 0.01，变量报告数值为标准化回归系数，括号中为 t 值；②为避免网络规模过小对网络异质性和密度所产生的影响，排除了规模小于 3 的 7 个个案，并将网络规模加为控制变量。

表 6-11 企业家社会资本对新创企业绩效影响的回归结果比较

控制变量(略)	1. 因变量：经营成长绩效（$VIF_{max}=1.107$）				2. 因变量：创新绩效（$VIF_{max}=1.107$）			
	科技企业		传统企业		科技企业		传统企业	
	Beta（Std.E）	ΔR^2	Beta（Std.E）	ΔR^2	Beta（Std.E）	ΔR^2	Beta（Std.E）	ΔR^2
网络规模	0.592（5.049）**	0.317						
网络异质性			0.607（5.459）**	0.357	0.512（4.438）**	0.237		
网络密度								
R^2	0.330		0.389		0.351		0.081	
Adjusted R^2	0.280		0.341		0.303		0.028	
F	6.638**		8.116**		7.290**		1.523	
控制变量(略)	3. 因变量：经营成长绩效（$VIF_{max}=1.320$）				4. 因变量：创新绩效（$VIF_{max}=1.320$）			
	科技企业		传统企业		科技企业		传统企业	
	Beta（Std.E）	ΔR^2	Beta（Std.E）	ΔR^2	Beta（Std.E）	ΔR^2	Beta（Std.E）	ΔR^2
商业性关系资源	0.372（3.238）**	0.198			0.545（5.019）**	0.301	0.396（2.966）**	0.135
制度性关系资源			0.427（3.272）**	0.168				
其他关系资源	0.392（3.147）**	0.116			0.251（2.490）*	0.055		
R^2	0.330		0.200		0.428		0.216	
Adjusted R^2	0.272		0.137		0.437		0.155	
F	5.708**		3.184*		10.784**		3.520*	

注：①! < 0.1，* < 0.05，** < 0.01，变量报告数值为标准化回归系数，括号中为 t 值；②为避免网络规模过小对网络异质性和密度所产生的影响，排除了规模小于 3 的 7 个个案，并将网络规模加为控制变量。

虽然用于社会交往的时间可对传统企业家社会网络密度有较高的解释力（$\Delta R^2 = 0.201$），但却没有一个因变量与科技型企业家的网络密度表现出显著相关性。这说明相对于现有变量而言，科技型企业家的社会网络密度是由其他因素引起的。

无论科技型企业还是传统企业，帮助最大的亲属的职位都有利于提高其商业性关系资源的丰富程度，前者对因变量贡献了 11.5%的解释力，后者则贡献了 5.3%的解释力。这说明，对两种类型的企业而言，企业家的亲缘关系在引荐商业性社会关系方面是很重要的。此外，对科技型企业家而言，相关行业的从业经验及社会胜任力与其商业性关系资源的丰富程度都显现出正相关性（$\Delta R^2 = 0.115$，$\Delta R^2 = 0.072$）；而传统企业家用于社会交往的时间则能够解释其商业性关系自由丰富程度 28.6%的变异。出现这种差异的原因可能是，对传统企业家来说，由于新企业所生产产品的差异性程度并不是特别高，导致其商业联系人多数并非来自于创业前所结识的朋友，而是企业家后天获致性努力的结果，而在后天交往过程中，由于商业性利益在相当大程度上是交往的决定性因素，因此对企业家社交能力的要求并不高，但需要企业家付出相当多的社会交往精力。而对科技型企业家来说，产品的差异化程度和技术要求决定了其商业性联系人更多来自于创业前所积淀下来的“商场上的朋友”，因为产品更多的是针对特定对象来销售的，而创业前的相关行业经验因此会对其商业性关系资源产生影响。另外，由于科技型企业的产品具有一定的资产专用性，这就决定了企业家难以在一个广阔的市场领域中选择交易伙伴，并因而对企业家与商业伙伴交往的社会胜任力提出了特殊要求。除了以上内容之外，这里还出现了一个非常有趣的现象。在前面的 T 检验结果中，我们发现科技型新创企业的企业家花费于社会交往的时间要显著高于传统企业家，这似乎与我们印象中的感觉相反。而且分析结果也表明，科技型企业家的社会交往时间并不会对其商业性关系资源丰富程度造成影响，换句话说，科技型企业家可能并没有花太多的时间用于与商业性利益相关者的联系。那么该类企业家大量的社会交往时间除作用于其社会网络规模外（$\Delta R^2 = 0.171$），又作用在哪里了呢？也许下面的分析可以帮助我们找到答案。

就企业家的制度性关系资源来说，科技型企业家与传统企业家之间在该类关系资源的来源上表现出显著的不同。其中，科技型企业家创业前的相关行业经验对其结识政府部门人员具有突出的作用（$\Delta R^2 = 0.286$）。而这类企业家的学历水平也表现出与制度性关系资源的显著正相关性（$\Delta R^2 = 0.053$），这就进一步证明了学历水平在与政府部门人员交往中所具有的作用，即作为“身份”标识的学历水平是进入某些社交圈子的“敲门砖”。就传统企业家而言，在现有自变量中，其在社会交往方面花费的时间似乎是制度性关系资源丰富程度唯一的解释因素，其解释了回归方程 17.9%的变异。

最后，从企业家其他关系资源的丰富程度来看，科技型企业家创业前的相关行业经验与其他关系资源有着显著的正相关性（$\Delta R^2 = 0.058$），企业家社会胜任力水平也有着同样的促进作用（$\Delta R^2 = 0.096$）。而无论科技型企业家还是传统企业家，其社会交往时间都会正向影响其他关系资源的丰富程度。这里值得注意的是科技型企业家的社会交往时间。在前面我们提到，日常经营过程中科技型企业家会花费大量的社会交往时间，且这种时间并非花费在与商业联系人的联系上。而从回归方程（11）我们可以看到，社会交往时间可以对方程产生 17.4%的解释力，对企业家其他关系资源的解释力也最强。也许我们可就此推断，科技型企业家的大量社会交往时间既非用于与政府官员的交往，也非用于与商业利益相关者的联系，而是用在了与资金提供者、行业技术专家以及同行从业者的沟通、交流当中。

表 6-11 是有关企业家社会资本对新创企业绩效影响在两种类型企业间回归结果的比较。从表中可以看出，科技型企业家社会网络的规模对其所创企业的经营成长绩效具有显著正向作用（$\Delta R^2 = 0.317$）；传统企业家社会网络的异质性则与新创企业的经营成长绩效显著相关（$\Delta R^2 = 0.357$）；而企业家社会网络密度则对两种类型企业的经营成长绩效均无显著影响。另外，就新创企业的创新绩效而言，科技型企业家的网络异质性能够显著增加回归方程的解释力（$\Delta R^2 = 0.237$），这就证明了假设 H8b 的推断，即网络成员异质性程度越高，其向企业家提供非冗余信息和互补性资源的可能性越大，从而对新企业进行创新的影响和支持也越大。但遗憾的是，对传统企业而言，企业家社会网络结构的三个维度均未表现出显著影响作用。

从企业家社会资本关系资源维度对新创企业绩效的影响来看，就经营成长绩效而言，科技型企业与传统企业出现了恰恰相反的回归结果。科技型企业家的商业性关系资源和其他关系资源均对其所创企业的经营成长绩效有显著正向影响作用，前者能够解释回归方程 19.8%的变异，后者则贡献了 11.6%的解释力。但是对传统新创企业来说，以上两种关系资源均无明显相关性，企业家的制度性关系资源则能够较为显著地影响到企业经营成长绩效（$\Delta R^2 = 0.168$）。也就是说，传统企业家与政府部门人员的私人交往将会推动新企业的经营表现和成长力；但对科技型企业家来说，在企业初创阶段，与政府部门人员的交往并不会对企业经营产生影响。产生这种差异的原因可能在于两个方面：第一，相对于传统企业，科技型企业的产品技术含量高，产品异质性程度大，企业经营过程中无须借助政府行政力量来打开市场销路或树立产品市场壁垒。第二，由于本书所调查的科技型企业多来自于各地高新区或创业服务中心，而这些区域内的政府职能部门运作比较规范，能够真心为科技型新创企业提供服务支持，因此打消了企业家与政府部门人员拉关系以寻求“庇护”的顾虑。[①] 就新创企业创新绩效而言，企业家商业性关系资源均对创新绩效有推动作用（ΔR^2 分别为 0.301 和 0.135），表明企业家与客户方经理人、供应商经理人及其他经理人的联系能够推动新企业在产品和技术方面的创新能力。此外，科技型企业家的其他关系资源也与其所创企业的创新绩效有显著相关性（$\Delta R^2 = 0.055$），这也正是本书在假设 H12b 中所预期的。但这种预期并未在传统企业中有所体现，其可能的原因是传统企业的产品性质和启动规模决定了它们与资金提供者或技术提供者进行密切交往的可能性较小。这再次表明，企业家制度性关系资源与新企业创新绩效没有表现出显著相关关系。

在两种类型企业的回归分析比较中，出现了某些与总体样本数据结果不一致的地方。比如在总体样本分析中，企业家创业前的职位水平对其社会网络结构皆无显著性影响，但在对科技型新创企业的分析中却发现，创业前的职位水平与企业家社会网络的规模呈显著正相关。再比如，在总体样本中，企业家创业前的相关行业经验对其商业性和制度性关系资源拥有量都有显著而稳定的影响，但就传统企业的分析结果而言，相关行业经验仅对企业家商业性关系资源有影响，对制度性关系资源的影响却并不显著。笔者认为，这种研究结果的不一致可能主要来自于两种原因：第一，总体样本分析同时涵盖了两种类型的新创企业，因此分析结果的综合性更强，而某种类型企业的变量关系特性之所以未在总体样本分析中出现，可能源于该特性受到了另一种样本类型的影响；第二，更重要的，由于分类回归比较的两个企业群体各自仅有 64 个和 58 个样本，样本规模制约了总体分析中某些关系特性在单个样本群体中显著性的呈现。以上两点说明，本书各项假设在不同类型企业之间的比较在未来研究中还有深入和拓展的空间和必要性。

---

① 正像笔者在某创业服务中心调研时一位政府部门人员所说的：“我们现在的工作任务就是向企业提供服务，你们来调研虽然是好事，但客观上会增加企业家的负担。我们把你们引荐过去也是要说好话的。”

本章小结

本章在前面章节理论探讨的基础上，首先对变量测度及数据收集方法等问题进行了介绍，然后对相关数据和变量的效度和信度进行了分析。结果显示，保留在计量模型分析中各变量的测度均满足效度和信度要求。随后，本书根据所获得的122个总体样本数据，对所要验证的假设采用层级回归方法进行了多元回归分析，结果显示除个别假设没有得到证实外，多数假设均完全或部分通过了验证（见表6-12）。此外，由于本书所搜集的122个样本中同时包含了科技型新创企业和传统新创企业两种类型，为进一步加深对本书各项问题的了解，笔者还对各变量间的关系在两种类型的企业间进行了独立样本T检验和层级回归结果比较。数据分析显示，这两种类型的企业家在社会资本来源影响因素、社会资本维度以及新创企业绩效的某些方面存在着相当的差异。同时，就变量间的关系而言，两种类型的企业也存在着一定的不同。但由于样本规模的限制，本书对两种类型企业的回归比较分析仅为尝试性探讨。鉴于本书主要探讨的是一般意义上新创企业企业家社会资本来源及作用关系特征，因此，本书的结论将以总体样本分析结果为主进行报告。

表6-12 假设检验结果汇总

假 设	结 论	说 明
H1a：亲属的社会地位→社会资本结构维度	不支持	
H1b：亲属的社会地位→关系资源维度	部分支持	总体样本中，亲属职务对企业家商业性和制度性关系资源均有显著影响作用，但对其他关系资源显著无影响作用
H2a：企业家学历水平→结构维度	不支持	
H2b：企业家学历水平→关系资源维度	部分支持	从总体样本看，学历水平对企业家商业性和制度性关系资源有着不稳定的影响作用，对其他关系资源无显著影响作用
H3a：创业前管理职位→社会资本结构维度	不支持	
H3b：创业前管理职位→关系资源维度	部分支持	总体样本中，企业家创业前的职位对其商业性和制度性关系资源有显著影响，对其他关系资源无显著影响作用
H4a：相关行业经验→结构维度	部分支持	总体样本中，企业家创业前的相关行业经验对其社会网络的规模和异质性皆有显著而稳定的影响，但与网络密度的相关性不显著
H4b：相关行业经验→关系资源维度	支持	总体样本中，企业家创业前的相关行业经验对其商业性和制度性关系资源皆有显著而稳定的影响作用，但对其他关系资源的影响不太稳定

续表

假　设	结　论	说　明
H5a：社会胜任力→社会资本结构维度	部分支持	总体样本中，企业家的社会胜任力水平对其社会网络异质性和密度皆有显著影响作用，与其社会网络规模相关性不显著
H5b：社会胜任力→关系资源维度	部分支持	企业家的社会胜任力水平对其商业性和其他关系资源皆有显著而稳定的影响，但就制度性关系资源而言，其影响作用不显著
H6a：网络构建努力→结构维度	部分支持	总体样本中，企业家用于社会交往的时间对网络密度有显著影响作用，对网络规模的影响不太稳定，而与网络异质性无显著相关性
H6b：网络构建努力→关系资源维度	支持	企业家用于构建社会关系网络的时间与其商业性、制度性及其他关系资源的丰富程度皆呈显著的正相关关系
H7：社会网络规模→新创企业绩效	支持	企业家社会网络的规模与新创企业的经营成长绩效和创新绩效皆有显著正向影响作用
H8：社会网络异质性→新创企业绩效	支持	企业家社会网络异质性对新创企业的经营成长绩效和创新绩效皆有正向影响作用，但对后者的影响不如前者显著
H9：社会网络密度→新创企业绩效	不支持	企业家社会网络密度对新创企业经营成长绩效无显著作用，但与创新绩效有微弱的正相关性
H10：商业性关系资源→新创企业绩效	支持	企业家商业性关系资源的丰富程度与新创企业的经营成长绩效和创新绩效皆有显著的正相关性
H11：制度性关系资源→新创企业绩效	部分支持	企业家制度性关系资源丰富程度对新创企业的经营成长绩效有显著影响作用，但对创新绩效的促进作用不明显
H12：其他关系资源→新创企业绩效	支持	企业家的其他关系资源对新创企业的经营成长绩效和创新绩效皆有显著正向影响作用

第七章 研究结论与展望

近年来，随着西方社会资本理论在我国学术界的引入，已经有越来越多的学者涉足该领域，而企业家的社会资本问题也引起了研究者们的关注。本书通过理论和实证分析，探讨了企业家社会资本的构成、社会资本来源影响因素以及企业家社会资本对新创企业绩效影响等问题。本章首先对本书的主要结论进行整理，然后列举其中局限性问题，以对后续研究提出一些针对性建议。

第一节 本书的主要结论

为构成一个理论研究中完整的I-P-O模式，本书着重回答了三个研究问题：企业家社会资本是什么；企业家社会资本来源的影响因素有哪些；企业家社会资本对新创企业绩效究竟有怎样的影响。通过理论探讨和利用122家新创企业横断面数据所进行的相关分析研究，本书对这三个问题的回答主要得出了以下几个结论：

（1）对我国企业家社会资本的分析可从结构维度和关系资源维度两个角度展开。就理论概念本身而言，“社会资本”属于西方学术界的“舶来品”，但对人际社会关系网络的运用来说，它却是地地道道的“中国货”。目前对企业家社会资本问题的探讨，大体上在国内外形成了不同的研究取向：西方学者多从结构主义出发，运用网络分析方法研究企业家社会网络结构对其创业行为的影响；国内学者则秉承“关系”研究传统，从企业家与利益相关者关系的性质和质量角度，分析其对企业绩效的影响作用，且这些分析多是规范性的，缺乏实证支持。因此，将中西方企业家社会资本研究模式结合起来，共同定义企业家社会资本内部维度并检验其影响作用是本书意欲解决的一个问题。

本书一方面引入西方的社会网络分析方法，检验企业家社会网络的规模、异质性和密度等指标对企业家创业行为结果的影响，并将其界定为企业家社会资本的结构维度；另一方面，还借鉴以往我国学者对企业家社会资本问题的理论探讨和少数实证结论，通过访谈、小范围问卷调查及一定规模的数据分析，来验证我国企业家社会资本关系资源维度的内部构成。就后者而言，小范围问卷调查和实证分析结果表明，我国企业家社会资本的关系资源维度同时涵盖了三个方面的内容——商业性关系资源、制度性关系资源和其他关系资源，而企业家与不同利益相关者的私人社会联系程度，意味着其能够向新创企业提供不同的外部互补性稀缺资源。

（2）尽管已有越来越多的学者注意到社会性因素对创业活动的影响，并从企业家社会资本或社会网络角度研究其对创业行为的影响。但迄今为止，却很少有研究去探求究竟何种因素决定了企业家开发其社会关系网络的倾向性（Hoang & Antoncic，2002）。Cook 和 Wills（1999）认为，研究企业家创建社会资本的方式，可以产生许多相当有价值的观点。鉴于此，本书还从中国人个体社会资本获取的两种途径——先赋性关系和获致性关系出发，分析出企业家社会资本来源的几个可能影响因素，并运用数据进行了检验。本研究的实证结果显示：

第一，社会资本来源各影响因素对企业家社会网络结构具有不同的影响作用。其中，代表企业家隐性人力资本（从而代表着先赋予创业行为的社会关系）的创业前相关行业工作经验能够显著影响到企业家核心讨论网的规模和异质性；代表企业家开拓获致性关系能力的社会胜任力水平则能够显著影响到企业家社会网络的异质性和密度。此外，企业家在构建社会网络方面的努力水平也会影响其网络的密度。而企业家的先赋性亲缘关系、学历水平及创业前的职位对其社会网络的结构皆无显著相关性。对此可能的原因是，由于任何人都具有自己的核心讨论网，因此，标识某个体身份地位的亲缘社会地位、自身学历及职务等因素对这种紧密“小圈子”的影响较小，从而验证了 Zhang 等人（2003）的观点，即企业家社会网络更可能是创业前长期职业生涯的产物，企业家过去与同事、客户或供应商的长期商业性交往互动才是决定其社会网络结构更为重要的因素。

第二，社会资本来源各影响因素对企业家社会资本关系资源维度具有不同的影响作用。其中，对商业性关系资源来说，本书所列出的所有社会资本影响因素都有着稳定或不太稳定的影响作用。换句话说，对企业家帮助最大的亲属的职位越高、企业家在校学习的时间越长、创业前的职务越高、对创业相关行业越熟悉以及企业家越具备一定的人际交往技能并花费相当时间用

于社会交往，则其商业性关系资源越丰富。对制度性关系资源而言，企业家亲缘关系状况、学历水平、创业前的职务和网络构建努力都会产生影响作用，而行业经验和社会胜任力则没有显示出显著相关性。这意味着企业家与政府部门人员的交往更多地取决于相互社会身份地位的相符性以及其他一些因素（如直接利益或对政绩提升的帮助等）。就企业家的其他关系资源来说，与网络结构类似，企业家创业前的相关行业经验、人际交往技能及网络构建努力都是其显著影响因素，而代表企业家身份地位的因素则对其他关系资源没有影响。这说明企业家与资金提供者、行业技术专家以及同行业其他经理人的私人交往同样是其长期职业生涯（包括创业前和创业后）积淀的产物。

（3）企业家社会资本结构维度对新创企业绩效具有显著的影响作用。国外有关企业家社会网络的研究认为，企业家社会网络的结构会对其所创企业绩效产生影响，被称为“网络成功假设”（the network success hypothesis）。遗憾的是，到目前为止国内尚缺乏对该假设的实证检验。而本书通过对122家新创企业的样本进行多元回归后发现，企业家社会网络结构确实会对新创企业绩效的不同维度产生影响作用。

本书的实证分析结果显示，企业家社会网络的规模和异质性对新创企业的经营成长绩效和创新绩效均会产生显著而稳定的影响作用。换句话说，企业家核心讨论网的规模越大，网络成员来自不同性质单位的比例越大，新创企业在获取日常经营和业务创新所需的外部信息和互补性资源方面得到帮助的可能性越大。这就在一定程度上印证了 Hansen（1995）以及 Kim 和 Aldrich（2003）的观点，即企业家的社会网络结构或者说在社会网络中的位置，决定了可为其所用资源的丰富程度。此外，研究数据还表明，企业家社会网络的密度与新企业的创新绩效之间存在着不太稳定的正相关性，从而意味着企业家更紧密的社会网络有可能会对新企业的创新绩效产生一定的促进作用，该发现与本书的最初假设相反。可能的解释是，尽管低密度网络所提供的冗余信息更少，但高密度网络却能够更快地传递高质量的信息（Scott，1991）。Hansen（1999）发现，更具复杂性、默会性的知识更可能通过强连带而不是弱连带进行传递，因为强连带为复杂信息和思想的传递和交换提供了更好的通道。Moran（2005）的研究同样表明，创新产出依赖于无形资源的交换，需要经理人与网络联系人双方相互学习，而高密度网络中的“高密度信息”（thicker information）交换能够促进学习过程（Larson，1992；Uzzi，1996；Hansen，1999），因此降低了创新中的不确定性和风险，促成了创新成果的产出。

（4）企业家社会资本的关系资源维度对新创企业绩效具有显著影响作

用。从与外部利益相关者关系质量的角度探讨社会资本对企业绩效的影响，是我国学者的一个研究传统，但该类研究多从企业层面上展开，而较少涉及企业家个体层面。本书认为对于新创企业的绩效而言，作为“企业演进天然起点”的企业家（杨其静，2005），其社会资本关系资源维度的丰富程度将必然会对新企业的经营运作产生巨大影响。

本书通过对 122 家企业样本的回归分析发现，企业家的商业性关系资源、制度性关系资源和其他关系资源均可对新创企业的经营成长绩效产生显著影响作用。该发现证实了 Behide（2004）的观点，即企业家拉近自己与客户方和供应商的关系，有利于企业获得许多新的配套产品和服务的信息，从而捕捉到大公司不会理睬的、通常也很短暂的获利机会，并由此提升新创企业的盈利能力。同时证实了尉建文等（2007）的调查结果，即企业家最想结识的社会关系对象仍然是税务干部和当地政府官员，因为小型非国有企业经理人与政府人员的私人关系可以显著提高企业的市场份额和盈利能力（Xin & Pearce，1996；Peng & Luo，2000）。此外，该研究发现还表明，新创企业的企业家能够保持好与资金提供者、技术提供者及同行业其他经理人的关系，将有利于获得发展所需的充分的资金支持、技术支持，并在市场信息、内部管理和生产协作方面得到同行从业者的启发和协助。

与对企业经营成长绩效的影响不同，社会资本关系资源维度对新创企业创新绩效的促进作用仅表现在两个方面，即企业家商业性关系资源和其他关系资源。该发现与 Eisenhardt 和 Martin（2000）以及 Zollo 和 Winter（2002）的观点是一致的，即“高速度环境中企业的动态能力更多依赖于组织外部的新知识”。企业家与客户、供应商、技术专家、其他企业经理人的频繁社会交往，可通过加强信息交换频率和交换速度来推动企业对外部信息、新知识的获取，从而提高企业开发新产品、新业务以适应市场变化的能力。此外，与资金提供者的良好私人关系则为企业的创新行为提供了必要的财务资源保障。

从本书的实证检验结果看，企业家制度性关系资源对新企业创新绩效并未表现出显著影响作用。该发现尽管与预期假设不同，但却是可以理解的。毕竟经过多年的科技体制改革，政府部门及其下属单位已经由多年前的创新承担者转变为创新服务者，而政府激励企业创新的方式也由行政性指令转变为财政、税务等间接支持。尽管一定规模的企业可通过与政府部门的良好关系更顺利地获得技改资金支持、税收优惠或创新基金，但对于新创的中小企业而言，由于规模、技术实力等方面的限制，通过私人关系获得以上支持的可能性较小。此外，张鸿萍（2006）在对 CEO 社会关系网络与企业技术创

新导向的研究中认为，具有高度政府关系网络的创业型企业 CEO 在创新导向决策上会趋于保守，进行探索型和改进型创新的意愿都会不足。而本书经验研究的结果也从侧面证实了她的这个观点，即企业家与政府各部门人员的私人交往情况并不会促进新企业的创新绩效。

（5）本书除根据所获得的 122 个总体样本对各理论假设进行检验外，还按照样本中两种不同的企业类型——科技型新创企业与传统新创企业进行了比较分析，以进一步探讨各研究变量在不同企业类型中的差异以及变量间关系上的不同。

就研究变量在两种类型企业的分布差异而言，实证数据的 T 检验表明，科技型企业家在学历、创业前的职务、社会交往时间及其他关系资源拥有量等方面都显著高于传统企业家。而科技型企业的经营成长绩效和创新绩效也优于传统企业。以上比较结果分析基本上符合了我们传统印象中对两类企业间差异的预期。

就变量间的关系在两类企业中的比较而言，科技型企业与传统企业在企业家社会资本来源影响因素以及社会资本对企业绩效的影响方面均表现出一定程度的不同。而其中尤其值得注意的一点就是，两类企业家在获取社会资本关系资源维度方面所花费的社会交往时间是不同的。对传统企业家来说，其社会交往时间对商业性、制度性和其他关系资源都有显著解释；而对科技型企业家来说，虽然其社会交往时间在总量上相对于传统企业家花费更多，但既非用于商业性关系资源，也非用于制度性关系资源，而是主要表现在其他关系资源方面。其可能的原因是，企业产品的高技术含量决定了科技型企业家出于业务经营和产品创新需要，会在与资金提供者、行业技术专家和同行从业者的社会交往方面投入更多精力。

第二节　本书研究的局限性及未来研究展望

任何一项管理研究都是管理理论形成过程中的阶段性成果，其难免会受到认识、方法、情境、对象等方面的诸多限制。因此，认识到本书的不足并指出未来进一步的研究方向是十分必要的。

一、本书研究的局限性

（1）受限于时间、人力和成本等因素，研究样本采集仅选取了山东省内部分地区的新创企业。考虑到企业家社会资本会受到地域文化因素的影响，样本采集如能涵盖我国其他地域，尤其是南方省市，则会为研究假设检验提供更有力的证据。此外，本书所选取的样本都是存活下来的企业，如果对那些已经消亡企业的失败原因同时进行调查，也许会增加本书的研究价值。另外，样本数量偏少，造成本书无法借助结构方程工具（SEM）来检验所有的假设，以便更加清晰、科学地反映本书中各变量在整体水平上相互间作用的逻辑关系。

（2）由于社会资本概念尚无统一界定，从而使得企业家社会资本在测量方面存在着困难，边燕杰（2004）也承认，仅以三个指标衡量企业（家）社会资本是有些片面，但问题在于数据很难获得。本书在界定和测量企业家社会资本时采用了并列的处理方式，即同时测量企业家社会资本的结构维度和关系资源维度。这两种维度相互之间有怎样的关系？它们二者又是否存在统一的可能？这是本书尚未回答的问题，也是在未来研究中需要进一步加以解决的。此外，本书在对企业家社会资本结构维度进行测量时运用了“定名法”以确定企业家“核心讨论网”的情况（Burt，1985；CGSS，2003；Yoo，2003），受制于核心网的规模限制，企业家网络结构中许多关系相对较弱但又确实提供了帮助的网络成员并未出现于其中，这也是本书的许多假设未获得完全支持的可能原因之一。林南（2005）所开发的“定位法”网络测量或许在未来的研究中值得进行尝试。

（3）正像在前面所阐释的，在现实中企业家社会资本或社会关系网络的形成是一个极为复杂而又极具艺术性的过程，其可能会受到很多因素的影响，同时也取决于企业家的人格魅力和对社会交往方式的独特理解和运用。虽然本书在解释企业家社会资本来源的影响因素时尽可能多地涵盖了比较重要的变量，但仍未达到非常满意的解释效果。也许企业家社会资本形成中的人际交往艺术仅用定量手段是很难被反映的，一定的案例分析以及运用定性数据对定量发现进行“三角验证”（triangulation）可能会得出更令人满意的答案。此外，从研究结果看，社会胜任力在企业家社会资本结构维度和关系资源维度的构建过程中确实发挥了一定的作用，但本书限于研究主题和篇幅所致，未就企业家社会胜任力内部维度对企业家社会资本获取的影响展开讨论，这就为从企业家个体心理角度探讨其社会资本来源留下了进一步拓展的研究空间。

（4）不可否认的是，创业是一个动态过程，企业家的社会资本和社会网络同样会发生动态性的变化。因此，有学者提出应当进行“以网络作为因变量”（networks as the dependent variable）的研究（Hoang & Antoncic，2003），

即探讨随时间演进和创业进程的变化，企业家社会网络的结构形态会产生怎样的改变。而本书限于时间和成本限制，仅仅采用了横截面数据，而未能进行数据的面板收集与分析（panel study），这不得不说是一个缺憾，同时也可能是研究中企业家网络密度未能与新创企业经营成长绩效产生显著相关性的原因。此外，有学者提出创业行为往往是以团队形式实施的，笔者仅考察了企业家个体社会资本对新创企业绩效的影响，而创业团队社会资本的衡量及其作用也许为未来的研究留下了进一步拓展的空间。

二、未来的研究展望

在研究设计、实施和写作过程中，笔者深深感到学术界对于企业家社会资本相关问题的探讨仅仅是刚刚起步，许多研究成果（包括本研究在内）都是对该议题的尝试性探索，还有许多问题有待进一步研究解决。而对未来的研究来说，笔者认为如下方面是值得进一步深入探讨的：

（1）进一步扩大调查样本的规模并细分样本行业类型，考察本书所反映的研究结论在不同行业、不同竞争态势下存在何种程度的不同，从而提高理论模型的普适性，拓展研究结论的应用范围。

（2）对新企业的前组织阶段、企业初创阶段及新企业发展到一定规模的阶段进行跟踪调查，并根据纵向数据对新企业创建过程中的企业家社会资本变化情况进行研究，以确定网络和企业如何实现了“共同演进”。同时考量创业失败的企业家与成功的创业家在社会资本方面有何不同，以避免研究中的存活偏差（sruvival bias）。

（3）现有的几乎所有经验性研究都仅仅关注了单个企业家的社会资本或社会网络。但事实上有学者指出，快速成长型创业企业中的创业者更多是以团队而不是单个企业家的形式出现的（Witt，2004）。而每一名团队成员的社会资本都会为新企业的资源和信息获取做出贡献。因此，即便在量表设计和数据收集方面存在相当的困难，但未来的研究在对网络创立和网络成功假设进行检验时，同时考察创业者团队所有成员的社会资本或社会网络将会得出更具价值的研究结论。

（4）尽管当前大多数研究考虑的都是社会资本的正向影响，但也有学者指出社会资本并不总是积极的，其也包括了某些负面作用。同样地，企业家在其社会网络中的“过度嵌入”（overembeddedness）也可能会导致流向企业家的新信息减少，并导致企业经营的低效率。国外已有少数研究开始了这方面的探讨，而我国学者对企业家社会资本负面影响的讨论则需在未来付出更多的努力。

附录1 访谈提纲

1. 企业产品的特点是什么？

2. 企业产品对质量、价格、式样的敏感度是怎样的？

3. 在产品市场上，公司是如何适应市场竞争和市场变化的？

4. 您在创建本企业之前的学习经历（学历、专业）和工作经历是怎样的？

5. 是什么原因促成了您决定要创建一家新企业？

6. 能不能给我们简要介绍一下您的创业经历（如您如何产生了创业思想？怎样实施的创业计划？如何进行融资，以及如何知道这些有关融资资源的信息的）？

7. 能不能给我们描述一下企业目前所处的阶段（如刚刚成立、正在开发产品、已经完成了产品开发、正在成长扩张、正在寻求风险资本等）？

8. 从您的经历来看，您感觉对于创业和企业运作来说，哪些因素是很重要的？包括内部的因素（如个人的见识、经历、管理经验、性格特点、交际能力等）和外部的因素（如市场上的机会、获取外部的融资支持、获取技术上的支持、经营管理方面的建议等）。

9. 就您而言，您是如何获得以上相关因素的？

10. 请您谈一下您对企业家社会资本的理解。

11. 对您的公司而言，谁是对公司运作具有重要影响的人（包括公司内部和外部的“贵人”）？

12. 这些人都为公司做了哪些事情？

13. 您与这些人的关系是如何建立的？

14. 您认为在工作和业务交往方面，什么样的能力是最重要的？

15. 您在与公司外部组织，比如其他企业的经理人、政府部门、行业专家的联系程度如何？

16. 您认为这些联系对公司运作和发展有着怎样的重要性？

17. 您是如何与他们建立联系的？在这个过程中，有没有让您印象深刻的事情？请您举例说明。

附录2　调查问卷

尊敬的女士、先生，您好：

本问卷是山东大学管理学院进行的一项研究，旨在调查创业者与企业外部组织间的交往情况对企业绩效的影响。为获得准确有效的研究结论，本问卷恳请企业的创办者本人能够予以填答。本问卷全部为单项选择，答案没有对与错，若有某个问题未能完全表达您的意见，请勾选最接近您看法的答案。烦请您花几分钟时间填写问卷，您的回答对我们的研究结论非常重要，非常感谢您的热情帮助！

依据《中华人民共和国统计法》，有关您个人及企业的信息和资料我们将严格保密，所获得的信息也不会用于任何商业目的，否则，我们愿承担由此发生的全部责任。请您放心并尽可能客观回答，且勿遗漏任何一题。为表示谢意，凡全部回答完本问卷者将得到一份小小的礼物，即《企业管理制度全集》和《企业合同文本大全》的电子版。如果您对本问卷的结论感兴趣，或者需要以上电子书籍，请在问卷最后注明，届时我们将会 E-mail 给您。

再次感谢您对中国管理科研事业的支持！

1. 性别：A. 男　　B. 女

2. 您的年龄：________岁。

3. 在本公司创立时，您的学历是：

A. 初中及以下　　B. 高中　　C. 大专　　D. 本科　　E. 研究生

4. 如果您是大专以上的学历，那么您的专业属于：

A. 理工类学科　　B. 经济管理类学科　　C. 文史哲等社会学科

5. 本公司创办前，您已经工作了________年。

6. 在您创办本公司之前是否有过创业经历［包括参与了其他企业的创立，或者是某个新企业（创立时间不超过 3 年半的企业）的管理者］：

A. 有　　B. 没有

7. 您创业前的工作与本公司业务相关性程度如何？

A. 很低　　B. 较低　　C. 一般　　D. 较高　　E. 很高

8. 创业前，您所从事工作的性质是：

A. 市场销售　　B. 财务　　C. 技术研发　　D. 生产管理

E. 行政人事　　F. 其他（请填写＿＿＿＿＿＿＿＿＿＿）

9. 创业前，您在原单位的职务是：

A. 普通员工　　B. 基层管理者　　C. 中层管理者　　D. 高层管理者

E. CEO

10. 您创办当前公司的主要原因是：

A. 收入虽然稳定，但发现了好的商业机会想加以利用

B. 生活所迫，没有其他更好的工作选择

11. 您的公司已经成立了＿＿＿年。

12. 公司目前（或成立后的第 3.5 年时）共有约＿＿＿名员工。

13. 公司成立初期的主要业务是：＿＿＿＿＿＿＿＿＿＿。

14. 所属行业：

A. 制造业（机械、电子、建筑、化工、材料、配套生产、食品饮料等）

B. 服务业（服务、商业、贸易、电信、金融、餐饮、咨询、软件等）

15. 贵公司是否被相关部门认定为高科技企业？

A. 是　　B. 否

16. 您是采用何种形式创业的？

A. 自己创立　　B. 继承、收购或转制.

企业成功创建后，您需要想方设法让您的企业在市场竞争中生存下来并发展壮大。有时为了商业上的成功，您需要与一些公司以外的人（如先前的同事、家人，在银行、其他企业或政府部门工作的朋友，新闻广告媒体方面的朋友、行业专家等）讨论企业发展方面的重要问题（这种问题有时甚至是涉及企业机密的），以获得信息反馈或某种实质性的支持帮助。

请您回忆一下最近半年（或企业成立后最初的 3.5 年间）的情况，并尽可能多地列出这些曾与之讨论过问题的人，可以用他们的姓氏或简称（如老张、小李、爱人等）指代他们，并将问题答案的序号填入相应的空格内。

曾与之讨论问题的主要对象	例：小李	第 1 人______	第 2 人______	第 3 人______	第 4 人______	第 5 人______	第 6 人______	第 7 人______
17. 他的性别： A. 男　　B. 女	B							
18. 他的教育程度是： A. 初中及以下 B. 高中　　C. 大专 D. 本科　　E. 研究生	A							
19. 他的工作单位是： A. 党政机关 B. 国有企业 C. 私/民营企业 D. 股份/三资企业 E. 高等院校 F. 其他	D							
20. 他在工作中是否从事管理工作，如果承担管理工作，他的级别属于哪一层次？ A. 无职务 B. 一般管理人员 C. 中层管理人员 D. 高层管理人员	E							

21. 以上这些在企业创建期间您曾与之讨论的人，他们之间的相互熟悉程度如何？（请在下表空格内填写相应的编码，如图例）

相熟程度编码：

1. 不认识　　2. 不太熟　　3. 比较熟　　4. 非常熟

图例：如王经理与小李的相熟程度是“（4）非常熟”，则在相应空格内填写编码“4”

	第 1 人：老张	第 2 人：小李	第 3 人：老张
第 2 人：小李	______		
第 3 人：王经理	______	4	
第 4 人：老张	______	______	______

下面请您依据上面的图例，将联系人之间的相互熟悉程度填入下表中：

	第 1 人：	第 2 人：	第 3 人：	第 4 人：	第 5 人：	第 6 人：
第 2 人：						
第 3 人：						
第 4 人：						
第 5 人：						
第 6 人：						
第 7 人：						

22. 企业家的成功往往离不开亲人的帮助、鼓励。现在我们想了解一下，在您的创业过程中，对您帮助最大的亲属的情况。以下两个题目，请您在最能反映真实情况的项目上打“√”或画“○”。

（1）该亲属的工作单位是：

A. 国有企业　　B. 私营/股份企业　　C.一般政府机关

D. 公司所在行业主管部门　　E. 高等院校

F. 其他（请填写＿＿＿＿＿＿＿＿＿＿）

（2）该亲属在单位中的职务：

A. 高层管理人员　　B. 中层管理人员　　C. 一般管理人员

D. 无职务

就企业发展的现阶段（或公司成立后3.5年时的情况）而言，相对于主要竞争对手，您感觉您本人与以下这些行业或部门的人员联系程度如何？请按照下面的标准尺度在右边的数字中选出最能代表您意见的数字。“1”表示非常不符合，“5”表示非常符合。

23	与主要供应商企业的经理人具有良好的私人关系，并能在必要时得到他们的理解与支持（如价格、技术、应付账款方面等）	1	2	3	4	5
24	由于您的私人关系，企业可以在必要时通过各种正式或非正式渠道融通所需的足量资金	1	2	3	4	5
25	与本行业企业的经理人具有良好的私人关系，即便他们是竞争对手，并能因此使企业获益（如市场信息、生产上的协助等）	1	2	3	4	5
26	与工商、税务等行政职能部门人员具有良好的私人关系，并在企业出现麻烦时，请他们出面帮助解决	1	2	3	4	5
27	通过参加技术交流展览会、研讨会、交易会等，与本行业相关技术专家形成良好的私人关系，并因此而使企业受益	1	2	3	4	5
28	与其他行业的企业经理人具有良好的私人关系，并使您可以获得有关企业经营模式、管理方式等方面的启发	1	2	3	4	5
29	与本企业所处行业的主管部门人员具有良好的私人关系，并在企业经营发展方面得到他们的支持、照顾	1	2	3	4	5
30	与主要客户企业的经理人具有良好的私人关系，并能使企业因此而获益（如价格、交货期、应收账款、市场信息等方面）	1	2	3	4	5
31	与各级政府部门人员具有良好的私人关系，并在企业出现麻烦时，请他们出面帮助解决	1	2	3	4	5

32. 与公司以外的人讨论公司发展问题，以及与以上行业或部门的人进行社会交往、保持关系都要花费您的时间。那么，在过去半年中，您平均每周用于社会交往的时间占您全部工作时间的比例：

A. 很少　　B. 较少　　C. 一般　　D. 较多　　E. 很多

以下是有关某人社会交往情况的一些描述，请考虑这些描述与您的情况

是否相符，按照下面的标准尺度在右边的数字中选出最能代表您意见的数字。“1”表示非常不符合，“5”表示非常符合。

33	人们说我很敏感，很善解人意	1	2	3	4	5
34	别人通常可以非常恰当地说出我在特定时刻的内心感受	1	2	3	4	5
35	我对于别人的批评非常敏感	1	2	3	4	5
36	即使我不喜欢别人，也能够很容易地装作喜欢他（她）	1	2	3	4	5
37	我可以与各种类型的人相处融洽，无论是年轻人还是老年人，也无论他们的社会背景是否与我相似	1	2	3	4	5
38	我能调整自己，以适应各种社会环境	1	2	3	4	5
39	我通常能很敏锐地觉察到一个人在特定情景下的内心感受	1	2	3	4	5
40	我看人看得很准	1	2	3	4	5
41	我是一个情绪易于外露的人	1	2	3	4	5
42	在向一个陌生人进行自我介绍的时候，我没有任何不适感	1	2	3	4	5
43	通常我知道在什么样的时机向某人寻求帮助最合适	1	2	3	4	5
44	通过观察一个人的行为，我能准确地判断他的性格特点	1	2	3	4	5
45	我善于讨好别人，并按照我的利益来应用这个能力	1	2	3	4	5
46	我经常会考虑别人对我的看法	1	2	3	4	5
47	即便我试图掩盖我的情绪，别人也很容易看透我	1	2	3	4	5
48	我可以说出一个人在很多情况下为何要那样做的原因	1	2	3	4	5
49	我可以和任何人谈论任何事情	1	2	3	4	5

最近 2 年（或公司成立后的 3.5 年）内，贵公司的业绩与同行业主要竞争对手相比情况如何？请您根据实际情况，对下列项目做出客观评价。

50. 新业务（新产品、新市场等）的开发数量：

A. 很少　B. 较少　C. 一般　D. 较多　E. 很多

51. 公司市场份额：

A. 缩小　B. 扩大很少　C. 扩大较少　D. 扩大较快　E. 扩大很快

52. 新业务销售收入占总销售收入的比重：

A. 很低　B. 较低　C. 一般　D. 较高　E. 很高

53. 公司销售总额：

A. 减少　B. 增长很慢　C. 增长较慢　D. 增长较快　E. 增长很快

54. 新业务数量占企业业务总数的比例：

A. 很低　B. 较低　C. 一般　D. 较高　E. 很高

55. 公司盈利状况：

A. 亏损　B. 盈利较少　C. 中等水平　D. 较为盈利　E. 非常盈利

56. 公司员工数量变化：

A. 大幅压缩　　B. 少量压缩　　C. 不变　　D. 少量增员

E. 大幅增员

57. 公司整体竞争能力：

A. 很弱　　B. 较弱　　C. 中等　　D. 较强　　E. 很强

对以下小礼物，您感兴趣的是（自愿，可不填）：

A. 本问卷的结论　　B.《企业管理制度全集》和《企业合同文本大全》

您的 E-mail：______________________

您的联系方式（可不填）：______________

您公司的名称（可不填）：______________

您公司的传真：____________________

问卷回答完毕！再次感谢您抽出宝贵的时间协助我们完成此次调查！

参考文献

1. Uphhoff，N. 理解社会资本：学习参与分析及参与经验［A］. 载 Dasgupta，P.，Serageldin，I. 社会资本——一个多角度的观点［C］. 北京：中国人民大学出版社，2005.

2. Kilduff，M.，Tsai，W. 社会网络与组织［M］. 北京：中国人民大学出版社，2007.

3. Serageldin，I.，Grootaert，C. 定义社会资本：一个综合的观点［A］. 载 Dasgupta，P.，Serageldin，I.社会资本——一个多角度的观点［C］. 北京：中国人民大学出版社，2005.

4. Turner，J. H. 社会资本的形成［A］. 载 Dasgupta，P.，Serageldin，I. 社会资本——一个多角度的观点［C］. 北京：中国人民大学出版社，2005.

5. 爱德华·格拉泽. 社会资本的投资及其收益［J］. 经济社会体制比较研究，2003（2）：35~42.

6. 边燕杰，丘海雄. 企业的社会资本及其功效［J］. 中国社会科学，2000（2）：87~99.

7. 边燕杰. 找回强关系：中国的间接关系、网络桥梁和求职［J］. 国外社会学，1998（2）：50~65.

8. 边燕杰. 公司的社会资本及其对公司业绩的影响：社会网络分析［A］. 载徐淑英，刘忠明主编. 中国企业管理的前沿研究［C］. 北京：北京大学出版社，2004.

9. 边燕杰. 社会网络与求职过程［A］. 载涂肇庆，林益民主编. 改革开放与中国社会［C］. 香港：牛津出版社，1999.

10. 边燕杰. 城市居民社会资本的来源及作用：网络观点与调查发现［J］. 中国社会科学，2004（3）：136~146.

11. 边燕杰. 网络脱生：创业过程的社会学分析［J］. 社会学研究，2006（6）：74~88.

12. 蔡莉. 基于流程视角的创业研究框架构建［J］. 管理科学学报，2006

(1)：86~96.

13. 曹建海. 突破家庭企业发展格局向现代企业制度过渡. 经济参考报，2002-11-21.

14. 陈德荣. 组织内部社会网络的形成与影响：社会资本观点［D］. 台湾：中山大学人力资源管理研究所，2004.

15. 陈劲，李飞宇. 社会资本：对技术创新的社会学诠释［J］. 科学学研究，2001（3）：102~107.

16. 陈俊杰，陈震. "差序格局"再思考［J］. 社会科学战线，1998（1）：197~204.

17. 陈震红. 创业者创业决策的风险研究［D］. 武汉：武汉理工大学管理学院，2004.

18. 戴建中. 现阶段中国私营企业主研究［J］. 中国人民大学学报. 2001（5）：75~86.

19. 德鲁克. 创新与企业家精神［M］. 海口：海南出版社，2000.

20. 丁岳枫. 创业组织学习与创业绩效关系研究［D］. 杭州：浙江大学管理学院，2006.

21. 樊平. 社会流动与社会资本——当代中国社会阶层分化的路径分析［J］. 江苏社会科学，2004（1）：28~35.

22. 樊懿德. 社会资本与企业竞争优势［D］. 北京：中国人民大学商学院，2005.

23. 范柏乃，沈荣芳，陈德棉.中国风险企业成长性评价指标体系研究［J］. 科研管理，2001（1）：112~117.

24. 费孝通. 乡土社会·生育制度［M］. 北京：北京大学出版社，1998.

25. 付宏，苏晓燕. 企业家社会网络与中小企业成长［J］. 湖北经济学院学报，2005（1）：95~99.

26. 高建等. 全球创业观察中国报告——基于 2005 年数据的分析［M］. 北京：清华大学出版社，2006.

27. 龚鹤强，林剑. 关系认知、关系运作和企业绩效：来自广东省私营中小企业的实证研究［J］. 南开管理评论，2007（2）：45~53.

28. 龚志周. 电子商务创业压力及其对创业绩效影响研究［D］. 杭州：浙江大学管理学院，2005.

29. 顾桥. 中小企业创业资源的理论研究［D］. 武汉：武汉理工大学管理学院，2003.

30. 官建成，史晓敏. 技术创新能力和创新绩效的关系研究［J］. 中国机械工程，2004（11）：100~104.

31. 郭毅，朱熹. 国外社会资本与管理学研究新进展［J］. 外国经济与管理，2003（7）：2~7.

32. 郭玉林. 隐性人力资本的价值度量［J］. 中国工业经济，2002（7）：84~90.

33. 贺小刚. 企业家能力、组织能力与企业绩效［M］. 上海：上海财经大学出版社，2006.

34. 胡荣. 社会经济地位与网络资源［J］. 社会学研究，2003（5）：58~69.

35. 黄江圳，董俊武. 中小企业网络、资源和成长问题研究［J］. 外国经济与管理，2002（6）：29~33.

36. 惠朝旭. 企业家社会资本：基于社会经济学基础上的解释范式［J］. 理论与改革，2004（3）：117~120.

37. 姜彦福等. 全球创业观察 2003 中国及全球报告［M］. 北京：清华大学出版社，2004.

38. 金耀基. 关系和网络的构建——一个社会学的诠释［A］. 载金耀基. 中国社会与文化［M］. 香港：牛津大学出版社，1992 年.

39. 雷家骕，冯婉玲. 高新技术创业管理［M］. 北京：机械工业出版社，2001.

40. 李宝梁. 从超经济强制到关系性合意［J］. 社会学研究，2001（1）：63~75.

41. 李纯. 非正式制度与家族企业的发展［J］. 北京工商大学学报（社会科学版），2005（1）：25~32.

42. 李华民. 社会资本投资于制度变迁绩效［J］. 经济学家，2003（6）：85~92.

43. 李惠斌，杨雪冬. 社会资本与社会发展［C］. 北京：社会科学文献出版社，2000.

44. 李孔岳. 关系格局、关系运作与私营企业组织演变［J］. 中山大学学报（社科版），2007（1）：111~115.

45. 李林艳. 社会空间的另一种现象——社会网络分析的结构视野［J］. 社会学研究，2004（3）：64~75.

46. 李路路. 私营企业主的个人背景与企业"成功"［J］. 中国社会科学，1997（2）：134~146.

47. 李培林. 再论"另一只看不见的手"［J］. 社会学研究，1994（1）：11~18.

48. 梁漱溟. 中国文化要义［M］. 香港：香港集成图书公司，1963.

49. 林剑. 社会网络视角下的创业融资［J］. 上海金融，2006（7）：8~11.

50. 林剑. 社会网络作用于创业融资的机制研究［J］. 南开管理评论，2006（4）：70~75.

51. 林南. 社会资本——关于社会结构与行动的理论［M］. 上海：上海人民出版社，2005.

52. 林其锬. "五缘"文化与亚洲的未来［J］. 上海社会科学院学术季刊，1990（2）.

53. 刘军. 社会网络分析导论［M］. 北京：社会科学文献出版社，2004.

54. 刘林平. 企业的社会资本：概念反思和测量途径——兼评边燕杰、丘海雄的《企业的社会资本及其功效》［J］. 社会学研究，2006（2）：204~216.

55. 刘培峰. 私营企业主——财富积累的轨迹［M］. 北京：社会科学文献出版社，2005.

56. 刘仁军. 关系契约与企业网络转型［D］. 中国工业经济，2006（6）：91~98.

57. 陆学艺. 社会学［M］. 北京：知识出版社，1991.

58. 罗家德，叶助勇. 中国人的信任游戏［M］. 北京：社会科学文献出版社，2007.

59. 罗家德. NQ 风暴：关系管理的智慧［M］. 北京：社会科学文献出版社，2002.

60. 罗家德. 社会网分析讲义［M］. 北京：社会科学文献出版社，2005.

61. 马克·桑德斯，菲利普·刘易斯，阿德里安·桑希尔. 研究方法教程［M］. 北京：中国商务出版社，2004.

62. 慕继丰，冯宗宪，陈方丽. 企业网络的运行机理与企业网络的管理能力［J］. 外国经济与管理，2001（10）：21~25.

63. 彭泗清，杨中芳.交往关系的影响因素与发展过程［J］. 本土心理学研究，1999（12）：291~312.

64. 秦海霞. 关系网络的建构：私营企业主的行动逻辑［D］. 上海：上海大学，2005.

65. 沈超红. 创业绩效结构与绩效形成机制研究［D］. 杭州：浙江大学管理学院，2006.

66. 石军伟. 民营中小企业制度创新：一个基于企业家的解释［J］. 学术研究，2003（4）：12~14.

67. 石秀印. 中国企业家成功的社会网络基础［J］. 管理世界，1998（6）：

187~208.

68. 托马斯·福特·布朗. 社会资本理论综述［J］. 马克思主义理论与现实，2000（2）：41~46.

69. 王凤彬，李奇会. 组织背景下的嵌入性研究［J］. 经济理论与经济管理，2007（3）：28~33.

70. 王革，张玉利，吴练达. 企业社会资本静态与动态分析［J］. 天津师范大学学报（社科版），2004（1）：16~20，37.

71. 王海光，刘盛强. 社会关系资本与企业家创业——一个嵌入性视角［J］. 渤海大学学报，2006（2）：107~110.

72. 王卫东. 中国城市居民的社会网络资本与个人资本［J］. 社会学研究，2006（3）：151~166.

73. 王询. 人际关系模式与经济组织的交易成本［J］. 经济研究，1994（8）：77~81.

74. 王重鸣. 心理学研究方法［M］. 北京：人民教育出版社，2001.

75. 王竹. 企业成长性模型及评估体系研究［J］. 福建行政学院福建经济管理干部学院学报，2003（1）：69~70.

76. 尉建文. 关系网络与资源获取——私营企业主关系网络建构与运作的社会学分析［D］. 北京：中国社会科学院，2006.

77. 文崇一. 中国人的富贵与命运［A］. 载文崇一，萧新煌. 中国人：观念与行为［C］. 台湾：巨流图书公司，1989.

78. 巫立宇. 高科技新创企业合作网络模式之研究［D］. 台湾：政治大学国际贸易系，2002.

79. 吴东晓. 创业社会胜任力结构模型与绩效关系研究［D］. 杭州：浙江大学管理学院，2005.

80. 吴思. 潜规则：中国历史中的真实游戏［M］. 昆明：云南人民出版社，2001.

81. 谢宝珍，金盛华. 实践智力、社会智力、情绪智力的概念及其教育价值［J］. 心理学探新，2001（12）：81~86.

82. 许晓明，高健. 民营企业“猝死现象”及其防范——兼析全程危机管理在民营企业中的应用［J］. 经济理论与经济管理，2003（6）：52~56.

83. 薛求知，徐忠伟. 企业生命周期理论：一个系统的解析［J］. 浙江社会科学，2005（5）：192~197.

84. 亚洲开发银行. 中国私营企业的发展［M］. 亚洲开发银行出版，Manila，Pilippines，2003.

85. 杨国枢. 中国人的社会取向：社会互动的观点［A］. 载杨国枢，余安邦主编. 中国人的心理与社会行为——理念及方法篇［C］. 台北：桂冠图书公司，1992.

86. 杨俊，张玉利. 基于企业家资源禀赋的创业行为过程分析［J］. 外国经济与管理，2004（2）：2~6.

87. 杨鹏鹏，万迪昉，梁晓莉. 企业家社会资本及其与企业情报竞争力关系的实证研究［J］. 情报杂志，2005（7）：29~31.

88. 杨其静. 企业家的企业理论［M］. 北京：中国人民大学出版社，2005.

89. 杨宜音. “自己人”及其边界——关于“差序格局”的社会心理学研究［D］. 北京：中国社会科学院，1998.

90. 杨宜音. 试析人际关系及其分类——兼与黄光国先生商榷［J］. 社会学研究，1995（5）：18~23.

91. 杨宜音. 自我与他人：四种关于自我边界的社会心理学研究述要［J］. 心理科学进展，1999（3）：58~62.

92. 杨中芳，彭泗清. 中国人人际信任的概念化：一个人际关系的观点［J］. 社会学研究，1999（2）：1~21.

93. 宇红. 企业管理中的企业家社会资本研究［J］. 学习与探索，2005（3）：202~204.

94. 翟学伟. 关系研究的多重立场与理论重构［J］. 江苏社会科学，2007（3）：118~130.

95. 张方华. 知识型企业的社会资本与创新绩效研究［D］. 杭州：浙江大学管理学院，2005.

96. 张鸿萍. 创业型企业技术创新的战略导向——CEO 社会关系网络与高层管理团队学习视角［D］. 西南交通大学管理学院，2006.

97. 张继焦. 迁移创业型家族企业：对存在的和生成的社会资本的利用［J］. 思想战线，2005（1）：36~45.

98. 张建君，张志学. 中国民营企业家的政治战略［J］. 管理世界，2005（7）：94~105.

99. 张其仔. 社会资本的投资策略与企业绩效［J］. 经济管理，2004（16）：58~63.

100. 张其仔. 社会资本论：社会资本与经济发展［M］. 北京：社会科学文献出版社，1997.

101. 张强. 自家人、自己人和外人——中国家族企业的用人模式［J］. 社会学研究，2003（2）：12~20.

102. 张体勤. 知识团队的绩效管理 [M]. 北京：科学出版社，2002.

103. 张宛丽. 非制度因素与地位获得——兼论现阶段中国社会分层结构 [J]. 社会学研究，1996（1）：64~73.

104. 张文宏. 阶层地位对城市居民社会网络性质的影响 [J]. 社会，2005（4）：25~38.

105. 张文宏. 社会资本：理论争辩与经验研究 [J]. 社会学研究，2003（4）：23~35.

106. 张文宏. 中国的社会资本研究：概念、操作化测量和经验研究 [J]. 江苏社会科学，2007（3）：142~149.

107. 张玉利，薛红志，杨俊. 论创业研究的学科发展及其对管理理论的挑战 [J]. 外国经济与管理，2007（1）：1~9，24.

108. 赵延东，罗家德. 如何测量社会资本：一个经验研究综述 [J]. 国外社会科学，2005（2）：18~24.

109. 周建国. 社会资本及其获取途径 [J]. 上海交通大学学报（社哲版），2005（6）：31~37.

110. 周小虎. 企业家社会资本及其对企业绩效的作用 [J]. 安徽师大学报（社科版），2002（1）：1~6.

111. 周小虎. 企业社会资本与战略管理——基于网络结构观点的研究 [M]. 北京：人民出版社，2006.

112. 周雪光. 组织社会学十讲 [M]. 北京：社会科学文献出版社，2003.

113. 朱国宏. 经济社会学 [M]. 上海：复旦大学出版社，2003.

114. 朱力. 中国社会生活中的关系网亚文化 [J]. 社会科学研究，1993（2）：61~67.

115. 朱旭峰. 中国政策精英群体的社会资本：基于结构主义视角的分析 [J]. 社会学研究，2006（4）：86~116.

116. 庄贵军，席酉民. 关系营销在中国的文化基础 [J]. 管理世界，2003（10）：98~109.

117. 庄明科，甘怡群，刘海骅. 社会技能量表的修订与初步运用 [J]. 中国心理卫生杂志，2004（11）：755~759.

118. Aldrich，H. E.，Reese，P. R. Does Networking Pay off? A Panel Study of Entrepreneurs in the Research Triangle [A]. In Churchill，N. C.，Birley，S.，Doutriaux，J.，Gatewood，E. J.，Hoy，F. S.，Wetzel，W. E. Jr (eds.). *Frontiers of Entrepreneurship Research* [C]. Wellesley，MA：Babson College. 1993：325~339.

119. Acs, Z. J., & Fiol, C. M. Fools Rush In? The Insitutional Context of Industry Creation [J]. *Academy of Management Review*, 1994, 19: 645~670.

120. Adler, P. S., & Kwon, S. Social Capital: Prospects for a New Concept [J]. *Journal of Management Review*, 2002, 27 (1): 17~40.

121. Aldrich, H. E., & Fiol, M. C. Fools Rush in? The Institutional Context of Industry Creation [J]. *Academy of Management Review*, 1994, 19 (4): 645~670.

122. Aldrich, H. E., Reese, P., Dubini, P., Rosen, B., Woodward, B. Women on the Verge of a Breakthrough: Networking Between Entrepreneurs in the United States and Italy [J]. *Entrepreneurship & Regional Development*, 1987, 1 (4): 339~356.

123. Aldrich, H. E., Rosen, B., Woodward, W. The Impact of Social Networks on Business Foundings and Profit: A Longitudinal Study [A]. In Churchill, N. C., Homaday, J. A., Kirchhoff, B. A., Krasner, O. J., Vesper, K. H. (eds.), *Frontiers of Entrepreneurship Research* [C]. Wellesley, MA: Babson College. 1987: 154~168.

124. Aldrich, H.E. *Organizations Envolving* [M]. London: Sage Publications, 1999.

125. Aldrich, H.E., Zimmer, C. Entrepreneurship through social networks [A]. In. D.L. Sexton and R.W. Smilor (eds.). *The Art and Science of Entrepreneurship* [C]. Cambridge, MA: Ballinger Publishing Company, 1986: 3~32.

126. Almbjerg, S. K., & Vendelø, M. T. Entrepreneurship and Social Capital in Movement: A Literature Review. Paper for presentation at the Copenhagen Conference on Strategic Management-Building Competitive Advantage: The Roles of Entrepreneurship and Innovation.

127. Amit, R., & Zott, C. Value Creation in E-Business [J]. *Strategic Management Journal*, 2001, 22 (6/7): 493~520.

128. Amit, R., Glosten, L., Muller, E. Entrepreneurial Ability, Venture Investments, and Risk Sharing [J]. *Management Science*, 1990, 36 (10): 1232~1245.

129. Anderson, A. R. Paradox in the Periphery: An Entrepreneurial Reconception [J]. *Entrepreneurship Reg.*, 2000, 12 (2): 91~110.

130. Antoncic, B., & Hisrich, R. D. Privatization, Corporate Entrepreneur-

ship, and Performance: Testing a Normative Model [J]. *Journal of Developmental Entrepreneurship*, 2003, (10) 1: 7~24.

131. Asanuma, B. The organization of parts purchases in the Japanese automotive industry [J]. *Japanese Economic Studies*, 1985, XⅢ (Summer): 32~78.

132. Azoulay, P., Shane, S. Entrepreneurs, Contracts, and the Failure of Young Firms [J], *Management Science*, 2001, 47 (3): 337~358.

133. Baker, W. Market Networks and Corporate Behavior [J]. *American journal of Sociology*, 1990, 96 (3): 589~625.

134. Baron, R. A, & Markman, G. Beyond Social Capital: The Role of Entrepreneur's Social Competence in their Financial Success [J]. *Journal of Busniess Venturing*, 2003, 18: 41~60.

135. Baron, R. A, & Markman, G. Beyongd Social Capital: How Social Skills Can Enhance Entrepreneur's Success [J]. *Academy of Management Executive*, 2000, 14 (1): 106~115.

136. Baron, R. A. Psychological Perspectives on Entrepreneurship: Cognitive and Social Factors in Entrepreneurs' Success [J]. *Current Directions in Psychological Science*, 2000, 9 (1): 15~18.

137. Bates, T. Financing Small Business Creation: The Case of Chinese and Korean Immigrant Entrepreneurs [J], *Journal of Business Venturing*, 1997, 12 (2): 109~124.

138. Batjargal, B. Effects of Networks on Entrepreneurial Performance in a Transition Economy: The Case of Russa [J]. Paper for Frontiers of Entrepreneurship Research, Babson College, 2000.

139. Baum, J. A. C. *Companion to Organizations* [M]. Maldon, MA: Blackwell, 2002.

140. Baum, J., Calabrese, T., & Silverman, B. S. Don't Go it Alone: Alliance Network Composition and Startups' Performance in Canadian Biotechnology [J]. *Strategic Management Journal*, 2000, 21 (3): 267~294.

141. Bavelas, A. An Experimental Approach to Organizational Communication [J]. Personnel, 1951, 27: 366~371.

142. Becker, G. S. *Human Capital: A Theoretical and Empirical Analysis, with Special Reference to Education* [M]. The University of Chicago Press: Chicago and London, 1993.

143. Begley, T., Boyd, D. Psychological Characteristics Associated with Performance in Entrepreneurial Firms and Smaller Businesses [J]. *Journal of Business Venturing*, 1987, 2 (1): 79~93.

144. Belliveau, M. A., O'Reilly, C. A., & Wade, J. B. Social Capital at the Top: Effects of Social Similarity and Status on CEO Compensation [J]. *Academy of Management Journal*, 1996, 39 (6): 1568~1593.

145. Berscheid, E. & Walster, H. *Interpersonal Attraction* [M]. Reading, MA: Addison-Wesley, 1978.

146. Beyers, T., Kist, H., et al. Characteristics of the Entrepreneur: Social Creatures, not Solo Heroes [EB/OL]. http: //faculty.dccc.edu/~alynn/Entrepreneur-Social%20Creatures%20not%20Solo%20Heroes.doc, 2007-9-20.

147. Bian, Yanjie, Breiger, B., Davis, D., & Galaskiewiez, J. Network Patterns of Social Class in Chinese Cities [R]. Paper presented at the the SUNBELT XXIII International Social Network Conference, Cancun, Mexico, February 2003: 12~16.

148. Bian, Yanjie. Getting A Job through a Web of Guanxi in China [A]. In Wellman B. (ed.) *Networks in the Global Village: Life in Contemporary Communities*, Boulder, Co.: Westview Press, 1999.

149. Bird, B. J. The Operations in Time: The Emergence of the New Venture [J]. *Entrepreneurship: Theory & Practice*, 1992, 17 (1): 11~20.

150. Birley, S. The Role of Networks in the Entrepreneurial Process [J]. *Journal of Business Venturing*, 1985, 1 (1): 16~37.

151. Blau, P. M. *Inequality and Heterogeneity: A Primitive Theory of Social Structure* [M]. New York: Free Press, 1977.

152. Boisot, M., & Child, J. From Fiefs to Clans and Network Capitalism: Explaining China's Emerging Economic Order [J]. *Administrative Science Quarterly*, 1996, 41: 600~628.

153. Borg, E. A. Knowledge, Information and Intellectual Property: Implications for Marketing Relationships [J]. *Technovation*, 2001, 21 (8): 515~524.

154. Borgatti, S. P., & Foster, P. C. Foster The Network Paradigm in Organizational Research: A Review and Typology [J]. *Journal of Management*, 2003, 29 (6): 991~1013.

155. Borial, O. Tacit Knowledge and Environmental Management [J]. *Long*

Range Planning, 2002, 35 (3): 291~317.

156. Bourdieu, P. The forms of capital [A]. In Richardson, J. G. (ed.), *Handbook of theory and research for the sociology of education.* New York: Greenwood, 1985.

157. Bourdieu, P., & Wacquant, L.J.D. An Invitation to Reflexive Sociology [M]. Chicago: University of Chicago Press, 1992.

158. Boxman, E. A. W., De Graaf, P, M., & Flap, H. D. The Impact of Social and Human Capital on the Income Attainment of Dutch Managers [J]. *Social Networks*, 1991, 13 (1): 51~73.

159. Brass, D. J. Social Networks in Organizations: Antecedents and Consequences. Invited talk at Tulane University, unpublished manuscript, 1998, Nov. 15.

160. Brehm, J., & Rahn, W. Individual-level Evidence for the Causes and Consequences of Social Capital [J]. *American Journal of Political Science*. 1997, 41 (3): 999~1023.

161. Brockhaus, R. H. The Psychology of the Entrepreneur [A]. In Kent, C. A., Sexton, D. L., & Vesper, K. H. (eds.). *Encyclopedia of Entrepreneurship*, Englewood Cliff, NJ: Prentece-Hall, 1982.

162. Brown, B., Butler, J.E. Competitors as Allies: A Study of Entrepreneurial Networks in the U.S. Wine Industry [J]. *Small Business Management*, 1995, 33 (3): 57~66.

163. Brüderl, J., Preisendorfer, P. Network Support and the Success of Newly Founded Businesses [J]. *Small Business Economics*, 1998, 10 (3): 213~225.

164. Brush, C. G., Greene, P. G. & Hart, M. M., From Initial Idea to Unique Advantage: the Entrepreneurial Challenge of Constructing a Resource Base [J]. *Academy of Management Executive*, 2001, 15 (1): 64~78.

165. Brush, C., & Chaganti, R. Businesses without Glamour? An Analysis of Resources on Performance by Size and Age in Small Service and Retail Firms [J]. *Journal of Business Venturing*, 1999, 14 (3): 233~257.

166. Brush, C.G. & Vanderwerf, P.A. A Comparison of Methods and Sources Estimates of New Venture Performance [J]. *Journal of Business Venturing*, 1992, 7 (2): 157~170.

167. Buenitz, L. W., & Barney, J. B. Differences between Entrepreneurs

and mManagers in Large Organizations: Biases and Heuristics in Strategic Decision-making [J]. *Journal of Business Venturing*, 1997, 12 (1): 9~30.

168. Burt, R. S. Structural Holes: The Social Structure of Competition [M]. Cambridge, MA: Harvard University Press, 1992.

169. Burt, R. S. & Reagans, R. *Homophily, Legitimacy, and Competitions: Bias in Manager Peer Evaluations*. Working paper, Graduate school of business, University of Chicago, 1997.

170. Burt, R. S. The Gender of Social Capital [J]. *Rationality and Society*, 1998, 10 (1): 5~46.

171. Burt, R.S., (1997a). The Contingent Value of Social Capital [J]. *Administrative Science Quarterly*, 42 (2): 339~365.

172. Burt, R.S., (1997b). A Note on Social Capital and Network Content [J]. *Social Networks*, 19 (4): 355~373.

173. Burt, R.S.The Network Structure of Social Capital [A]. in B. M. Staw and R. I. Sutton: *Research in Organizational Behavior*. Amsterdam; London and New York: Elsevier Science JAI, 2000.

174. Buryat, C., & Julien, P. A. Defining the Field of Research in Entrepreneurship [J]. *Journal of Business Venturing*, 2001, 16 (2): 165~180.

175. Busenitz, L. W., West Ⅲ, G. P., Shepherd, D., Nelson, T., Chandler, G. N., and Zacharakis, A. Entrepreneurship Research in Emergence: Past Trends and Future Directions [J], *Journal of Management*, 2003, 29 (3), 285~308.

176. Butler, J. E., Brown, B., Chamommarn, W. Information Networks, Entrepreneurial Action and Performance [J]. *Asia Pacific Journal of Management*, 2003, 20 (2): 151~174.

177. Bygrave, W. D. Building an Entrepreneurial Economy: Lessons from the United States [J]. *Business Strategy Review*, 1998, 9 (2): 11~18.

178. Bygrave, W. D. *The Portable MBA in Entrepreneurship* [M]. New York: John Wiley and Sons, Inc., 1997.

179. Byrne, D. *The attraction paradigm* [M]. New York: Academic Press, 1971.

180. Carsrud, A. L., Gaglio, C. M., Olm, K. W. Entrepreneurs-Mentors, Networks, and Successful New Venture Development: An Exploratory Study [J]. *American Journal of Small Business*, 1987, 12 (2): 13~18.

181. Carsrud, A.L., Johnson, R.W. Entrepreneurship: A social Psychological Perspective [J]. *Entrepreneurship Reg.*, 1989, 1 (1): 21~31.

182. Carter, N.M., Gartner, W.B., Reynolds, P.D. Exploring Start-up Event Sequences [J]. *Journal of Business Venturing*, 1996, 11 (3): 151~166.

183. Chakravarthy, B.S. Measuring Strategic Performance [J]. *Strategic Management Journal*, 1986, 7 (5): 437~458.

184. Chandler, G.N., & Hanks, S. H. Measuring the Performance of Emerging Business: A Validation Study [J]. *Journal of Business Vernturing*, 1993, 8 (5): 191~209.

185. Chandler, G.N., & Jansen, E. The Founder's Self-assessed Competence and Venture Performance [J]. *Journal of Business Venturing*, 1992, 7 (3): 223~236.

186. Chang, Yuan-Chieh, & Chen Ming-Huei. Comparing Approaches to Systems of Innovation: The Knowledge Perspective [J]. *Technology in Society*, 2004, 26 (1): 17~37.

187. Chen, J., & Qiu, H. Social Group, Social Capital, and Socioeconomic Development [J]. *Sociological Research*, 1999 (4): 64~74.

188. Cheng, J. L. C., & Kesner, I. F. Organizational Slack and Responses to Environmental Shifts: The Impact of Resource Allocation Patterns [J]. *Journal of Management*, 1997, 23 (1): 1~18.

189. Child, J. *Management in China during the Age of Reform* [M]. Cambridge, England: Cambridge University Press, 1994.

190. Chong, L., & Gibbons, P. Corporate Entrepreneurship: The Roles of Ideology and Social Capital [J]. *Group and Organization Management*. 1997, 22 (1): 10~30.

191. Chrisman, J. J., Bauerschmidt, A., & Hofer, C. W. The Determinants of New Venture Performance: An Extended Model [J]. *Entrepreneurship: Theory and Practice*, 1998, 23 (1): 5~29.

192. Chung, W. K., & Hamilton, G. G. Guanxi, Trustworthiness, and the Embeddedness od Chinese Business Practices [A]. In R. P. Appelbaum & L. F. Felstiner (eds.), *Rules and Networks: The Legal Culture of Global Business Transactions*. Oxford: Hart Publishing, 2001.

193. Ciavarella, M.A., Buchholtz, A.K., Riordan, C.M. The Big Five and Venture Survival: Is there a Linkage? [J]. *Journal of Business Venturing*,

2004, 19 (4): 465~483.

194. Coleman, J.S. *Foundations of Social Theory* [M]. Cambridge, MA: Harvard University Press, 1990.

195. Coleman, J.S.Social Capital in the Creation of Human Capital [J]. *American Journal of Sociology*, 1988, 94 (Sumpplement): s95~s120.

196. Collins, C. J., & Clark, K. D.Strategic Human Resource Practices, Top Management Team Social Networks, and Firm Performance: The Role of Human Resource Practices in Creating Organizational Competitive Advantage [J]. *Academy of Management Journal*, 2003, 46 (6): 740~751.

197. Cooke, P., & Morgan, K. *The Associational Economy: Frims, Regions Innovation* [M]. Oxford: Oxford University Press, 1990.

198. Cooper A. C., Folta, T. B., & Woo, C. Entrepreneurial Information Search [J]. *Journal of Business Venturing*, 1995, 10 (1): 107~120.

199. Cooper, A. C. Networks, Alliances and Entrepreneurship [A]. in Hitt, M. A., Ireland, R. D., Camp, S. M., & D. L. Sexton (eds.), *Strategic Entrepreneurship: Creating a New Integrated Mindset*, Oxford: Blackwell, 2001.

200. Cooper, A. C., Woo, C. Y., & Dunkelberg, W. C. Entrepreneurs' Perceived Chance of Success [J]. *Journal of Business Venturing*, 1988, 3 (3): 97~108.

201. Cooper, A.C., Gimeno-Gascon, F.J., & Woo, C.Y Initial Human and Financial Dapital Predictors of New Venture Performance [J]. *Journal of Business Venturing*, 1994, 9 (5): 371~395.

202. Cooper, R. G. The Dimensions of Industrial New Product Success and Failure [J]. *Journal of Marketing*, 1979, 43 (Summer): 93~103.

203. Covin, J. G., & Slevin, D. P., New Venture Strategic Posture, Structure, and Performance: An Industry Life Cycle Analysis [J]. *Journalof Business Venturing*, 1990 (2): 123~135.

204. Cromie, S., & Birley, S. Networking by Female Business Owners in Northern Ireland [J]. *Journal of Business Venturing*, 1992, 7 (3): 237~251.

205. Cross, R., & Baird, L. Technology is not Encough: Improving Performance by Building Organizational Memory [J]. *Sloan Management Review*, 2000 (Spring): 69~78.

206. Davidsson, P., & Honig, B. The Role of Social and Human Capital among Nascent Entrepreneurs [J]. *Journal of Business Venturing*, 2003, 18:

301~330.

207. Deeds, D.L., Hill, C.W.L. Strategic Alliances and the Rate of New Product Development: An Empirical Study of Entrepreneurial Biotechnology Firms [J]. *Bussiness Venturing*, 1996, 11 (1): 41~55.

208. Dollinger, M. J. Environmental Contacts and Financial Performance of the Small Firm [J]. *Journal of Small Business Management*, 1985, 23 (1): 24~30.

209. Dore, R. Goodwill and the spirit of market capitalism [J]. *British Journal of Sociology*. 1983, 34: 459~482.

210. Dubini, P., Aldrich, H. E. Personal and Extended Networks are Central to the Entrepreneurial Process [J], *Journal of Business Venturing*, 1991, 6 (5): 305~313.

211. Duchesneau, D. A., & Gartner, W. B. A Profile of New Venture Success and Failure in an Emerging Industry [J]. *Journal of Business Venturing*, 1990, 5 (5): 291~312.

212. Duchesneau, D.A., & Gartner, W.B. A Profile of New Venture Success and Failure in an Emerging Industry [J]. *Journal of Business Venturing*, 1990(5): 297~312.

213. Ensley, M. D., Pearson, A. W., & Amason, A. C. Understanding the Dynamics of New Top Management Teams Cohesion, Conflict, and New Venture Performance [J]. *Journal of Business Venturing*, 2002 (17): 365~386.

214. Fan, Y. Guanxi's Consequences: Personal Gains at Social Cost [J]. *Journal of Business Ethics*, 2002, 38: 371~380.

215. Feeser, H. R., & Willard, G. E. Comparison of High and Low Founding Strategy and Performance: A Growth High Tech Firms [J]. *Strategic Management Journal*, 1990, 11 (2): 87~98.

216. Fernandez, R. M., Castilla, E. J., & Moore, P. Social Capital at Work: Networks and Employment at A Phone Center [J]. *American Journal of Sociology*. 2000, 105: 1288~1356.

217. Flap, H. D., Bulder, B., & Volker, B. Intra-organizational Networks and Performance [J]. *Computational and Mathematical Organizational Theory*, 1998 (4): 109~147.

218. Flap, H.D. & De Graf, N. D. Social Capital and Attained Occupational Status [J]. *The Netherlands' Journal of Sociology*, 1965, 22: 145~161.

219. Foley, M. W., & Edward B. Is It Time to Disinvest in Social Capital [J]. *Journal of Public Policy*, 1999, 19 (2): 141~173.

220. Fortner, M. L. *Entrepreneurs and Their Social Networks: Motivations, Expectations and Outcomes* [D].Washington D. C.: The George Washington University, 2006.

221. Freeman, C. Network of Innovator: A Synthesis of Issues [J]. *Research Policy*, 1991, 20: 499~514.

222. Freeman, J. Venture capital as an economy of time [A]. In: Leenders, R. Th. A.J., Gabbay, S.M. (eds.), *Corporate Social Capital and Liability* [C]. Boston: Kluwer Academic Publishing. 1999: 460~482.

223. Fukuyama, F. *Trust: The Social Virtues and the Creation of Prosperity* [M]. New York: Free Press, 1995.

224. Gabby, S., & Zuckerman, E. Social Capital and Opportunity in Corporate R&D: The Contingent effect of Contact Density on Mobility Expectations [J]. *Social Science Research*, 1998, 27 (2): 189~217.

225. Gartner, W. B. What are We Talking about when We Talk about Entrepreneurship [J]. *Journal of Business Venturing*, 1990, 5 (1): 15~28.

226. Gartner, W. B. Who Is an Entrepreneur? Is the Wrong Question [J]. *American Journal of Small Business* 1988, 12 (1): 11–32.

227. Gartner, W.B. "Who Is an Entrepreneur?" Is the Wrong Question [J]. *American Journal of Small Business*. 1988, 13: 11~32.

228. Gerlach, M. L. Alliance Capitalism: The Social Organization of Japanese Business [M]. *Berkeley: University of California Press*, 1992.

229. Gimeno, J., T. B. Folta, A. C. Cooper, Woo, C. Y. Survival of the Fittest? Entrepreneurial Human Capital and the Persistence of Underperforming Firms [J], *Administrative Science Quarterly*, 1997, 42 (1): 750~783.

230. Glaeser, E., Laibson, D., & Sacerdote, B. *The Economic Approach to Social Capital*. NBER Workin Paper Series, n. 7728.

231. Golden, P. A., Dollinger, M. Cooperative Alliances and Competitive Strategies in Small Manufacturing Firms [J]. *Entrepreneurship Theory & Practice*, 1993, 17 (4): 43~56.

232. Granovetter, M. S. *Getting a job: A study of Contacts and Careers* (2nd ed.) [M]. Chicago: University of Chicago Press, 1995.

233. Granovetter, M. The Strength of Weak Ties [J]. *American Journal of*

Sociology, 1973, 78 (6): 291~313.

234. Grant, R. M., & Barden, F. A Knoledgebased Theory of Interfirm Collaboration [J]. *Academy of Management Best Paper Proceedings*, 1995.

235. Greve, A. Networks and Entrepreneurship: An Analysis of Social Relations, Occupational Background, and Use of Contacts during the Establishment Process [J]. *The Scandinavian Journal of Management*, 1995, 11(1): 1~24.

236. Greve, A., & Salaff, J. W. The Development of Corporate Social Capital in Complex Innovation Processes [J]. *Social Capital of Organization*, 2001, 18: 107~134.

237. Gulati, R. Alliances and Networks [J]. *Strategic Management Journal*, 1998, 19 (4): 293~317.

238. Gulati, R., Nohria, N., & Zaheer, A. Strategic Networks [J]. *Strategic Management Journal*, 2000, 21: 203~215.

239. Håkansson, H. Product Development in Networks [A]. In Håkansson, I. (eds.). *Industrial Technological Development: A Network Approach* [C]. Croom Hel London, 1987.

240. Hansen, E. L. Structure and Process in Entrepreneurial Networks as Partial Determinants of Initial New Venture Growth [A]. Ronstadt, R. et al., (eds.), *Frontiers of Entrepreneurship Research* [C]. Babson College, Wellesley, MA, 1991.

241. Hansen, E.L. Entrepreneurial Networks and New Organization Growth [J], *Entrepreneurship Theory & Practice*, 1995, 19 (4): 7~19.

242. Hansen, G. S., & Wernerfelt, B. Determinants of Firm Performance: The Relative Importance of Economic and Organizational Factors [J]. *Strategic Management Journal*, 1989, 10 (5): 399~411.

243. Hargadon, A., & Sutton, R. I. Technology Brokering and Innovation in a Product Development Firm [J]. *Administrative Science Quarterly*, 1997, 42: 716~749.

244. Hax, A. C., & Majluf, N. S. *Strategic Management: An Integrative Perspective* [M]. Englewood Cliffs, NJ: Prentice-Hall, 1984.

245. Helper, S. Comparative Supplier Relations in the U.S. and Japanese Auto Industries: An Exit Voice Approach [J]. *Business Economic History*, 1990, 19: 153~162.

246. Higgins, M.C., Gulati, R. Getting off to a Good Start: The Effects of Upper Echelon Affiliations on Underwriter Prestige [J]. *Organization Science*, 2003, 14 (3): 44~263.

247. Hirsch, P. M., & Levin, D. Z. Umbrella Advocates versus Validity Police: A Life-cycle Model. *Organization Science*, 1999 (10): 199~212.

248. Hisrich, R.D., Peters, M.P. *Entrepreneurship*, 5th ed. [M]. International Edition, McGraw-Hill, 2001.

249. Hite, J. M. *Embedded Network Ties of Emerging Entrepreneurial Firms: Patterns, Processes and Evolutionary Paths* [D]. Doctoral Dissertation, David Eccles School of Business, The University of Utah, 1999.

250. Hoang, H., & Antoncic, B. Network-based Research in Entrepreneurship: A Critical Review [J]. *Journal of Business Venturing*, 2003, 18 (2): 165~187.

251. Hoang, H., Young, N. Social Embeddedness and Entrepreneurial Opportunity Recognition: (more) Evidence of Embeddedness [A]. *Frontiers of Entrepreneurship Researc* [C]. Babson College, Wellesley, MA.2000.

252. Holt, D.H. *Entrepreneurship: New Venture Creation* [M]. Prentice-Hall, Englewood Cliffs, NJ, 1992.

253. Hoskisson, R. E., Eden, L., Lau, L. M., & Wright, M. *Strategy in Emerging Economies* [J]. *The Academy of Management Journal*, 2000, 43 (3): 249~267.

254. Huselid, M. A. The Impact of Human Resource Management Practices on Turnover, Productivity, and Corporate Financial Performance [J]. *The Academy of Management Journal*, 1995, 38 (3): 635~672.

255. Ibarra, H. Homophily and Differential Returns: Sex Differences in Network Structure and Access in an Advertising Firm [J]. *Administrative Science Quarterly*, 1993, 37: 422~447.

256. Ibarra, H. Personal Networks of Women and Minorities in Management: A Conceptual Framework [J]. *Academy of Management Review*, 1993, 18 (1): 56~87.

257. Ingelgård, A., Roth, J. S., Shani, A. B., & Styhre, A. Dynamic Learning Capability and Actionable Knowledge Dreation: Clinical R&D in a Pharmaceutical Company [J]. *The Learning Organization*, 1997, 9 (2): 65~77.

258. Ireland, R. D., Hitt, M. A., & Sirmon, D. G. A Model of Strategic Entrepreneurship: The Construct and its Dimensions [J]. *Journal of Management*,

2003, 29 (6): 963~989.

259. Jack, S. L., & Anderson, A. R. The Effects of Embeddedness on the Entrepreneurial Process [J]. *Journal of Business Venturing*, 2002, 17: 467~497.

260. Jacobs, J.B. The Concept of Guanxi and Local Politics in a Rural Chinese Cultural Setting [A]. In S.L. Greenblatt, R.W. Wilson, & A.A. Wilson (eds.), *Social interaction in Chinese Society* [C]. New York: Praeger, 1979.

261. Jarillo, J. C., & Ricart, J. E. Sustaining Networks [J]. *Interfaces*, 1987, 17 (5): 82~91.

262. Jennings, D.F., Young, D.M. An Empirical Comparison between Objective and Subjective Measures of the Product Innovation Domain of Corporate Entrepreneurship [J]. *Entrepreneurship: Theory and Practice*, 1990, 15 (1): 53~66.

263. Johannessen, Jon -Arild, Olsen, B., & Olaisen, J. Aspects of Innovation Theory Based on Knowledge-management [J]. *International Journal of Information Management*, 1999, 19 (2): 121~139.

264. Johannisson, B. Anarchists and Organizers: Entrepreneurs in a Network Perspective [J]. *International Studies of Management and Organization*, 1987, 17 (1): 49~63.

265. Johannisson, B., Alexanderson, O., Nowicki, K., Senneseth, K. Beyond Anarchy and Organization: Entrepreneurs in Contextual Networks [J]. *Entrepreneurship & Regional Development*, 1994, 6 (4): 329~356.

266. Kaish, S., & Gilad, B. Characteristics of Opportunities Search of Entrepreneurs versus Executives: Sources, Interest, General Alertness [J]. *Journal of Business Verturing*, 1991 (6): 45~61.

267. Kanter, R. M. *Man and Woman of the Corporation*. New York: Basic Book, 1977.

268. Kessler, E. H., Chakrabarti, A. K. Innovation Speed: A Conceptual Model of Context, Antecedents, and Outcomes [J]. *The Academy of Management Review*, 1996, 21 (4): 1143~1191.

269. Kirchoff, B. R., & Phillips, B. D., Innovation and Growth among New Firms in the U.S. Economy [A]. in R. H. Brockhaus et al. (eds.). *Frontiers of Entrepreneurship Research*, Babson College, Wellesley, MA. 1989.

270. Kline, S. J., & Rosenberg, N. An Overview of Innovation [A]. In Landau, R., & Rosenberg (eds.). *The Positive Sum Strategy, Harnessing*

Technology for Economic Grwoth [C]. Washington, D. C., National Academy Press, 1986.

271. Knobe, David. Organizational Networks and Corporate Social Capital [A]. in Leenders, R. Th. A. J. & S. M. Gabbay. *Corporate Social Capital and Liability*. Boston/Dordrecht/London: Kluwer Academic Publishers, 1999.

272. Kraatz, M. S. Learning by Association? Interorganizational Networks and Adaptation to Environmental Change [J]. *Academy of Management Journal*, 1998, 41: 621~643.

273. Krackhardt, D. Entrepreneurial Opportunities in an Entrepreneurial Firm: A Structural Approach [J]. *Entrepreneurship: Theory & Practice*, 1995, 19: 53~69.

274. Krackhardt, D. The strength of strong ties: The Importance of Philos [A]. N. Nohria, R. Eccles, eds. *Networks and Organizations: Structures, Form and Action*. Harvard Business Press, Boston, MA, 1992.

275. Krackhardt, D., & Hanson, J. R. Informal Networks: The Company Behind the Chart [J]. *Harvard Business Review*, 1993, 71 (4): 104~111.

276. Kristiansen, S. Social Networks and Business Success: The Role of Subcultures in an African Context [J]. *The American Journal of Economics and Sociology*, 2004, 63 (5): 1149~1171.

277. Larson, A. Network Dyads in Entrepreneurial Settings: A Study of Governance of Exchange Relationship [J]. *Administrative Science Quarterly*, 1992, 37 (1): 76~104.

278. Larson, A., & Starr, J.A Network Model of Organization Formation [J]. *Entrepreneurship: Theory & Practice*, 1993 (Winter): 5~15.

279. Leavitt, H. J. Unhuman Organizations [J]. *Harvard Business Review*, 1962 (Jul.–Aug.): 90~98.

280. Lee, D. Y. and Tsang, E. W. The Effects of Entrepreneurial Personality, Background and Network Activities on Venture Growth [J], *Journal of Management Studies*, 2001, 38: 583~602.

281. Lee, S.M. and Peterson, S.J. Culture, Entrepreneurial Orientation, and Global Competitiveness [J]. *Journal of World Business*, 2000, 35 (4): 401~416.

282. Light, I. Immigrant and Ethnic Enterprise in North America [J]. *Ethnic and Racial Studies*, 1984 (7): 195~216.

283. Lin, N., & Dumin, M. Access to Occupations through Social Ties [J]. *Social Networks*, 1996 (8): 365~385.

284. Lin, N., Ensel, W. M., & Vaughn, J. C. Social Resources and Strength of Ties: Structural Factors in Occupational Status Attainment [J]. *American Sociological Review*, 1981, 46: 393~405.

285. Lin, Nan, Paul, D., & Peter G. Analyzing the Instrumental Use of Relations in the Context of Social Structure [J]. *Sociological Methods and Research*, 1978 (7): 149~166.

286. Lin, Nan. Building a Network Theory of Social Capital [J]. *Connections*, 1999, 22 (1): 28~51.

287. Littunen, H. Networks and Local Environmental Characteristice in the Survival of New Firms [J]. *Small Business Economics*, 2000, 15 (1): 59~71.

288. Loury, G.. The Economics of Discrimination: Getting to the Core of the Problem [J]. *Harvard Journal for African American Public Policy*, 1992, 1 (1): 91~110.

289. Low, M.B., MacMillan, I. C. Entrepreneurship: Past Research and Future Challenges [J]. *Journal of Management*, 1988, 14 (2): 139~161.

290. Lumpkin, G.T., & Dess, G. G. Clarifying the Entrepreneurial Construct and Linking it to Performance [J]. *Academy of Management Review*, 1996, 21: 135~172.

291. MacMillan, I. C. The Politics of New Venture Management [J]. *Harvard Business Review*, 1983, 83 (6): 8~16.

292. Madhavan, R., Koka, B. R., & Prescott, J. H. Networks in Transition: How Industry Events (Re) Shape Interfirm Relationships [J]. *Strategic Management Journal*, 1998, 19 (2): 439~459.

293. Manimala, M. J. Entrepreneurial Heuristics: A Comparison between High PI (Pioneering-Innovative) and Low PI Ventures [J]. *Journal of Business Venturing*, 1992 (7): 477~504.

294. Mathieu, J. E., Heffner, T. S., Goodwin, S. E., & Cannon-Bower, J. A. The Influence of Shared Mental Models on Team Process and Performance [J]. *Journal of Applied Psychology*, 2000, 85: 273~283.

295. McClelland, D. C. Need Achievement and Entrepreneurship: A Longitudinal Study [J]. *Journal of Personality and Social Psychology*, 1965, 95 (4): 389~392.

296. McClelland, D. C., & Burnham, D. H. Power is the Great Motivator [J]. *Harvard Business Review*, 1976 (March–Apirl): 159~166.

297. McEvily, B., & Zaheer, A. Bridging Ties: A Source of Firm Heterogeneity in Competitive Capabilities [J]. *Strategic Management Journal*, 1999, 20: 1133~1156.

298. Mcgee, J. E., Dowing, M. J.&Meggson, W. Cooperative Strategy and New Venture Performance: The Role of Business of Strategy and Management Experience [J]. *Strategic Management Journal*, 1995, 16: 565~580.

299. McMullan, E., Chrisman, J. J., & Vesper, K. Some Problems in Using Subjective Measures of Effectiveness to Evaluate Entrepreneurial Assistance Programs [J]. *Entrepreneurship Theory and Practice*, 2001, 26 (1): 37~55.

300. Miller, D. The Correlates of Entrepreneurship in Three Types of Firms [J]. *Management Science*, 1983, 29 (7): 770~791.

301. Mincer, J., *Schooling, Experience and Earnings* [M], New York: Columbia University Press, 1974.

302. Mintzberg, H. *The Nature of Managerial Work* [M]. New York: Harper & Row, 1973.

303. Mitchell, J. C. *The Concept and Use of Social Structure, Social Network in Urban Situations* [M]. Eng: University of Manchester Press, 1969.

304. Mizruchi, M. S., & Stearns, L. B. Getting Deals Done: The Use of Social Networks in Bank Decision Making [J]. *American Sociological Review*, 2001, 66: 647~672.

305. Murphy, G.B., Trailer, J.W., & Hill, R.C. Measuring Performance in Entrepreneurship Research [J]. *Journal of Business Venturing*, 1996, 36 (1): 15~23.

306. Nahapiet, J., & Ghoshal, S., 1998. Social Capital, Intellectual Capital, and the Organizational Advantage [J]. *Academy of Management Review*, 1998, 23: 242~266.

307. Naman, J. L., & Slevin, D. P. Entrepreneurship and the Concept of Fit: a Model and Empirical Tests [J]. *Strategic Management Journal*, 1993, 14: 137~153.

308. Neergaard, H., & Madsen, H. Knowledge Intersinve Entrepreneurship in a Social Cpital Perspective [J]. *Journal of Enterprising Culture*, 2004, 12 (2): 105~125.

309. Newcomb, T. M. The Prediction of Interpersonal Attraction [J]. *American Psychologist*, 1956 (11): 575~586.

310. Nohria, N. Information and Search in the Creation of New Business Ventures: The Case of the 128 Venture Group [A]. In N. Nitin, & R. Eccles (eds.), Networks and Organizations: Structure, Form, and Action [C]. Boston: Harvard Business School Press, 1992.

311. Nonaka, I. A. Dynamic Theory of Organizational Knowledge Creation [J]. *Organization Science*, 1994 (5): 14~37.

312. O' Hagan, S. B., & Green, M. B. Corporate Knowledge Transfer via Interlocking Directorates: A Network Analysis Approach [J]. *Geoforum*, 2004, 35 (1): 127~139.

313. Oh, H., Kilduff, M,, & Brass, D, J. Communal Social Capital, Linking Social Capital, and Economic Outcomes [J]. Paper presented at the annual meeting of the Academy of Management, Chicago, 1999.

314. Oliver, C. Sustainable Competitive Advantage: Combining Institutional and Resourced View. *Strategic Management of Journal*, 1997 (18): 697~713.

315. Ostgaard, T. A., Birley, S. New Venture Growth and Personal Networks [J]. *Journal of Business Research*, 1996, 36 (1): 37~50.

316. Peng, M. W., & Heath, P. S. The Growth of the Firm in Planned Economies in Transition: Institutions, Organizations, and Strategic Choice [J]. *Academy of Management Review*, 1996, 21: 492~528.

317. Pennar, K. The Ties that Lead to Prosperity: The Economic Value of Social Bounds Is Only Beginning to Be Measured [J]. *Academy of Management Journal*, 1997, 41: 425~440.

318. Pennings, J, M., Lee, K., & van Witteloostuijn, A. Human Capital, Social Capital, and Firm Dissolution [J]. *Academy of Management Journal*, 1998, 41: 425~440.

319. Peters, T. J., & Waterman, R. H. *In Search of Excellence: Lessons from America's Best Run Comnanies* [M]. New York: Harner & Row, 1982.

320. Pfeffer, J. Organizational Demography [A]. In B. Staw and L. Cummings (eds.), *Research in organizational behavior* [C]. Greenwich, CT: JAI Press, 1983.

321. Pfeffer, J., & Salancik, G. *The External Control of Organizations* [M], New York: Harper & Row, Pub, 1978.

322. Podolny, J. M., & Baron, J. N. Social Networks and Mobility [J]. *American Sociological Review*, 1997, 62 (10): 673~693.

323. Portes, A. Social Capital: Its Origins and Applications in Modern Sociology [J]. *Annual Review of Sociology*, 1998, 22: 1~24.

324. Prescott, E. C., & Visscher, M. Organization Capital [J]. *The Journal of Political Economy*, 1980, 88 (3): 446~461.

325. Putnam, R. D. Bowling Alone: America's Declining Social Capital [J]. *Journal of Democracy*, 1995, 6 (1): 65~78.

326. Putnam, R. D. The Prosperous Community: Social Capital and Public Life [J]. *The American Prospect*, 1993, 13 (Spring): 35~42.

327. Ramachandran, K., Ramnarayan, S. Entrepreneurial Orientation and Networking: Some Indian Evidence [J]. *Journal of Business Venturing*, 1993, 8 (6): 513~524.

328. Reese, P. R. *Entrepreneurial Networks and Resource Acquisition: Does Gender Make a Difference* [D]. Ph.D. dissertation, Department of Sociology, University of North Carolina, 1993.

329. Roger, L. Hudson, R. L., McArthur, A. W. Contracting Strategies in Entrepreneurial and Established Firms [J]. *Entrepreneurship: Theory and Practice*, 1994, 18 (3): 43~59.

330. Romo, F. P., & Schwartz, M. Structural Embeddedness of Business Decisions: A Sociological Assessment of the Migration Behavior of Plants in New York State between 1960 and 1985 [J]. *American Sociological Review*, 1995, 60: 874~907.

331. Rothaermel, F. T. Incumbent's Advantage through Exploiting Complementary Assets via Interfirm Cooperation [J]. *Strategic Management Journal*, 2001, 22 (6/7): 687~699.

332. Sapienza, H. J., Smith, K. C. & Gannon, M. J. Using Subjective Evaluations of Organizational Performance in Small Business Research [J]. *American Journal of Small Business*, 1988, 12 (3): 45~53.

333. Sawyerr, O. O. and McGee J. E. The Impact of Personal Network Characteristics on Perceived Environmental Uncertainty: An Examination of Owners/Managers of New High Technology Firms [EB/OL]. http: //www.babson.edu/entrep/fer/papers99/V/V_A/V_A.html, 2007-9-20.

334. Schiff, M. Social Capital, Labor Mobility, and Welfare: The Impact of

Uniting States [J]. *Rationality and Society*, 1992, 4 (2): 157~175.

335. Schneider, R. J., Ackerman, P. L., Kanfer, R. T. "Act Wisely in Human Relations": Exploring the Dimensions of Social Competence [J]. *Personality and Individual Differences*, 1996, 84: 602~609.

336. Schöllhammer, H., & Kuriloff, A. H. *Entrepreneurship and Small Business Management* [M]. Wiley New York, 1979.

337. Schumpeter, J. A. *The theory of economic development* [M]. MA: Harvard Business Press, 1934.

338. Scott, J. *Social Network Analysis: A Handbook* [M]. Thousand Oaks, CA: Sage Publications, 2000.

339. Seibert, S. T., Kraimer, M. L., & Liden, R. C. A Social Capital Theory of Career Success [J]. *Academy of Management Journal*, 2001, 44: 219~237.

340. Shane, S., & Venkataraman, S. The Promise of Enterpreneurship as a Field of Research [J]. *The Academy of Management Review*, 2002, 25 (1): 217~226.

341. Shane, S., Cable, D. Network Ties, Reputation, and the Financing of New Ventures [J]. *Management Science*, 2002, 48 (3): 364~381.

342. Shane, S.A. Hybrid Organizational Arrangements and their Implications for Firm Growth and Survival: A Study of New Franchisors [J]. *Academy of Management Journal*, 1996, 39 (1): 216~234.

343. Sharma, P., & Chrisman, J. J. Toward a Reconciliation of the Definitional Issues in the Field of Corporate Entrepreneurship [J]. *Entrepreneurship Theory and Practice*, 1999 (Spring): 11~27.

344. Singh, R.P., Hills, G.E., Lumpkin, G.T., Hybels, R.C. The Entrepreneurial Opportunity Recognition Process: Examining the Role of Self-perceived Alertness and Social Networks [A]. Paper presented at the 1999 Academy of Management Meeting, Chicago, IL.

345. Siropolis, N. C. *Small Business Management: A Guide to Entrepreneurship* [M]. Houghton Mifflin, 1982.

346. Smeltzer, L.R., Van Hook, B.L., Hutt, R.W. Analysis and Use of Advisors as Information Sources in Venture Startups [J]. *Small Business. Management*, 1991, 29 (3): 10~20.

347. Smitka, M. *Competitive Tties: Subcontracting in the Japanese*

Automotive Industry [M]. New York: Columbia University Press, 1991.

348. Snyder. A., & Morris J. H. Organizational Communication and Performance [J]. *Journal of Applied Psychology*, 1984, 69 (3): 461~465.

349. Staber, U., & Aldrich, H. E. Cross -national Similarities in the Personal Networks of Small Business Owners: A Comparison of Two Regions in North America [J]. *Canadian Journal of Sociology*, 1995, 20 (4): 441~467.

350. Stanworth, J. C., Granger, B., & Blyth, S. Who Become an Entrepreneur [J]. *International Smal Business Journal*, 1989, 8 (1): 11~12.

351. Starr, J. A., & MacMillan, I. C. Resource Cooptation via Social Contracting: Resource Acquisition Strategies for New Ventures. *Strategic Management Journal*, 1990 (11): 79~92.

352. Steensma, H.K., Marino, L., Weaver, K.M., & Dickson, P.H. The Influence of National Culture on the Formation of Technology Alliances by Entrepreneurial Firms [J]. *Academy of Management Journal*, 2000, 43 (5).

353. Steensma, H.K., Marino, L., Weaver, K.M., Dickson, P.H. The Influence of National Culture on the Formation of Technology Alliances by Entrepreneurial Firms [J]. *Academy of Management Journal*, 2000, 43 (5): 951~973.

354. Stevenson H. H., & Gumpert, D. E. The Heart of Entrepreneurship [J]. *Harvard Business Review*, 1985 (3): 85~94.

355. Stevenson, H. H., Jarillo, J. C. A Paradigm of Entrepreneurship: Entrepreneurial Management [J]. *Strategic Management Journal*, 1990, 11 (Special Issue): 17~27.

356. Stevenson, H., & Harmeling, S. Entrepreneurial Management's Need for a More "Chaotic" Theory [J]. *Journal of Business Venturing*, 1990, 5 (1): 1~14.

357. Stigler, G. The Economics of Information [J]. *Journal of Political Economics*, 1961, 69: 213~225.

358. Stuart, R., Abetti, P.A. Impact of Entrepreneurial and Management Experience on Early Performance [J]. *Journal of Business Venturing*, 1990, 5 (3): 151~162.

359. Stuart, T.E., Hoang, H., Hybels, R. Interorganizational Endorsements and the Performance of Entrepreneurial Ventures [J]. *Administrative Science Quarterly*, 1999, 44 (2): 315~349.

360. Su, C., & Littlefield, J. E. Entering Guanxi: A Business Ethical Dilemma in Mainland China [J]. *Journal of Business Ethics*, 2001, 33: 199~210.

361. Suzuki, Kan-Ichiro, Kim, Sang-Hoon & Bae, Zong-Tea. Entrepreneurship in Japan and Silicon Valley: A Comparative Study [J]. *Technovation*, 2002, 22: 595~606.

362. Thomas, C. Y. Capital Markets, Financial Markets and Social Capital [J]. *Social and Economic Studies*, 1996, 45 (2 & 3): 1~23.

363. Tsai, W. M., MacMillan, L. C., & Low, M. B. Effects of Strategy and Environment on Core Venture Success in Industrial Markets [J]. *Journal of Business Venturing*, 1991, 6 (1): 9~28.

364. Tsai, W., & Ghoshal, S. Social Capital and Value Creation: The Role of Intrafirm Networks [J]. *Academy of Management Journal*, 1998, 41: 464~478.

365. Tsui, A.S., J.L. Farh. Where Guanxi Matters: Relational Demography and Guanxi in the Chinese Context. *Work and Occupations*, 1997, 24: 56~79.

366. Turner, J. *Rediscovering the Social Group: A Social Categorization Theory* [M]. Oxford, UK: B. Blackwell, 1987.

367. Uhl-Bien, M., Graen, G. B., & Scandura, T. A. Implications of Leader-Member Exchange (LMX) for strategic human resource management systems: Relationships as social capital for competitive advantage [J]. *Research in Personnel and Human Resource Management*, 2000 (8): 137~185.

368. Ulhøi, J. P. The social dimensions of entrepreneurship [J]. *Technovation*, 2005, 25 (8): 939~946.

369. Uzzi, B. Embeddedness in the Making of Financial Capital: How Social Relations and Networks Benefit Firms Seeking Finance [J]. *American Sociological Review*, 1999, 64 (4): 481~505.

370. Uzzi, B. Social Structure and Competition in Interfirm Networks: The Paradox of Embeddedness [J]. *Administrative Science Quarterly*, 1997, 42 (1): 35~67.

371. Venkatraman, N., & Ramanujam, V. Measurement Research: A Comparison of Approaches of Business Performance in Strategy [J]. *Academy of Management Review*, 1986, 11 (4): 801~815.

372. Vesper, K.H. *New Venture Strategies* (second ed.) [M]. Prentice-Hall, Englewood Cliffs, NJ, 1990.

373. Walker, G. Network analysis for cooperative interfirm relationships [A]. In Contractor, F. and Lorange, P. (eds.), *Comparative Strategies in International Business* [C]. Lexington: Rowman & Littlefield. 1988, pp. 227~240.

374. Walker, G., Kogut, B., & Shan, W. Social Capital, Structural holes and the Formation of an Industry Network [J]. *Organization Science*, 1997 (8): 109~125,

375. Wall, T.D., Michie, J. & Patterson, M., et al. On the Validity of Subjective Measures of Company Performance [J]. *Personnel Psychology*, 2004, 57: 95~118.

376. Wank, D. L. The Institutional Process of Market Clientelism: Guanxi and Private Business in a South China City [J]. *The China Quarterly*, 1996, 147: 820~838.

377. Wellman, B. Structural Analysis: From Method and Metaphor to Theory and Substance [J]. In Wellman and Berkowitz (eds.). *Social structures: Network approach*, Cambridge: Cambridge University Press, 1988.

378. Wiklund, J., Davidsson, P., & Delmar, F What do They Think and Feel about Growth? An Expectancy -value Approach to Small Business Managers' Attitudes toward Growth [J]. *Entrepreneurship: Theory and Practice*, 2003, 27 (3): 247~272.

379. Williamson, O. E. *The Economic Institution of Capitalism* [M]. New York: Free Press, 1985.

380. Witt, P. Entrepreneurs' Networks and the Success of Start-ups [J]. *Entrepreneurship & Regional Development*, 2004, 16 (5): 391~412.

381. Woolcock, M. Social Capital and Economic Development: Toward a Theoretical Synthesis and Policy Framework [J]. *Theory and Society*, 1998, 27 (2): 151~208.

382. Woolcock, M. & Naranyan, D. Social Capital: Implications for Development Theory, Research and Policy [J]. *The World Bank Research Observer*, 2000, 15 (12): 225~249.

383. Xin, K. R., & Pearce, J. L. Guanxi: Connections as Substitutes for Formal Institutional Support [J]. *Academy of Management Journal*, 1996, 39(6): 1641~1658.

384. Yli -Renko, H., Autio E., & Sapienza, H.J. Social Capital, Knowledge Acquisition, and Knowledge Exploitation in Young Technology-based

Firms [J]. *Strategic Management Journal*, 2001, 22: 587~613.

385. Yoo, M.The Ties that (un) Bind: Social Networks and Entrepreneurship in High Technology Industries [D]. *Sociology & Business Administration in The University of Michigan*, 2003.

386. Zhang Jing, Soh Pek -hooi, & Wong Poh -kam. Human Capital, Competitive Intesity and Entrepreneur's Propensity to Exploit Social Networks in Resource Acquisition [A]. Paper for *Frontiers of Entrepreneurship Research*, Babson College, 2003.

387. Zimmer, C., Aldrich, H. Resource Mobilization through Ethnic Networks: Kinship and Friendship Ties of Shopkeepers in England [J]. *The Ethnic Economy*, 1987, 30 (4): 422~445.

后　记

本书是以我在山东大学攻读管理学博士学位的毕业论文为基础整理而成的，而书稿的出版离2008年初夏论文结束已两年有余。在此期间，我切实感受到国内学术界对企业家社会资本问题研究热情的渐趋高涨，说明相关议题的研究尚存在值得探讨的空间，在此也希望本书的出版能够对在该领域中求索的诸位学界同仁有所裨益。

本书的出版得到了恩师张体勤教授、吴彬教授以及经济管理出版社张永美女士的大力支持，正是在他们的诚挚关怀和热心帮助下，书中的研究成果最终得以面世。而在书稿付梓之际，再读论文，也让我倍加怀念起那段和同窗们潜心研究、交流与写作的日子。

求学之路，一路走过，寒来暑往，四易春秋。值此论文行将收笔之际，心中不禁感慨万千。回顾四年的博士研究生涯，虽衣带渐宽，甚至曾怀疑过自己的学术能力，劳累得欲放慢前行的步伐，但脱稿之际，满心的欢悦与充实终令自己对曾经的付出无怨无悔。深入书丛，感受国内外理论大师、学者们的呼吸，体会他们在学术研究中所绽放的思想火花，沿着他们的脚步踯躅前行，既是对自身的思想洗礼和精神升华，也是一种至高的精神享受。

在这里首先要感谢的是我的导师张体勤教授。导师实事求是、一丝不苟、刚直不阿的治学风格和宽容大度、勤奋严谨的处世态度都潜移默化地影响着我，更成为我人生的标杆，鞭策着我在学术研究的道路上奋力前行。我的毕业论文从选题、资料收集、问卷修订、实证计划、写作到修改定稿的全程都得到了导师的悉心指导，倾注着导师对我们年轻人的鼓励与期望。回顾过去四年中的点点滴滴和导师对我的教诲，我无以为报，唯有在今后的工作和学习中取得优良的成绩来表达我由衷的感激之情！

这里还要特别感谢我的硕士导师吴彬教授。本书在研究主题选择、研究框架建立、研究方法使用以及数据获取方面都得到了他的悉心指导，同他的讨论每每都使我豁然开朗。此外，还要向山东经济学院的刘军教授、李国锋教授深表谢意，他们在论文研究方法方面所给予的建议，也使我受益匪浅。

另外，还得到了山东大学众多教授、师长和学术同仁的指导和帮助，在此深深感谢山东大学管理学院曾指导和帮助过我的各位老师、同学和朋友，与你们的讨论进一步提高了论文的质量和学术意义，也是你们让我留下了一段美好的经历与回忆。

谨向所有教授过我知识的老师们致以崇高的敬意，向所有在学习和工作中帮助过我、支持过我的朋友致以诚挚的谢意。

最后还要深深感谢我的家人。感激我慈祥的父母，20 多年的求学生涯，他们为我付出了太多，给了我太多无私的爱，而行进在求学之路上的我却始终未能帮助他们分担生活重担，难以尽一份做儿子的孝心。感谢我的爱人彭留英博士，在我写作最为紧张之际，她独自承担起全部的家务，在生活和研究上给了我极大的帮助与支持。对家人的愧疚之情无以为报，谨以此书献给他们。

耿　新

2010 年 8 月于山东经济学院